E.-D. Schlapp

Headhunter

Lizenz zum Wissen.

Sichern Sie sich umfassendes Wirtschaftswissen mit Sofortzugriff auf tausende Fachbücher und Fachzeitschriften aus den Bereichen: Management, Finance & Controlling, Business IT, Marketing, Public Relations, Vertrieb und Banking.

Exklusiv für Leser von Springer-Fachbüchern: Testen Sie Springer für Professionals 30 Tage unverbindlich. Nutzen Sie dazu im Bestellverlauf Ihren persönlichen Aktionscode C0005407 auf www.springerprofessional.de/buchkunden/

Jetzt 30 Tage testen!

Springer für Professionals.
Digitale Fachbibliothek. Themen-Scout. Knowledge-Manager.

- Zugriff auf tausende von Fachbüchern und Fachzeitschriften
- Selektion, Komprimierung und Verknüpfung relevanter Themen durch Fachredaktionen
- Tools zur persönlichen Wissensorganisation und Vernetzung

www.entschieden-intelligenter.de

Springer für Professionals

Dieter Hofmann · Gabriele Bergert
(Hrsg.)

Headhunter

Blick hinter die Kulissen einer
verschwiegenen Branche

2. Auflage

Herausgeber
Dieter Hofmann
Frankfurt am Main
Deutschland

Gabriele Bergert
Hamburg
Deutschland

ISBN 978-3-658-02455-0　　　ISBN 978-3-658-02456-7 (eBook)
DOI 10.1007/978-3-658-02456-7

Die Deutsche Nationalbibliothek verzeichnet diese Publikation in der Deutschen Nationalbibliografie; detaillierte bibliografische Daten sind im Internet über http://dnb.d-nb.de abrufbar.

Springer Gabler
© Springer Fachmedien Wiesbaden 2011, 2014
Das Werk einschließlich aller seiner Teile ist urheberrechtlich geschützt. Jede Verwertung, die nicht ausdrücklich vom Urheberrechtsgesetz zugelassen ist, bedarf der vorherigen Zustimmung des Verlags. Das gilt insbesondere für Vervielfältigungen, Bearbeitungen, Übersetzungen, Mikroverfilmungen und die Einspeicherung und Verarbeitung in elektronischen Systemen.

Die Wiedergabe von Gebrauchsnamen, Handelsnamen, Warenbezeichnungen usw. in diesem Werk berechtigt auch ohne besondere Kennzeichnung nicht zu der Annahme, dass solche Namen im Sinne der Warenzeichen- und Markenschutz-Gesetzgebung als frei zu betrachten wären und daher von jedermann benutzt werden dürften.

Lektorat: Juliane Wagner, Sabine Bernatz

Gedruckt auf säurefreiem und chlorfrei gebleichtem Papier

Springer Gabler ist eine Marke von Springer DE. Springer DE ist Teil der Fachverlagsgruppe Springer Science+Business Media
www.springer-Gabler.de

Vorwort

Seit dem Erscheinen der ersten Auflage sind fast drei Jahre vergangen. Das Buch ist längst vergriffen, und nicht jeder Interessent will sich das Manuskript als digitale Datei auf seinen Computer laden. Außerdem hat sich in Wirtschaft und Gesellschaft viel getan. Auch die Personalberaterbranche hat sich weiterentwickelt. Vor diesem Hintergrund hat uns der Verlag gebeten, die Texte kritisch zu prüfen und für eine zweite Auflage zu aktualisieren.

Wir haben mehr als das getan: Das erste Kapitel ist neu, ebenso ein Kapitel zum Thema e-Commerce. Wir haben ein kritisches Portrait des bekannten Grünwalder Headhunters Dieter Rickert ins Buch aufgenommen – statt des fiktiven Interviews, das uns Rickerts Ex-Partner Rick Fulghum für die erste Auflage geschickt hatte. Außerdem ist es uns gelungen, den neuen Deutschlandchef von Egon Zehnder, Michael Ensser, zu einem ausführlichen Interview für das Buch zu bewegen. Das ist alles andere als selbstverständlich. Die Nr. 1 im deutschen Search Business hält normalerweise Distanz zum Wettbewerb und beteiligt sich nicht an den Aktivitäten anderer Berater.

In den letzten Jahren haben die Unternehmen unserer Branche ihr Angebot vorsichtig ausgeweitet. Das Dienstleistungsspektrum umfasst heute neben Executive Search auch Management Audits, Interim Management, Onboarding und Leadership Consulting. All diesen Themen haben wir eigene Kapitel gewidmet.

Personalberater, Headhunter, Kopfjäger, Executive Search Consultant – manche nennen uns sogar Königsmacher. Wie auch immer: Ich hoffe, dass dieses Buch nicht nur einen Blick hinter die Kulissen unserer Branche bietet, sondern auch dazu beiträgt, die hartnäckigen Vorurteile gegenüber uns Personalberatern auszuräumen.

Da ist zum Beispiel der Vorwurf, wir würden die Gehälter aus purem Eigennutz in die Höhe treiben. Klingt logisch, schließlich verlangen viele Berater als Honorar ein Drittel der Jahresgesamtbezüge der gesuchten Führungskraft. Aber: Es sind gerade die hochpreisigen Beratungsfirmen, die ihre Honorare nicht nach den Bezügen der Manager, sondern nach dem Schwierigkeitsgrad des Auftrags bemessen. Die Kritiker übersehen außerdem, wie stark der Wettbewerb in unserer Branche geworden ist. Heute kann sich nur derjenige behaupten, der die besten Kandidaten findet – ohne dass die Gehaltsbudgets der Unternehmen gesprengt werden müssen. Wer als Consultant überteuertes Mittelmaß präsentiert, wird schnell vom Markt gefegt.

Andererseits tragen wir Berater einen gewissen Teil der Verantwortung für die jüngsten Fehlentwicklungen in unserer Wirtschaft. Schließlich sollen wir nicht nur kompetente und leistungsstarke Menschen finden, sondern auch integre Persönlichkeiten – Manager, die für die positiven Werte der westlichen Industriegesellschaft stehen. Das ist uns offensichtlich nicht immer gelungen.

Das Versagen von Aufsichts- oder Beiräten kann man uns dagegen kaum anlasten, denn hier kommen wir noch viel zu selten zum Einsatz. Stattdessen kungeln Vorstand und Kontrolleure untereinander aus, wer in das Gremium einziehen darf und wer nicht. Fachkenntnis und Unabhängigkeit spielen dabei eine untergeordnete Rolle, persönliche Seilschaften und der Wunsch der Vorstände nach einem möglichst zahmen Aufsichtsrat sind entscheidend. Für uns Consultants dürfen sachfremde Aspekte jedoch keine Rolle spielen. Das ist aber vermutlich auch der Grund, warum wir so häufig außen vor bleiben.

Unsere Branche wirkt auf Außenstehende nicht gerade transparent. Das hat mehrere Gründe. Erstens: Beratung ist eine individuelle und singuläre Dienstleistung. Anders als einen x-beliebigen Gegenstand kann man sie weder anfassen noch riechen oder schmecken. Man kann sie auch nicht eins zu eins kopieren. Zweitens: Die Branche ist ungemein stark zersplittert. Grund: Es gibt so gut wie keine Hürden für Neueinsteiger. Folge: Allein in Deutschland gibt es weit mehr als 5000 Berater in über 2000 Personalberatungsfirmen. Zu zahlreichen Ein-Mann-Betrieben gesellen sich viele mittelständische Firmen und ein paar große, global agierende Suchkonzerne. Drittens: Die Consultingfirmen unterscheiden sich in ihrer Organisation und Arbeitsweise. Es gibt locker geknüpfte Netzwerke, straff geführte, integrierte Konzerne und zahlreiche Boutiquen. Einige Firmen konzentrieren sich auf bestimmte Branchen oder Berufsgruppen, andere verstehen sich als Generalisten und suchen Manager für fast jeden Klienten in fast jeder Branche. Und schließlich ist da auch noch unsere berufsbedingte Diskretion. Das allein hätte schon genügt, um uns Headhunter mit der Aura des Geheimnisvollen zu umgeben. In Deutschland kommt hinzu, dass sich Headhunter bis Mitte der 1990er Jahre in einer rechtlichen Grauzone bewegten.

Wer dieses Buch liest, wird erkennen, dass es bei uns im Grunde wenig Geheimnisvolles gibt. Vor allem aber: Er wird die Spreu leichter vom Weizen trennen können, denn wir geben sowohl Klienten als auch Kandidaten wertvolle Hinweise, wie sie den für ihre Bedürfnisse richtigen Headhunter finden können. Dabei haben wir bewusst voneinander abweichenden Auffassungen Raum gegeben, etwa wenn es um den Einfluss des Internets auf das Search Business geht. Die einst heiß diskutierte Streitfrage, ob man besser per Stellenanzeige oder per Direktsuche arbeiten soll, ist dagegen entschieden. Das Beispiel Kienbaum Executive Consultants zeigt deutlich, dass die anzeigengestützte Suche nur noch eine Methode von vielen ist, um den richtigen Kandidaten zu finden. Und diese Methode wird immer weniger angewendet.

Die Texte sollen auch zeigen, dass die Arbeit der Personalberater einen kritischen Erfolgsfaktor in unserer Wirtschaft darstellt. Fest steht: Die Bedeutung von Executive Search Consulting wächst in dem Maße, in dem die Anforderungen an die Manager steigen. Nun will ich nicht den Eindruck erwecken, als bestehe unsere Zunft aus lauter Meistern ihres Faches, denen alles auf Anhieb gelingt. Schließlich ist die Beraterbranche in gewisser Weise ein Spiegel unserer Wirtschaft. Hier gibt es gute Anbieter und weniger gute, hier gibt es auch schillernde Gestalten und durchtriebene Scharlatane. Letztere sind aber Randfiguren. In der Regel trifft man bei uns hochqualifizierte Akademiker, die auf der Grundlage strenger Qualitätsstandards arbeiten.

Executive Search ist eine ausgefeilte, hoch entwickelte Dienstleistung. Das Geschäftsmodell haben wir Europäer den Amerikanern abgeschaut und den hiesigen Verhältnissen angepasst, ja auch verfeinert. Anfangs, in den 60er und 70er Jahren des vergangenen Jahrhunderts, haben viele Consultants noch nicht systematisch gearbeitet. Oft haben sie nur in der Branche herumgefragt, ob jemand einen passenden Kandidaten kennt. Doch das ist Geschichte.

Heute erfährt der Begriff Executive Search eine geradezu inflationäre Verbreitung. Fast jeder Personalberater führt ihn auf seiner Visitenkarte oder behauptet auf seiner Firmenwebsite, er sei ein Spezialist auf diesem Gebiet. Doch nicht jeder bietet tatsächlich das, was man unter Executive Search versteht: akribische, systematische Suche nach hochqualifizierten Fach- und Führungskräften sowie die Direktansprache dieser Zielpersonen. Ein bisschen im Internet recherchieren reicht nicht aus, vor allem dann nicht, wenn es um die Besetzung von Spitzenpositionen geht. Je höher man im Management steigt, desto mehr Bedeutung bekommen der Charakter und die Persönlichkeit einer Führungskraft. Doch diese „weichen" Faktoren lassen sich nicht per Internet ausloten.

Bei Besetzungen im Topmanagement spielt außerdem das Netzwerk, das ein Berater geknüpft hat, eine entscheidende Rolle. Mit Vetternwirtschaft oder gegenseitigen Gefälligkeiten hat das nichts zu tun. Es geht darum, Kontakte zu pflegen, Informationen zu sammeln und Vertrauen zu schaffen. Nur ein Berater, dem die

Manager vertrauen, kann sie auch beurteilen. Und nur so kann er das Interesse der Manager für eine neue Aufgabe wecken und sie zu einem Wechsel bewegen.

Frankfurt am Main, im Herbst 2013   Dieter Hofmann
Gründer und Geschäftsführer
Hofmann Consultants GmbH
Executive Search

Inhaltsverzeichnis

Die aktuelle Situation

Die Personalberaterbranche zerfällt in zwei Lager 3
Rainer Steppan

„Der Erwartungsdruck steigt" 9
Rainer Steppan

Plädoyer für einen neuen Ansatz beim Research 15
Doris Aebi

Das Internet und die Zukunft der Executive-Search-Branche 27
Werner Schmidt

„Neun von zehn Initiativbewerbungen kommen von Männern" 35
Rainer Steppan

Spezialisten mischen die Branche auf

Spezialisierung als Trumpf 43
Dieter Hofmann

„Ich mach jetzt auch mal Internet – das geht nicht." 51
Jens Nordlohne

Über das schwierige Geschäft mit der Suche nach Spitzenpersonal für
den Hochschulsektor 63
Klaus Landfried

Legal Search 73
Olaf Hopp

Tipps & Trends

Welche Führungskräfte braucht der Handel? 87
Dieter Hofmann

Vom losen Netzwerk zur integrierten globalen Partnerschaft 97
Eva-Maria Schnurr

**Außer Kontrolle – Warum Deutschland eine neue Generation von
Aufsichts- und Beiräten braucht** 105
Dieter Hofmann

Von der Stellenanzeige zur Kopfjagd 111
Tiemo Kracht und Jürgen Siebert

Vom Executive Onboarding bis zum Accelerated Transition 117
Wolfgang Walter

Management Appraisals als Hebel für Führungskräfteentwicklung 127
Christoph Aldering und Jens Hohensee

Leadership Consulting 137
Hans H. Hinterhuber

Interim Management in Deutschland 161
Norbert Eisenberg

Auf der Suche nach dem „richtigen" Headhunter 169
Peter A. Rapp

**Was man bei der Auswahl von Executive Search Consultants
wissen sollte** 175
Rainer Steppan

Blick zurück

Jürgen Mülder und der Kampf gegen das Nürnberger Vermittlungsmonopol 185
Rainer Steppan

Die Goldenen Jahre des Search Business 189
Rolf van Emmerich

Als Ausländer in der Schweiz 205
Björn Johansson

Das Image des Alleskönners ist ramponiert 213
Rainer Steppan

Go East – Österreichische Pionierarbeit nach dem Durchschneiden des Eisernen Vorhangs 219
Günther Tengel

Ein New Yorker Telefonbuchverlag fordert die Headhunter heraus 227
Joachim Staude

Executive Search für die IT-Branche 243
Günter Bork

Appendix 253

Autorenverzeichnis

Dr. Doris Aebi aebi+kuehni ag, tailor-made solutions in recruiting, Gartenstrasse 36, 8002 Zürich, Schweiz
E-Mail: doris.aebi@aebi-kuehni.ch

Christoph Aldering Kienbaum Management Consultants GmbH, Ahlefelder Straße 47, 51645 Gummersbach, Deutschland
E-Mail: contact@kienbaum.de

Günter Bork † 2012 pro search GmbH, Bad Homburg, Deutschland
E-Mail: Bad-Homburg@prosearch.de

Norbert Eisenberg Boyden Interim Management, Eisenberg & Schuhbauer GmbH, Brienner Straße 11, 80333 München, Deutschland
E-Mail: info@boydeninterim.de

Rolf van Emmerich Van Emmerich Consulting, Friesenstraße 17, 45476 Mülheim an der Ruhr, Deutschland
E-Mail: info@vanemmerichconsulting.de

Prof. Dr. Hans H. Hinterhuber Hinterhuber & Partners, Falkstrasse 16, 6020 Innsbruck, Österreich
E-Mail: innsbruck@hinterhuber.com

Dieter Hofmann Hofmann Consultants GmbH, THE SQUAIRE 15, Am Flughafen, 60549 Frankfurt am Main, Deutschland
E-Mail: info@hofmann-consultants.com

Dr. Jens Hohensee The Boston Consulting Group, Chilehaus A, Fischertwiete 2, 20095 Hamburg, Deutschland
E-Mail: hamburg@bcg.com

Olaf Hopp HOPP PSC, Bockenheimer Landstraße 17/19, 60325 Frankfurt am Main, Deutschland
E-Mail: info@hopp-psc.com

Dr. Björn Johansson Dr. Björn Johansson Associates AG, Utoquai 29, 8008 Zürich, Schweiz
E-Mail: welcome@johansson.ch

Dr. Tiemo Kracht Kienbaum Executive Consultants GmbH, Hohe Bleichen 19, 20354 Hamburg, Deutschland
E-Mail: contact@kienbaum.de

Prof. Dr. Klaus Landfried Albert-Ueberlestr. 9, 69120 Heidelberg, Deutschland
E-Mail: k.landfried@web.de

Peter Alexander Rapp Hofmann Consultants GmbH, THE SQUAIRE 15, Am Flughafen, 60549 Frankfurt am Main, Deutschland
E-Mail: info@hofmann-consultants.com

Werner Schmidt Harvey Nash, Deutschland, Herriotstr. 1, 60528 Frankfurt am Main, Deutschland
E-Mail: werner.schmidt@harveynash.de

Jürgen Siebert Kienbaum Executive Consultants GmbH, Stadttor 1, 40219 Düsseldorf, Deutschland
E-Mail: contact@kienbaum.de

Dr. Joachim Staude PMC International AG, Carl-Ulrich-Strasse 4, 63263 Neu-Isenburg, Deutschland
E-Mail: frankfurt@pmci.de

Rainer Steppan ConsultingStar.com, Redaktion, Elisabethstr. 3, 40217 Düsseldorf, Deutschland
E-Mail: Redaktion@ConsultingStar.com

Mag. Günther Tengel Amrop Jenewein & Partner Ges.m.b.H., Dr.-Karl-Lueger-Platz 5, 1010 Wien, Österreich
E-Mail: office@amropjenewein.at

Dr. Wolfgang Walter Heidrick & Struggles Deutschland, Kennedydamm 24, 40476 Düsseldorf, Deutschland
E-Mail: wwalter@heidrick.com

Die Herausgeber

Dieter Hofmann ist Gründer und Geschäftsführer der Hofmann Consultants GmbH. Seine Beratungsschwerpunkte liegen in den Bereichen Handel und Markenartikel. Nach einer kaufmännischen Ausbildung und einem Studium der Betriebswirtschaftslehre arbeitete Hofmann bei der Handelszentrale Deutscher Kaufhäuser und bei Rewe-Leibbrand. Im Jahr 1978 wechselte er in die Personalberatungsbranche. 1985 gründete er Hofmann, Herbold und Partner – ein Personalberatungsunternehmen, das zu den größten Anbietern von Executive Search Consulting in Deutschland zählte. Das Unternehmen verkauften er und seine Partner Ende der 90er Jahre an einen Konkurrenten aus den USA. 2001 gründete Hofmann erneut eine Beratungsfirma, die heutige Hofmann Consultants GmbH mit Sitz in Frankfurt am Main.

Gabriele Bergert zählt zu den führenden deutschen Personalberaterinnen für die Bereiche Internet, e-Commerce und IT. Die Hamburgerin besetzte schon zahlreiche Top-Positionen der Branche – vom Startup bis zu international tätigen Medien-, e-Commerce- und Internetkonzernen. Gabriele Bergert hat Wirtschafts- und Gesellschaftskommunikation an der Universität der Künste in Berlin studiert. Nach 16 Jahren Tätigkeit im Marketing- und Medienbereich startete sie eine Karriere als Personalberaterin, und zwar bei der Firma Civitas International. Im September 2002 machte sich

Bergert selbstständig. Nach einem Jahr als Partnerin bei Hofmann Consultants gründete sie 2013 mit Isabelle Ziegler in Hamburg das Unternehmen Bergert Ziegler eSearch & Onboarding.

Die Autorinnen und Autoren

Dr. Doris Aebi Jahrgang 1965, hat Soziologie, Wirtschaftswissenschaften und Politologie an der Universität Zürich studiert. Nach ihrer Promotion arbeitete sie im Management der Großbank UBS und wechselte später zu deren Konkurrentin Credit Suisse. Dort war sie zuletzt als Mitglied der Direktion verantwortlich für die Umsetzung der Allfinanzstrategie in der Schweiz. 2001 startete Aebi eine Karriere als Beraterin bei einer bekannten, international ausgerichteten Executive Search Boutique in Zürich, wo sie schnell zur Direktorin befördert wurde. Im Januar 2005 gründete sie die aebi+kuehni ag – zusammen mit dem ehemaligen Bankmanager René Kuehni. Die Berater verstehen sich als Spezialisten für die Besetzung von Schlüsselpositionen im Management, insbesondere Verwaltungsräte, Geschäfts- und Bereichsleitungen. Aebi zählt zu den einflussreichsten Beraterinnen in der Schweiz. Als Vizepräsidentin des Verwaltungsrates des Migros-Genossenschaftsbundes sitzt sie an einer zentralen Schaltstelle der Migros-Gruppe, die mit weit über 80 000 Beschäftigten und einer Bilanzsumme von über 50 Milliarden Franken zu den größten Konzernen des Landes zählt.

Christoph Aldering ist seit 1991 im Geschäftsbereich Human Resources Management beim Gummersbacher Beratungsunternehmen Kienbaum tätig. Als Mitglied der Geschäftsleitung und Partner verantwortet er das Kompetenzfeld Beurteilung von Fach- und Führungskräften/Diagnostik. Der studierte Wirtschaftspsychologe begleitet vor allem Veränderungsprozesse in Unternehmen, wobei alle Teilaspekte der Wertschöpfungskette Personal berücksichtigt werden: HR-Strategie, Beurteilung, Training, Vergütung und HR-IT.

Günter Bork, einer der bekanntesten Spezialisten für die Beratung von IT-Unternehmen in Deutschland, ist 2012 verstorben. Bork war geschäftsführender Gesellschafter der pro search GmbH Personal Marketing in Bad Homburg. Das Unternehmen hatte er 1989 gegründet. Nach kaufmännischer Ausbildung und einem betriebswirtschaftlichen Abendstudium war er siebzehn Jahre bei der ICL-Computers GmbH tätig, zuletzt als Vertriebsleiter Deutschland. Anschließend übernahm er bei der Philips Kommunikations Industrie, Tochter des niederländischen Philips-Konzerns, die Leitung der Vertriebsdirektion Mitte und danach die Verantwortung für den Indirekten Vertrieb.

Norbert Eisenberg Jahrgang 1950, zählt zu den Pionieren unter den Anbietern von Interim Management in Deutschland. Seine Karriere in Stichworten: Berater und Investment Manager bei der DEG, Deutsche Finanzierungsgesellschaft für Beteiligungen in Entwicklungsländern, Senior Consultant bei der Strategieberatungsfirma McKinsey & Company, Manager bei einem Wagniskapitalfinanzierer, seit 1989 tätig als Vermittler von Managern auf Zeit, Gründer von zwei Unternehmen dieser Branche. Heute arbeitet er als einer von zwei geschäftsführenden Gesellschaftern des Münchner Unternehmens Eisenberg & Schuhbauer GmbH Gesellschaft für Transition Management, die eng in das Netzwerk der Personalberatungsfirma Boyden eingebunden ist.

Rolf van Emmerich hat Maschinenbau studiert. Der Diplom-Ingenieur startete seine Karriere beim Oberhausener Industriekonzern Babcock, für den er zuletzt als Leiter der Organisationsabteilung tätig war. 1960 wechselte van Emmerich als Managementberater zur Consultingfirma Lester B. Knight & Associates (später Knight Wegenstein). 1965 begann er für Knight Wegenstein das Personalberatungsgeschäft aufzubauen. Zuletzt war er Mitglied des Vorstands der Knight Wegenstein AG und in dieser Funktion Chef der Personalberatungssparte mit 15 Büros in Deutschland und im europäischen Ausland. 1989 lockte man ihn zum Konkurrenten H. Neumann International, wo er als Senior Vice President tätig wurde. Im Januar 2000 entschloss sich van Emmerich zur Gründung eines eigenen Unternehmens mit Sitz in Mülheim an der Ruhr. Gemeinsam mit seinem Sohn und einem kleinen Team von Mitarbeitern konzentriert sich van Emmerich auf die Besetzung von Positionen im Top-Management und in Aufsichtsräten von internationalen Großunternehmen.

Prof. Dr. Hans H. Hinterhuber hat Erdölwesen an der Montan-Universität Leoben sowie Betriebs- und Volkswirtschaftslehre an der Universität Ca Foscari in Venedig studiert. Auf seine Habilitation in Rom und in Leoben und Tätigkeiten in leitenden Positionen der italienischen Industrie folgte 1970 die Ernennung zum ordentlichen Professor für Industriebetriebslehre an der Technischen Universität Graz. Von 1971 bis 1972 war Hinterhuber Head of Faculty des International Institute for the Management of Technology (IIMT), einer OECD-Einrichtung, in Mailand. Ab 1974 arbeitete er als ordentlicher Professor und Vorstand des Instituts für Unternehmensführung der Universität Innsbruck. 1994 lehrte er als Gastprofessor an der Universität Bocconi in Mailand. Seit 2006 ist er Chairman von Hinterhuber & Partners, einer internationalen Unternehmensberatung. Er hat zahlreiche Bücher und Aufsätze zum Thema Unternehmensstrategie veröffentlicht.

Dr. Jens Hohensee hat Geisteswissenschaften an der Christian-Albrechts-Universität zu Kiel studiert. Er arbeitet als Head of Career Services beim Beratungsunternehmen Boston Consulting in Hamburg.

Olaf Hopp ist Volljurist. Er hat unter anderem in der Geschäftsführung eines Arbeitgeberverbands gearbeitet, die Rechts- und Personalabteilung eines international bekannten Hightech-Unternehmens geleitet und war als Manager und Rechtsanwalt für die Prüfungs- und Beratungsgesellschaft Arthur Andersen tätig. Zuletzt bekleidete er eine Führungsposition im Management einer der weltweit größten Rechtsanwaltskanzleien. Im Jahr 2004 gründete Hopp in Frankfurt am Main die Personalberatungsfirma HOPP PSC. Er hat sich auf die Suche, Auswahl und Vermittlung von Rechtsanwälten und Inhouse-Juristen spezialisiert

Dr. Björn Johansson Der gebürtige Norweger Dr. Björn Johansson hat Betriebswirtschaft an der Universität St. Gallen studiert. Das Studium schloss er 1973 mit dem Lizenziat ab (lic. oec. HSG). Nach weiteren Studienaufenthalten in den USA (u. a. Harvard Business School, University of California, Berkeley, und The Center for Creative Leadership, Greensboro, N.C.) promovierte er 1978 zum Dr. oec. an der Universität St. Gallen. Zwischen 1997 und 1999 absolvierte er das Owner/President Management Program (OPM) an der Harvard Business School. Während und nach seinem Studium arbeitete Johansson als Manager in führenden Unternehmen der Konsumgüter- und Textilindustrie sowie des Dienstleistungssektors, und zwar in Deutschland, Großbritannien, Österreich, Skandinavien und der Schweiz. Seine Karriere als Executive-Search-Berater begann er im Jahr 1980 als Vice President bei Spencer Stuart in Zürich. 1985 wechselte er zu Korn Ferry International und baute deren Schweizer Niederlassungen in Zürich und Genf auf. Unter seiner Führung entwickelte sich das Unternehmen zur zweitgrößten Headhuntingfirma in der Schweiz. Er wurde zum Senior Officer der Muttergesellschaft in Los Angeles, Kalifornien, befördert und später zum Managing Director, International Board Services, ernannt. Von 1991 bis 1993 war er als President International bei Paul Ray & Carré Orban International tätig. Am 1. Februar 1993 gründete er die Dr. Björn Johansson Associates AG, die heute zu den bekanntesten Executive-Search-Unternehmen der Schweiz zählt. Neben seinen beruflichen Aktivitäten ist Johansson aktives Mitglied in verschiedenen wirtschaftlichen, sozialen und kulturellen Organisationen. Er spricht dänisch, deutsch, englisch, norwegisch und schwedisch.

Dr. Tiemo Kracht ist Geschäftsführer der Kienbaum Executive Consultants GmbH, einer Tochtergesellschaft der Gummersbacher Beratungsfirma Kienbaum. Er ist verantwortlich für die Geschäftstätigkeit der Kienbaum Gruppe im Bereich Executive Search/Personalberatung. In Personalunion fungiert Kracht als Niederlassungsleiter Hamburg sowie Leiter der Practice Finanzdienstleistungen und Öffentlicher Sektor. Zuvor war Kracht als Geschäftsführer für zwei andere Personalberatungsfirmen tätig: für die deutsche Tochter von Heidrick & Struggles und für das Beratungshaus Ray & Berndtson Deutschland. Kracht hat Wirtschafts- und Sozialwissenschaften an den Universitäten Kiel, Penn State (USA) und Bratislawa/Slowakei (Comenius Universität) studiert und seine Studien mit Diplom und Promotion abgeschlossen. Vor seiner Beraterkarriere arbeitete Kracht in Fach- und Führungspositionen bei einem Versicherungsunternehmen in Kiel, in der Staatskanzlei des Landes Sachsen-Anhalt und bei der Norddeutschen Landesbank Girozentrale (NORD/LB).

Prof. Dr. Klaus Landfried hat Volkswirtschaftslehre, Geschichte, Neuere Deutsche Literatur, Öffentliches Recht und Politikwissenschaft an den Universitäten Basel und Heidelberg studiert. Er lehrte am Institut für Politische Wissenschaft der Universität Heidelberg und war John F. Kennedy Memorial Fellow an der Harvard University in Cambridge/Massachusetts, USA. 1982 baute er für die Universität Kaiserslautern ein Kontaktbüro für Innovations- und Technologieberatung auf – neben seiner Tätigkeit als Professor für Politikwissenschaft am Fachbereich für Wirtschafts- und Sozialwissenschaften. Zwischen 1987 und 1997 war Landfried Präsident der Universität Kaiserslautern. Im August 1997 wurde Landfried Präsident der Hochschulrektorenkonferenz (Vize-Präsident von 1991 bis 1997). Davor war er für einen längeren Zeitraum Vorsitzender der Regionalen Konferenz der Präsidenten der Universitäten in Rheinland-Pfalz. Landfried hat zahlreiche Organisationen und Unternehmen beraten. Er war unter anderem Mitglied des Scientific Board der Volkswagen-AutoUni, Wolfsburg, saß im Kuratorium des Deutschen Akademischen Austauschdienstes, gehört dem Auswahl-Ausschuss der EU-Kommission für das Programm ERASMUS WORLD an, ist Mitglied des Direktoriums der Privaten Universität Witten-Herdecke und Vorsitzender des Aufsichtsrates der Pro-Campus GmbH, Kaiserslautern).

Peter Alexander Rapp ist Geschäftsführer der Hofmann Consultants GmbH. Seine Beratungsschwerpunkte liegen in den Bereichen Markenartikel, Mode und

Medien. Nach einem Marketing-Studium durchlief Rapp eine Karriere im Management verschiedener Unternehmen, unter anderem beim US-Sportartikelhersteller Nike, beim Medienkonzern Bertelsmann (RTL/BMG Entertainment) und bei einer Tochtergesellschaft des Bekleidungsherstellers Steilmann, wo er zuletzt als Geschäftsführer arbeitete. 2004 wechselte Rapp zur Personalberatungsfirma Russell Reynolds Associates, wo er sich auf die Besetzung internationaler Top-Positionen in den Branchen Konsumgüter, Multimedia und Entertainment konzentrierte. Seit 2008 arbeitet Rapp für Hofmann Consultants.

Werner Schmidt ist seit über 14 Jahren in der Personalberatung tätig. Er wechselte als Freiberufler im Jahr 2000 zur Harvey Nash Gruppe (Düsseldorf), wo er heute als Direktor das deutschlandweite Kompetenzzentrum „Recruitment" leitet. Hier hat das britische Unternehmen alle Aktivitäten zur Besetzung von Fach- und Führungskräften sowie das Interim-Management-Geschäft gebündelt. Als COO der Harvey Nash GmbH ist Schmidt darüber hinaus auch für das gesamte operative Geschäft im Bereich der Freiberufler-Vermittlung in IT und Engineering verantwortlich. Er selbst besetzt vorwiegend Führungspositionen im Bereich Sales/Marketing quer durch alle Branchen sowie Führungspositionen im Bereich IT/Telekommunikation, und zwar ausschließlich im Wege der Direktansprache. Seine Kunden sind vorwiegend internationale Unternehmen. Weitgehend international verlief auch die vorangegangene Karriere des Diplom-Informatikers. Rund 22 Jahre war Schmidt in führenden Positionen in der IT-Industrie tätig. Auf den Einstieg als Projektleiter im Bereich Telekommunikation bei der Gesellschaft für Mathematik und Datenverarbeitung folgte eine Management-Beratertätigkeit bei der SCS Unternehmensberatung (Scicon Group), zuletzt als Fachgebietsleiter Telekommunikation. Der Einstieg in den Vertrieb gelang Schmidt dann im Softwarebereich des Hightech-Riesen Texas Instruments. Insgesamt zwölf Jahre bis zum Verkauf des gesamten Softwarebereichs diente Schmidt den Texanern als Vertriebsdirektor, Marketingdirektor und Regional-Manager. Letzte Station vor seinem Wechsel in die Personalberatung war die eines Geschäftsführers für einen niederländischen Systemintegrator.

Jürgen Siebert ist Managing Partner der Kienbaum Executive Consultants GmbH. Zudem leitet er die Practice „Energy/Utilities". Er ist seit 1999 für Kienbaum tätig. Nach einer kaufmännischen Ausbildung und mehreren Jahren Tätigkeit im Dienstleistungssektor, studierte Siebert Betriebswirtschaftslehre in Bochum. Anschließend war er für zwei Jahre in der Personalentwicklungsabteilung einer Großsparkasse aktiv, bevor er 1993 als Berater in einer mittelständischen Personalberatungsfirma tätig wurde. Hier entwickelte er sich schnell zum Senior Consultant und Prokuristen, baute die Researchabteilung auf und beschäftigte sich mit Mergers & Acquisitions. Darüber hinaus legte er die Grundlagen für seine fachliche Ausrichtung.

Dr. Joachim Staude ist Vorstand der Personalberatungsfirma PMC International AG in Neu-Isenburg. Von 2001 bis 2008 war er Mitglied im Präsidium des Bundesverbands Deutscher Unternehmensberater. Zwischen 2005 und 2008 war er Präsident des europäischen Personalberaterverbandes, der European Confederation of Search and Selection Associations (ECSSA). Staude ist Dozent an der Hochschule für Wirtschaft in Ludwigshafen und lehrt Personalberatung im MBA-Studiengang „International Management Consulting". Seit Anfang 2009 ist er Vorsitzender der Zertifizierungskommission für Personalberater beim BDU und Chairman der internationalen Zertifizierungsorganisation ECSSA – CERC, ebenfalls für Personalberater. Staude hat Betriebswirtschaft in Stuttgart und Mannheim studiert und als wissenschaftlicher Assistent an der Universität Mannheim gearbeitet. Anfang 1978 wechselte er zu Peat, Marwick, Mitchell & Co., einer Vorläufergesellschaft der Wirtschaftsprüfungsfirma KPMG. Dort war er in verschiedenen Berater- und Managementfunktionen tätig, zuletzt als Geschäftsführer. Durch einen Management Buy-out übernahm er 1995 die Personalberatungstochter PMM, die er Ende 1998 an den US-Konzern TMP Worldwide verkaufte. Für TMP war er als Deutschlandchef und Geschäftsführer mehrerer Tochterunternehmen tätig. Anfang 2003 gründete er die PMC International AG.

Rainer Steppan arbeitet als Rechtsanwalt und freier Wirtschaftsjournalist in Düsseldorf. Daneben betreibt er das Branchenportal www.ConsultingStar.com. Steppan hat Jura, Politik und Französisch studiert, und zwar an den Universitäten Regensburg, Lausanne und Berlin. Nach dem Referendariat in Berlin und Paris arbeitete er als Redakteur bei einer juristischen Fachzeitschrift in München, bei der Süddeutschen Zeitung und dem Düsseldorfer Magazin Wirtschaftswoche. Seit 1997 ist er selbstständig tätig.

Mag. Günther Tengel ist geschäftsführender Gesellschafter des in Wien ansässigen Unternehmens Amrop Jenewein. Seine Karriere als Personalberater startete er im Jahr 1982. Elf Jahre später wurde er Geschäftsführer von Amrop Jenewein. Er begleitete die Expansion nach Osteuropa und baute Beratungsgesellschaften vor Ort auf. 2003 wurde Günther Tengel im Zuge eines Management Buy-outs Eigentümer von Amrop Jenewein. Seit 2005 ist er Chairman von Amrop Zentral- und Osteuropa. Günther Tengel hat sich auf Executive Search, strategische Beratung im

Bereich Unternehmensführung (Aufsichtsrat, Vorstand, Geschäftsführung), Beratungsleistungen für Investoren und Firmengründungen, Unternehmensverkäufe und Zusammenschlüsse sowie Personalmarketing-Konzepte spezialisiert. Seine Expertise liegt vor allem in den Branchen Finanzdienstleistungen, Markenartikel und Handel, Pharma/Life Sciences, Automotive und Industrie. Günther Tengel hat einen Abschluss in Betriebswirtschaft der Wirtschaftsuniversität Wien.

Dr. Wolfgang Walter ist Senior Partner bei Heidrick & Struggles. Seit Anfang 2002 ist er zudem Managing Partner für den Bereich Professional Development, wie zum Beispiel individuelles Coaching mit einem besonderen Fokus auf den Bereich Executive On-Boarding und die Führungskräfte-Entwicklung für Zentraleuropa. Auf Anfrage führt er psychologische Assessments im Top-Management ausgesuchter Klienten durch und coacht Vorstände und Geschäftsführer. Vor seiner Zeit bei Heidrick & Struggles arbeitete Walter unter anderem als Manager am Institut für Arbeitswissenschaft in Köln, wo er Projekte auf dem Gebiet der Organisationsentwicklung leitete. Walter hat an der Universität zu Köln Psychologie mit Schwerpunkt Wirtschaftspsychologie und klinische Psychologie studiert und dort den Doktor rer. nat. erworben.

Teil I
Die aktuelle Situation

Die Personalberaterbranche zerfällt in zwei Lager

Rainer Steppan

Haarsträubende Planungsfehler, eklatante Baumängel, explodierende Kosten: Beim künftigen Hauptstadtflughafen BER lief so ziemlich alles aus dem Ruder, was man sich nur vorstellen kann. Das gilt auch für die Suche nach einem Nachfolger für Rainer Schwarz, den ehemaligen Chef der BER-Geschäftsführung, der Anfang 2013 von seinen Aufgaben entbunden worden war.

Den Zuschlag für diesen Auftrag hatte die Beratungsfirma Amrop Delta erhalten. Egon Zehnder, Kienbaum und andere Personalberater, die sich ebenfalls um diesen Auftrag beworben hatten, gingen leer aus. Die Enttäuschung darüber dürfte jedoch nicht allzu lange angehalten haben, denn die Headhunter von Amrop Delta wählten sich vergeblich die Finger wund. Niemand wollte den Höllenjob an der BER-Spitze haben: Der Münchner Airport-Geschäftsführer Thomas Weyer, Kölns Flughafenchef Michael Garvens, der ehemalige Fraport-Boss Wilhelm Bender und viele andere – alle winkten ab.

Bei Deutschlands zweitgrößter Luftfahrtgesellschaft Air Berlin hatte Egon Zehnder mehr Erfolg mit der Akquise als im Fall BER. Die Berater erhielten den Auftrag, hinter dem Rücken des noch amtierenden Vorstandsvorsitzenden Hartmut Mehdorn einen Topmanager zu suchen, der in der Lage sein sollte, die angeschlagene Airline zu stabilisieren. Auch hier kassierten die Consultants jedoch zunächst einen Korb nach dem anderen. Germanwings-Sprecher Thomas Winkelmann, Condor-Chef Ralf Teckentrup, Emirates-Verkaufsvorstand Thierry Antinori und mindestens ein halbes Dutzend weiterer Manager lehnten das Stellenangebot dankend ab.

Nach monatelanger Pirsch gelang Zehnders Kopfjägern dann schließlich doch noch ein Blattschuss: Der Österreicher Wolfgang Prock-Schauer akzeptierte den eigens für ihn geschaffenen Posten eines Strategievorstands bei Air Berlin. Wenige

R. Steppan (✉)
ConsultingStar.com, Redaktion, Elisabethstr. 3,
40217 Düsseldorf, Deutschland
E-Mail: Redaktion@ConsultingStar.com

Wochen nach Prock-Schauers Dienstantritt warf Mehdorn das Handtuch und der Österreicher konnte auf den Chefsessel rücken.

Mehdorn aber heuerte kurz darauf beim Flughafenbetreiber BER an. Dem Vernehmen nach soll der Kontakt zwischen dem BER-Aufsichtsrat und Mehdorn auf dem „kleinen Dienstweg" (so ein Insider) über SPD-Kreise zustande gekommen sein. Der Auftrag zur Suche eines Chefs für den Pannenflughafen musste ergebnislos abgebrochen werden. Die Consultants von Amrop Delta dürften dennoch nicht leer ausgegangen sein. Schließlich wird die erste Rate des Honorars üblicherweise bei der Vergabe des Suchauftrags fällig. Wie viel Geld tatsächlich gezahlt wurde, bleibt das Geheimnis der Beteiligten. Weder der Aufsichtsrat noch die BER-Geschäftsführung wollen sich hierzu äußern. Und die Headhunter schweigen sowieso. Hierzu haben sie sich ja schließlich auch vertraglich verpflichtet.

Selten stößt man auf derart miteinander verzahnte Geschichten. Die Liste mit neueren Beispielen für knifflige Suchaufträge ließe sich jedoch noch lange fortschreiben. Branchenkenner dürfte das kaum erstaunen: Schließlich werden die Headhunter vor allem dann gerufen, wenn es den Unternehmen nicht gelingt, selbst gute Leute an Bord zu holen. Das beantwortet auch in gewisser Weise die oft gestellte Frage nach dem Grund für die happigen Preise der diskreten Dienstleister. Wohlgemerkt: Oft müssen die Auftraggeber für eine Managersuche mehr als nur ein Drittel von dem bezahlen, was die Führungskraft im ersten Jahr ihrer Anstellung an Bezügen und Nebenleistungen erhalten soll. So bemessen Egon Zehnder und andere führende Beratungshäuser ihr Honorar nach dem Schwierigkeitsgrad eines Auftrags. Außerdem sind im Top-Segment des Search Business Mindesthonorare von 50.000 € und mehr keine Seltenheit. Hinzu kommen Reisekosten und andere Spesen in erheblicher Höhe.

Zum Vergleich: Die meisten kleinen und mittelgroßen Personalberater orientieren sich am Zieleinkommen des gesuchten Managers oder Spezialisten. Die Honorarhöhe liegt laut Angaben des Bundesverbands Deutscher Unternehmensberater (BDU) im Durchschnitt bei 26 % des Zieleinkommens.

Großunternehmen haben keine Schwierigkeiten, Honorare von mehreren zehntausend Euro zu zahlen. Die entsprechenden Forderungen der Headhunter werden in der Regel anstandslos beglichen. Auch größere, international ausgerichtete Mittelständler kennen den enormen Aufwand, der mit schwierigen Suchaufträgen verbunden ist und feilschen nicht lange. Und das ist – neben der robusten Konjunktur – auch einer der Gründe, warum es den deutschen Personalberatern in den vergangenen Jahren gelungen ist, ihren Gesamtumsatz weiter zu steigern.

Laut Angaben des Bonner Beraterverbands erzielten die rund 2000 Firmen der Branche mit ihren knapp 5.500 Consultants im Jahre 2012 insgesamt 1,55 Mrd. € Umsatz. Das ist ein Plus von 3,6 % im Vergleich zum Jahr 2011. Die Zahl der Positionen bei Fach- und Führungskräften, die durch die Unterstützung von Personalberatern in der deutschen Wirtschaft, Industrie oder Verwaltung besetzt werden konnten, ist dabei auf rund 51.000 (2011: 48.800) gestiegen. Die Zahlen basieren auf einer Umfrage des Bonner Beraterverbands, an der sich rund 180 Beratungsgesellschaften beteiligt haben – größtenteils Firmen, deren Tätigkeitsschwerpunkt auf der Suche und Auswahl von Personal liegt.

Dabei ist der Markt durchaus noch entwicklungsfähig. Dies betrifft vor allem den öffentlichen Sektor. Hier stößt man immer wieder auf Bürgermeister, Stadträte, Findungskommissionen oder Personalämter, die selbst Spitzenpositionen auf eigene Faust und per Stelleninserat besetzen wollen. So auch in der Stadt Konstanz, wo man einen zweiten Geschäftsführer für die örtlichen Stadtwerke benötigte. Personalamts-Chef Thomas Traber ließ zahlreiche Anzeigen schalten, lud die wenigen, qualifizierten Bewerber zum Vorstellungsgespräch und schlug dem Gemeinderat mehrere Kandidaten vor. Die Wahl fiel auf Ole Bested Hensing, einen 49-jährigen Wirtschaftsingenieur, der als Geschäftsführer eines sogenannten Freizeitparadieses in der brandenburgischen Provinz arbeitete. Doch der Kandidat hatte mehrere Eisen im Feuer. Kurz vor seinem Amtsantritt sagte er einfach ab und trat einen anderen Job an.

Die Stadt hatte inzwischen bereits mehrere zehntausend Euro für Anzeigen und die Reisen der Bewerber ausgegeben. Hinzu kam der erhebliche Zeitaufwand für die Vorstellungsgespräche, an denen vor allem die Mitglieder der Findungskommission und das Personalamt teilnahmen. Doch das alles war weniger schlimm als die Blamage. Die Mitglieder der Findungskommission standen in der Öffentlichkeit da wie minderbemittelte Bauerntrampel.

Beim zweiten Anlauf zur Besetzung der Stelle sollte ihnen das nicht mehr passieren. Oberbürgermeister Ulrich Burchardt überzeugte den Gemeinderat, dass es sinnvoll sei, einen Headhunter einzuschalten. Burchardt bewegte die Ratsmitglieder auch zum Verzicht auf die im öffentlichen Dienst übliche, öffentliche Vorstellung der Kandidaten. Sein Argument: Nur so könne man sicher sein, dass sich die besten Bewerber in den Ring trauten.

Wenige Wochen später präsentierte der von Burchardt beauftragte Consultant eine Reihe von qualifizierten Kandidaten. Gewählt wurde schließlich Norbert Reuter. Der 46-jährige Betriebswirt kommt aus Saarbrücken, wo er als Geschäftsführer der Verkehrsunternehmen Saarbahn und Stadtbahn Saar gearbeitet hatte. Und sollte Reuter wider Erwarten seinen Job nicht antreten oder bereits kurz nach Dienstantritt wieder ausscheiden, so muss der Headhunter weitersuchen. Eine entsprechende Klausel findet sich jedenfalls in den meisten Verträgen, die die Consultants mit ihren Klienten schließen.

Wer sich die BDU-Studie genauer durchliest, erkennt auch, dass sich die Dynamik der Branchenkonjunktur im Vergleich zu den Vorjahren erheblich abgeschwächt hat. 2010 und 2011 hatten die Wachstumsraten noch 18,2 % beziehungsweise 14,8 % betragen. Gleiches Bild bei Egon Zehnder: Die deutsche Tochtergesellschaft des weltweit tätigen Headhuntingkonzerns mit Hauptsitz in Zürich ist der mit Abstand größte Anbieter in diesem Segment der deutschen Consultingindustrie. Und auch Zehnder spürt die Auswirkungen der Staatsschuldenkrise. 2012 erzielte das Unternehmen in Deutschland 74,9 Mio. € Umsatz. Das sind gerade einmal 600.000 € oder knapp ein Prozent mehr als 2011, wo der Umsatz 74,3 Mio. € betragen hatte.

Egon Zehnder stößt mittlerweile bei seinen Klienten aus der Privatwirtschaft an Grenzen, die eine weitere Expansion erschweren. Das sagen nicht nur neidische Konkurrenten. Auch Insider berichten von Problemen des Branchenprimus wegen der sogenannten Off-Limits oder No-Touch-Regelung, wollen aber verständlicherweise nicht zitiert werden. Bei den besagten Regeln geht es um das vertraglich vereinbarte Verbot, wonach die Headhunter kein Personal von Unternehmen abwerben dürfen, für das sie bereits einmal gearbeitet haben. Nun werden diese Verbote zwar zeitlich und örtlich limitiert (unbegrenzte Off-Limits-Klauseln sind selten), dennoch munkelt man in der Branche, dass Zehnder wegen seiner starken Stellung in der internationalen Großindustrie immer öfter nicht mehr die besten Führungskräfte abwerben könne, da diese für Unternehmen tätig seien, die auf der langen Off-Limits-Liste von Zehnder stünden. Und wer von den anspruchsvollen Klienten gibt sich schon gerne mit zweiter Wahl zufrieden?

Vor diesem Hintergrund wundert es nicht, dass zumindest einige von Zehnders Beratern verbissen um jeden Auftrag kämpfen. Das zeigt ein Vorfall, der sich Ende 2012 abgespielt hat. Zehnder hatte sich um den Auftrag zur Suche nach dem Chef der Messe Berlin beworben und wieder einmal den Kürzeren gezogen. Wolfgang Neff – ein auf die Messebranche spezialisierter Headhunter aus Zwingenberg bei Darmstadt – hatte die Nase vorne. Zehnders damaliger Deutschlandchef Johannes Graf von Schmettow ließ daraufhin seine Kontakte zur Berliner Wirtschaftssenatorin Sybille von Obernitz spielen. Diese erteilte quasi durch die Hintertür von Schmettow den Auftrag, parallel zu Neff auf die Suche nach einem Messe-Geschäftsführer zu gehen. Diese einsame Entscheidung kostete der Senatorin den Posten – und wenig später musste auch von Schmettow aus der Geschäftsführung von Zehnders deutscher Tochtergesellschaft ausscheiden.

Hinzu kommt, dass sich Zehnders Berater immer öfter in Marktnischen hineintasten, um die sie bislang einen weiten Bogen gemacht hatten. Dazu gehört auch der öffentliche Sektor. Hier tut sich Zehnder hier jedoch schwer, weil kleinere Konkurrenten, die hier seit langen Jahren Präsenz zeigen, teilweise wesentlich billiger sind. Ähnlich stellt sich die Situation auf dem Markt dar, den man im Branchenjargon „Legal" nennt. Gemeint ist das Geschäft mit der Suche nach Top-Juristen für Anwaltskanzleien und die Rechtsabteilungen von Unternehmen. Auch hier tummeln sich jede Menge kleinerer und billigerer Wettbewerber, und zwar nicht nur Executive Search Consultants wie Zehnder, sondern auch die sogenannten Recruiter, die auf Erfolgsbasis arbeiten.

Geradezu dornig ist das Geschäftsfeld „Wissenschaft", bei dem es um die Suche nach Spitzenpersonal für Hochschulen und andere akademische Organisationen geht. Die bisherigen Erfolge, die Zehnder auf diesem Gebiet erzielt hat, fallen jedenfalls eher mager aus. Ein Auftrag entwickelte sich gar zum Fiasko, weil über den Kandidaten bereits in der Öffentlichkeit diskutiert wurde, bevor die Findungskommission der Universität ihre Zustimmung erteilt hatte (Näheres dazu in einem der folgenden Kapitel).

Zehnders Probleme sind jedoch eher klein – zumindest im Vergleich zu den Wettbewerbern, die sich im mittleren Marktsegment bewegen. Im diesem Segment weht ein weitaus schärferer Wind als im Oberhaus der Branche. Laut BDU gehen über 90 % der Personalberater davon aus, dass die Erwartungen der Klienten weiter steigen. Dies betrifft nicht nur Geschwindigkeit und Qualität, sondern vor allem auch den Preis. Genauer: Die Klienten wollen weniger zahlen als bisher in der Branche üblich. Dabei wird deutlich, dass sich der Markt immer mehr spaltet. Im Premiumsegment dominieren weltweit tätige Firmen wie Zehnder, die sozusagen den Rahm abschöpfen. Auf der anderen Seite aber stehen Einzelkämpfer und mittelständische Firmen sowie international arbeitende Billiganbieter, die sich um das Massengeschäft mit der Suche nach Fachkräften und anderen, weniger lukrativen Aufträgen balgen.

Vor allem die Wettbewerber aus Großbritannien haben den deutschen Markt kräftig aufgemischt und manche der etablierten deutschen Firmen zu einem Strategiewechsel und einer Neuausrichtung ihres Geschäfts gezwungen. Bei der bekannten schwäbischen Beratungsfirma Steinbach & Partner scheint der Versuch einer solchen Neuausrichtung gescheitert zu sein: Firmenchef Sebastian Steinbach musste Ende Oktober 2013 den Gang zum Konkursrichter antreten.

In den vergangenen Monaten ist es zwar stiller um Michael Page, SThree, Staff Group, Venquis und andere englische Recruiting-Unternehmen geworden, doch dies scheint nur die Ruhe vor einem erneuten Sturm zu sein. Der deutsche Markt sei „stark unterentwickelt", sagt Steve Ingham, der Chef von Michael Page. In den Ohren deutscher Personalberater muss dies wie eine Drohung klingen.

„Der Erwartungsdruck steigt"

Interview mit Michael Ensser, Deutschlandchef von Egon Zehnder

Rainer Steppan

Herr Dr. Ensser: In Europa drückt die Staatsschuldenkrise weiter auf die Konjunktur: Welche Auswirkungen hat das auf die Arbeit Ihrer Berater?

Die Schuldenkrise und ihre Folgen sorgen für einen hohen Veränderungsdruck in den Unternehmen. Daneben steht die Digitalisierung, die tradierte Geschäftsmodelle auf den Kopf stellt. Oder nehmen Sie den demografischen Wandel, den globalen Wettbewerb oder die ausufernde staatliche Regulierung – und nicht zuletzt die Energiewende, die nicht nur die Versorgungsbranche, sondern den gesamten Industriestandort vor existentielle Herausforderungen stellt. Die Welt ist noch komplexer geworden. Und das erfordert neue Antworten und grundlegende Veränderungen. Damit Unternehmen und Organisationen diese Herausforderungen bewältigen können, braucht es neue Köpfe, die „out of the box" denken. Köpfe, die kreative Lösungen interdisziplinär abseits herkömmlicher Lösungsmuster orchestrieren können. Es braucht Empathie, um die wachsenden Stakeholder-Anforderungen zu verstehen und mit Anspruchstellern aus Politik und Gesellschaft sowie mit Kunden gerade auch via social media effektiv in einen Dialog treten zu können.

Unter den Executive Search Consultants tobt ein heftiger Konkurrenzkampf. Nun kommen neue Wettbewerber hinzu: Global Player wie General Electric oder Coca Cola setzen hauseigene Recruiter ein. Wie reagiert man bei Egon Zehnder auf die neue Konkurrenz?

Ich könnte es mir einfach machen und sagen: Wettbewerb belebt das Geschäft. Aber, mal ehrlich: Neuen Herausforderungen stellen wir uns seit 50 Jahren – mit sehr großem Erfolg! Natürlich ändert die Transparenz, die das Internet geschaffen hat, auch die Rekrutierungspraxis. Im Top-Segment ist eine Beratung, die direkten

R. Steppan (✉)
ConsultingStar.com, Redaktion, Elisabethstr. 3,
40217 Düsseldorf, Deutschland
E-Mail: Redaktion@ConsultingStar.com

Zugang zu den absoluten Spitzenkräften hat, als strategischer Partner der Unternehmensleitung gerade jetzt gefragt. Online basiertes Inhouse Recruiting kann unser Plus, dass wir die Passfähigkeit von Kandidaten, ihre Stärken und Schwächen und ihre Motivation kennen, nicht ersetzen. Wir werden häufiger mit Profilen konfrontiert und gefragt: Passt dieser Kandidat? Unsere Antwort lautet hier häufig: Da gibt es noch bessere!

Inhouse Recruiter sind nur ein Aspekt der sogenannten Klientenprofessionalisierung. Generell geht es dabei vor allem um gestiegene Erwartungen der Kunden und härtere Verhandlungen. Was antworten Sie Ihren Klienten, wenn diese versuchen, Ihr Honorar zu drücken?

Der Erwartungsdruck an die Executive Search Branche steigt in der Tat seit Jahren. Viele Klienten wollen, dass wir im Suchprozess immer früher Lösungsstrategien skizzieren, Kandidatenvorschläge idealerweise teils schon im Briefing nennen können. Hinzu kommt, dass sich die HR-Arbeit professionalisiert hat und der Einkauf immer stärker einbezogen wird. Dort geht es ums Geld, ohne Zweifel. Aber wir machen hier deutlich: Premium-Leistung ist nicht zu Discount-Preisen zu haben. Und gerade Profis im Personalmanagement verstehen genau, wie Qualität aussieht und was im Prozess und im Ergebnis möglich ist – das macht es für beide Seiten leichter.

Die Unternehmen stehen heute mehr denn je unter Druck, freiwerdende Stellen im Management mit Frauen zu besetzen. Einen Teil dieses Drucks geben sie an die Headhunter weiter. Wie reagieren Sie auf Forderungen, wonach mindestens ein Drittel der Kandidaten auf der Longlist weiblich sein soll?

Wir stellen uns dem nur zu gerne. Die öffentliche Debatte hat in der Tat zahlreiche Veränderungen bewirkt. Und die Unternehmen wissen längst, dass sie weibliche Führungskräfte allein aus demografischen Gründen langfristig einbinden müssen. Eine aktuelle Studie von uns zeigt, dass im Jahr 2011/2012 in Deutschland 40 % aller Aufsichtsrats- und Vorstandspositionen mit Frauen besetzt wurden. Wir weisen unsere Auftraggeber aber auch darauf hin, das Thema Vielfalt nicht auf Gender Diversity zu beschränken. Es geht um Vielfalt in der Breite, durch die eine größere Wirkkraft entfaltet werden kann. Hierin liegt das Geheimnis nachhaltig erfolgreicher Unternehmen.

Was bedeutet Diversity eigentlich für Sie selbst? Warum gibt es zum Beispiel so wenige Beraterinnen bei Egon Zehnder?

Da, mit Verlaub, täuscht der Eindruck. Ein Viertel unserer über 50 deutschen Consultants sind Frauen. Außerdem: Drei unserer sechs deutschen Büros werden von Beraterinnen geführt. Als europäische Firma haben wir einen Chairman und CEO aus Australien, und in unserem globalen Executive Committee finden sich Kolleginnen und Kollegen aus China und Singapur, aus Indien sowie Brasilien, Nordamerika und Europa. Wir sehen uns tatsächlich selbst als Vorreiter in Sachen

Diversity, die wir in erster Linie als das produktive Miteinander sehr unterschiedlicher Persönlichkeiten verstehen.

Wer sind die Haupt-Konkurrenten von Egon Zehnder im deutschsprachigen Raum?

Als deutscher und europäischer Marktführer stehen wir einerseits im Wettbewerb mit einer Handvoll globaler Adressen, meist Tochtergesellschaften amerikanischer Unternehmen. Daneben stehen die auf mittlere und untere Management-Ebenen fokussierten Mittelständler oder Boutiquen. Früher sind wir zudem immer wieder auf den einen oder anderen Einzelgänger gestoßen. Doch die Zeit dieser „Altstars" geht zu Ende. An die Stelle der One-Man-Shows tritt heute der Bedarf nach Beratungsunternehmen, die über Branchen, Funktionen und Regionen hinweg überzeugende Antworten auf komplexe Fragen geben können. Das ist einer der Trends, die wir zurzeit erleben.

Wie unterscheidet sich Egon Zehnder von den anderen Headhunting-Multis wie Korn/Ferry, Russell Reynolds oder Spencer Stuart?

Wir verstehen uns als Firma, die für den gemeinsamen Erfolg weltweit an einem Strang zieht. Deshalb haben wir auch ein globales Profitcenter. Wir honorieren gerade nicht den Individualerfolg. Wir fragen uns bei jedem Auftrag: Welches ist das beste Team, um für unseren Klienten das beste Ergebnis zu erreichen? Unsere Verfassung, unsere Firmenkultur ist auch der Grund für die außergewöhnlich geringe Fluktuation unter unseren global über 420 Beratern. Auf dieser Grundlage können wir vertrauensvolle und langfristige Beziehungen mit unseren Klienten aufbauen. Unser Ansatz ist nicht die „Transaktion", sondern die langjährige und strategische Partnerschaft mit unseren Klienten – vom Großkonzern bis zum Familienunternehmen, vom „Hidden Champion" aus dem Mittelstand bis zum Internet-Start-up.

Ist das einer der Gründe, warum bei Zehnder die Suchaufträge manchmal entsetzlich lange dauern und immer wieder auch erfolglos abgebrochen werden?

Ganz ehrlich, das glatte Gegenteil ist der Fall: Wir arbeiten seit Jahren überdurchschnittlich erfolgreich, gerade weil wir in den meisten Suchen als Team unterwegs sind. Wir bringen dadurch mehr PS auf die Straße, decken einen breiteren Kandidaten-Pool ab. Und wir schaffen so eine erfolgreiche Besetzung fast aller unserer Mandate. Das hat auch damit zu tun, dass wir unsere Arbeit akribisch messen und verbessern. Unsere „One Firm Philosophie" – eine weltweit einheitliche Beteiligung aller Partner am Gesamterfolg – ist also kein Hindernis, sondern im Gegenteil die wichtigste Grundlage für unsere Qualitäts- und Marktführerschaft.

Fast alle großen Headhuntingfirmen haben in den letzten Jahren ihr Beratungsangebot ausgeweitet. Auch Egon Zehnder bietet nicht mehr nur Executive Search Consulting und Management Appraisals an, sondern auch sogenannte Leadership Strategy Services. Was verstehen Sie darunter?

Es geht hier um ein weitgefächertes Portfolio von Lösungsansätzen, die Führungsarbeit effektiver machen und mit denen wir Fragen beantworten, die Unternehmen umtreiben: Welche Führungskultur, welche Organisationsstruktur passt am besten zu unseren Herausforderungen? Welche „schlummernden" Talente haben wir in unseren Reihen? Wie kann sich unsere Führungsmannschaft und jeder Einzelne angesichts der radikalen Umbrüche im Markt weiterentwickeln? Wie bekommen wir Führungskräfte, die neue Positionen bekleiden, möglichst schnell auf optimale Betriebstemperatur?

Können Sie konkreter werden?

Wir gehen vom Einzel- und Team-Assessment bis hin zum Benchmarking ganzer Führungsmannschaften im Wettbewerbsvergleich. Wir beraten Unternehmen und Institutionen, die ihre Führungsstrukturen neu ordnen wollen. Wir begleiten Cultural-Change-Projekte. Oder wir evaluieren die Effektivität von Führungsgremien. Und in der „Board Academy", die wir mit den Beratungsunternehmen McKinsey & Company und KPMG betreiben, führen wir potenzielle Aufsichtsratskandidaten mit den Aufsichtsrats- oder Vorstandschefs global führender Unternehmen zusammen, um sie im praktischen Austausch auf ihre zukünftigen Aufgaben vorzubereiten.

Wird sich der Trend zur Diversifikation des Dienstleistungsangebots weiter fortsetzen? Und wenn ja: Was kommt als nächstes?

Der Trend geht hin zu einer ganzheitlichen Beratung in Leadership-Fragen. Das schließt die Führungskräfteentwicklung ein, durch die wir einzelnen Managern, aber auch ganzen Organisationen helfen, neue Anforderungen erfolgreich zu meistern. Wir führen für Top-Unternehmen weltweit Führungskräfte-Workshops zum Enabling, zum Erlernen neuer Leadership-Skills, durch. In Zukunft gilt immer mehr: Unsere Arbeit hört mit einer erfolgreich gelösten Suche nicht auf, sondern geht weit darüber hinaus. Beispiel: Die Zeit, bis ein Topmanager in einer neuen Position Fuß gefasst haben muss, verkürzt sich dramatisch. Deshalb unterstützen wir Führungspersönlichkeiten gezielt bei der Integration, in dem wir sie und ihr unmittelbares Umfeld vom ersten Arbeitstag an begleiten.

Den Löwenanteil seiner Umsätze erzielt Egon Zehnder nach wie vor mit Executive Search Consulting. Wie werden sich die Umsätze in diesem Segment künftig entwickeln?

Leadership Services werden weiter wachsen, der Anteil des Executive Search an unserem Umsatz wird angesichts der beschriebenen Marktveränderungen aber weiterhin hoch bleiben. Dabei verlagert sich in unserer globalen Firma der Schwerpunkt von Europa mehr und mehr nach Asien, in die Wachstumsmärkte der BRIC-Staaten oder nach Amerika. Seit Jahren wachsen wir dort schneller als unsere Wettbewerber, gerade aber auch als die „Platzhirsche" in den Vereinigten Staaten. Das liegt auch daran, dass wir aus Deutschland und Europa heraus Aufträge in diese Regionen exportieren und unseren heimischen Klienten beim Erschließen neuer Märkte rund um den Globus helfen. Hier spielen wir aus Europa heraus die Rolle eines Wachstumsmotors bzw. -katalysators.

Sie versuchen nicht nur ihr Dienstleistungsangebot zu erweitern, sondern auch neue Klientenkreise zu erschließen, etwa Universitäten und andere wissenschaftliche Institutionen. Doch diese Klienten sind weder zahlungskräftig noch bequem. Warum versuchen Sie dennoch, hier einen Fuß in die Tür zu bekommen?

Wir erschließen Branchen, wenn wir sehen, dass wir dort mit unserer Arbeit einen Mehrwert schaffen können. Das ist hier der Fall. Wir sind ein stark gefragter Partner in der Wissenschaft und im Universitätsumfeld, vor allem wenn es um die Professionalisierung von Führung geht. Wir sind aber nicht nur hier aktiv, sondern auch bei Verbänden, Kulturinstitutionen und Einrichtungen der Zivilgesellschaft, etwa bei Stiftungen und Nonprofit-Organisationen. Wir sind über unsere „klassischen" Segmente hinaus für die Chancen auf diesem Feld gut gewappnet. Übrigens sind wir auch im Start-up-Bereich für junge Unternehmer der Technologie- und Internetbranche sehr aktiv. Hier bringen sich Kollegen ein, die in diesen Feldern viele Erfahrungen gesammelt haben und sozusagen die nötige DNA aufweisen.

Das Interview führte Rainer Steppan

Dr. Michael Ensser, Jahrgang 1964, steht seit Anfang 2010 an der Spitze der deutschen Tochtergesellschaft von Egon Zehnder. Seit 2013 ist er alleiniger Geschäftsführer. Seinen Doktor hat Ensser im Fach Politik gemacht. Er hat aber auch Jura studiert und eine Berufsausbildung im Medienbereich absolviert. Nach dem Fall der Mauer arbeitete er erst als Vorstandsassistent und dann in verschiedenen Managementrollen in der Berliner Treuhandanstalt. Den Kontakt zu Egon Zehnder knüpfte der Literatur- und Fußballfan auf einer Veranstaltung mit dem Titel „Manager von Morgen".

Plädoyer für einen neuen Ansatz beim Research

Doris Aebi

Die Trennung erfolgte „im besten Einvernehmen", und dennoch berichtete jede Zeitung groß über die Personalie. Kein Wunder, denn erstens ging es um ein bekanntes Unternehmen, zweitens hatte sich der Manager nur kurz im Sattel gehalten. Vor allem aber: Ein Nachfolger war weit und breit nicht in Sicht. Ein Mitglied des Verwaltungsrats musste kommissarisch das Steuer übernehmen.

Nun sind die Verwaltungsräte von schweizerischen Aktiengesellschaften nicht nur Kontrolleure wie die Aufsichtsräte in Deutschland und Österreich. Verwaltungsräte führen die ihnen anvertrauten Unternehmen. Sie müssten nicht einmal eine Geschäftsleitung einsetzen. Dennoch kümmert sich in der Regel ein Geschäftsführer oder CEO um das operative Geschäft. So auch in unserem Fall.

Kaum war die Nachricht vom Ausscheiden des Top-Managers in den Medien erschienen, klingelte das Telefon im Vorzimmer des Verwaltungsratspräsidenten. Es sollte nicht der einzige Anruf dieser Art sein. Zahlreiche Headhunter versuchten in den folgenden Tagen, den lukrativen Auftrag zur Suche des künftigen CEOs an Land zu ziehen.

Alle Anrufer versicherten, sie könnten das Personalproblem rasch lösen. Manche legten noch einen drauf: Sie wüssten, wer die ideale und mit Abstand beste Person für diese Position sei, und ließen bereits erste Namen fallen.

Executive Search Consultant – viele Dienstleister nennen sich heute so. Ich weigere mich jedoch, Anrufer, die bereits beim ersten Telefonat mit einem potenziellen Klienten Namen von möglichen Kandidaten ins Spiel bringen, als Consultants zu bezeichnen. Diese Akrobaten der kalten Akquise erinnern mich eher an Drücker, also an jene Verkäufertypen, die im Auftrag von Finanzhaien per Telefon gutgläubigen Kunden hoch riskante Anlageprodukte aufschwatzen. In jedem Fall ist ihr

Dr. D. Aebi (✉)
aebi+kuehni ag, tailor-made solutions in recruiting, Gartenstrasse 36,
8002 Zürich, Schweiz
E-Mail: doris.aebi@aebi-kuehni.ch

Geschäftsgebaren weder seriös, noch hat es viel mit systematischer Direktsuche oder gar mit Beratung zu tun.

In unserem Beispiel hatten diese Anrufer jedoch keine Chance. Den Auftrag hatten mein Partner René Kuehni und ich erhalten – und zwar bereits einige Tage, bevor die Personalie bekannt gemacht wurde. Denn der gescheiterte Manager war von einem Headhunter platziert worden, der oft mit dem Hinweis akquiriert, dass er über einen großen Kandidatenpool verfüge.

Ich will hier keineswegs den Anschein erwecken, als ob die oben beschriebenen Konkurrenten immer abblitzen würden. Tatsächlich gelingt es diesen Headhuntern immer wieder, an attraktive Aufträge zu kommen. Oft geht ja auch alles gut, und der im Ruck-Zuck-Verfahren platzierte Kandidat erweist sich sozusagen als Glückstreffer. Trotzdem: Bei dieser Methode findet keine intensive Beschäftigung mit den Anforderungen statt, die ein Manager auf dem vakanten Posten erfüllen soll. Niemand fragt nach den spezifischen Rahmenbedingungen, um die es bei dem jeweiligen Unternehmen geht. Beratung sieht anders aus.

Ich möchte mich nicht nur von den Ruck-Zuck-Headhuntern distanzieren. Zu hinterfragen ist auch die Arbeitsweise einiger „Recruteurs de haut vol" – wie die Westschweizer die kleinen und feinen Executive-Search-Boutiquen bezeichnen, zu denen wir uns grundsätzlich auch zählen. Im Auge habe ich diejenigen Berater, die sich ganz bewusst auf die Pflege eines überschaubaren Netzwerks konzentrieren und dabei meist nicht genau zwischen Kandidaten und Auftraggebern trennen.

Amerikaner und Briten sprechen in diesem Zusammenhang von Old Boys' Networks, und meist treffen sie mit dieser leicht abschätzigen Bezeichnung auch ins Schwarze, denn es handelt sich fast ausnahmslos um die Beziehungsgeflechte älterer Herren. Diese Männer sieht man auf exklusiven oder zumindest als exklusiv geltenden Events, etwa beim World Economic Forum in Davos, oder bei einer für Mäzene und Förderer arrangierten Vorbesichtigung einer Ausstellung moderner Kunst. In diesen Kreisen kennt man sich, schätzt man sich, fördert sich gegenseitig. Motto: „Always be Friend with the Headhunters." Ein Schelm, wer Böses dabei denkt.

Diese Recruteurs de haut vol sind waschechte Berater. Ich meine das ganz ernst. Sie verstehen ihr Handwerk. Sie wissen um die Stärken und Schwächen der Top-Manager, kennen auch die Details von deren Privatleben – bisweilen besser als mancher Ehepartner. Aber sie sind nicht mehr auf der Höhe der Zeit.

In den teuer möblierten Luxusbüros dieser Consultants stehen zwar inzwischen auch Computer mit Internetanschluss, die neumodischen Geräte müssen jedoch versierte Helfer bedienen, zumeist jüngere Frauen. Die Berater selbst stützen sich nach wie vor eher auf die in ihrem Kopf gespeicherten Informationen und auf ihr dickes Adressbuch. Ein solches Adressbuch war früher Gold wert. Es reichte aus, um Top-Aufträge an Land zu ziehen und Persönlichkeiten für Spitzenpositionen zu identifizieren. Heute aber ist es veraltet.

Der Grund liegt auf der Hand: Unternehmen rund um den Globus blicken zunehmend über die Grenzen ihres Landes. In diesem Zusammenhang drängt es sich geradezu auf, den bekannten Satz des englischen Naturforschers Charles Darwin zu zitieren: „It is not the strongest species that survive, nor the most intelligent, but the ones most responsive to change." Die Unternehmen in der kleinen Schweiz wissen, dass das Darwinsche Überlebensgesetz in besonderem Maße für sie gilt. Deswegen haben sie früher und konsequenter als andere damit begonnen, ihre Verwaltungsräte und Geschäftsleitungen zu internationalisieren. Einer aktuellen Studie zufolge kommt jedes dritte Mitglied eines Verwaltungsrats und fast jedes zweite Mitglied einer Geschäftsleitung bei den hundert größten Schweizer Unternehmen aus dem Ausland. Und es sind keineswegs nur Deutsche, die hier arbeiten. Die ausländischen Verwaltungsräte kommen aus 28, die ausländischen Geschäftsleitungsmitglieder aus 32 unterschiedlichen Ländern.

Die Unternehmen bemühen sich um eine gute Corporate Governance. Dazu gehört auch eine weitgehende Transparenz. Folglich stehen die Lebensläufe sämtlicher Top-Manager ebenso auf den Websites der Unternehmen wie Organigramme und weitere nützliche Informationen. Ergo: Wer sich heute bei der Besetzung von Spitzenpositionen auf die ihm oder den Entscheidungsträgern bekannten Personen beschränkt oder seine Longlist aus dem Adressbuch zusammenstellt, verzichtet sträflicherweise auf das Ausschöpfen des im Markt frei zugänglichen Potenzials an Managern.

Die Evolution macht keinen Bogen um die Executive Search Consultants, und die Branche täte gut daran, sich an Darwins Lehren zu orientieren. Tatsache ist, dass diejenigen, die sich ausschließlich in einem Old Boys' Network bewegen, den Anschluss verpasst haben. Ihre Arbeitsmethoden sind von gestern. Das goldene Adressbuch gehört in den Papierwolf.

Rückblende: Es war im Jahr 2004. Damals nahmen die Chefs einiger großer Beratungshäuser Kontakt mit mir auf, um mich von meinem Arbeitgeber abzuwerben. Sie hatten mich lange genug beobachtet und wussten genau, dass ich bei dem Executive-Search-Unternehmen, bei dem ich bis zu diesem Zeitpunkt gearbeitet hatte, kaum mehr wachsen konnte.

„Up or out", heißt es bei McKinsey & Company. „Grow or go", sagen die Chefs bei Boston Consulting und anderswo. Ich denke, dass es sich um allgemeingültige Regeln für Karrieren in einer Professional Services Company handelt. Ich habe mich jedenfalls an dieser Richtschnur orientiert und die Gespräche dazu genutzt, hinter die Kulissen der großen Executive-Search-Firmen zu blicken. Doch je mehr ich dort sah, desto unattraktiver erschien mir ein Wechsel zu diesen Konkurrenten.

„Executive Search ist eine stattliche, weltweite Industrie", schreibt das britische Branchenblatt „Search-Consult", und auch die Fachleute des US-Marktforschungsunternehmens Kennedy Information verwenden den Begriff Industrie, wenn sie über Headhunter berichten. Dabei haben die Beobachter in erster Linie die Honorare im Blick. Die Headhunter-Organisation AESC etwa schätzt, dass die Unternehmen unserer Branche 2009 einen weltweiten Jahresumsatz von immerhin 7,43 Mrd. US-Dollar erzielt haben. Und dabei war dieses Jahr ein schlechtes Jahr – bedingt durch die weltweite Wirtschaftskrise. Im Jahr 2010 dürften die Umsätze vorsichtigen Schätzungen zufolge gut zehn Prozent höher liegen.

Der Ausdruck Headhunting-Industrie ist aber auch aus einem anderen Grund gerechtfertigt. Es sind die arbeitsteiligen Prozesse in den großen Executive-Search-Firmen, die stark an Industriearbeit erinnern. Gerade bei den großen Anbietern, die mich umworben hatten, gibt es diese streng hierarchisch gestaffelte Organisation: Die Partner pflegen die Kontakte zu den Klienten, akquirieren die Mandate und präsentieren die Kandidaten. Unter ihnen stehen die Consultants, die die Kandidaten anrufen und erste Interviews führen. Am untersten Ende der Hierarchie rangieren Researcher und Spezialisten für das sogenannte Data Mining, die in ihren Computern nach den Profilen von Managern suchen und einige Checks im Markt vornehmen.

Dieser industrielle Ansatz erlaubt es den Partnern in großen Headhuntingfirmen, zahlreiche Suchaufträge parallel abzuwickeln. Der Nachteil liegt in dem Effekt, den jeder Leser wohl bereits im Kindergarten beim beliebten Flüsterspiel „Stille Post" kennengelernt hat: Bei der Kommunikation zwischen Partner und Consultant sowie zwischen Consultant und Researcher gehen wertvolle Informationen verloren.

Der Ausdruck Industrie bezieht sich auch auf die teilweise gigantischen Datenbanken, die viele Unternehmen unserer Branche aufgebaut haben. Hier speichern die Headhunter nicht nur die Profile aller Manager, die sie bei einem Suchauftrag kennengelernt haben, sondern auch Informationen aus Zeitungen, Geschäftsberichten und weiteren Quellen. Hinzu kommen die unaufgefordert zugeschickten Profile, etwa von Managern, die gerade durch einen Outplacementberater betreut werden, oder von solchen, die gerne laufend auf dem Radar der Headhunter erscheinen wollen. Größere Unternehmen unserer Branche erhalten täglich Dutzende solcher Profile.

Für diese computergestützte Arbeit hat der US-Autor Darrell W. Gurney den Ausdruck „High-tech Headhunting" geprägt – und eine ganze Reihe von Tipps zusammengestellt, die selbst mittelmäßig qualifizierten Managern zeigen, wie sie ihr Karriere-Profil in eine solche Datenbank schmuggeln können.

Meiner Ansicht nach ist der Ausdruck High-tech Headhunting nicht mehr angebracht. Das Search Business hat sich zwar zu einer Industrie entwickelt, aber es hat nicht mit der technischen Entwicklung Schritt gehalten. Um es ganz deutlich zu machen: Auch dieser Teil unserer Branche ist rückständig. Und die Chefs weltweit arbeitender Headhunting-Fabriken halten an ihren Datenbanken fest, obwohl sie wissen oder wissen müssten, dass dieses Instrument längst veraltet ist.

Denn im Zeitalter des Internets stellen diese Datenbanken Low-tech dar. Unsere Welt, so sagen die Digitalisierungsforscher, hat ihr Faktenwissen demokratisiert. Daten sind über das Internet in Sekundenschnelle allgemein und überall verfügbar. Und es sind keine Heerscharen von Researchern erforderlich, damit die Daten auf dem aktuellen Stand bleiben. Die Unternehmen selbst sorgen für die Aktualität der Daten auf ihren Websites.

Dennoch verlassen sich viele Researcher hauptsächlich auf ihre Profil-Datenbank. Es ist ja auch bequem, Manager per Mausklick zu liefern. Dabei soll es sogar Fälle gegeben haben, bei denen sich Namen von Verstorbenen auf der Longlist befunden hatten.

Wer daran zweifelt, möge sich vor Augen halten, dass in den Datenbanken der Headhunting-Fabriken Millionen von Profilen gespeichert sind. Dass nicht alle aktuell sein können, liegt auf der Hand.

Ich halte den ganzen Aufwand, den man mit den Datenbanken betreibt, für weitgehend überflüssig. Weniger ist in diesem Falle mehr. Qualität lässt sich jedenfalls nicht durch Datenbanken garantieren – im Gegenteil: Sie machen träge und unkreativ.

Was im Informationszeitalter vonnöten ist, ist eine systematische und gründliche Suche, bei denen die Berater alle Möglichkeiten ausschöpfen, die ihnen das Internet und die moderne Informationstechnologie bieten. Dabei habe ich weniger die sogenannten sozialen Netzwerke im Blick, die sich, größer und aktueller als die Datenbanken der Headhunter, zunehmend zu Rekrutierungs-Plattformen entwickeln. Ich denke vielmehr an Unternehmenswebsites, per Internet zugängliche Archive, Fachartikel und Geschäftsberichte.

Executive Search Consulting ist heute keine glamouröse Branche mehr. Sicher, Beziehungspflege auf eleganten Cocktailpartys gibt es hin und wieder. Unser Tagesgeschäft aber gleicht der Arbeit eines Goldwäschers, der die wenigen wertvollen Körnchen aus einem breiten Strom zu fischen versucht. Aber, gottlob, wir brauchen weder Zyanid noch Quecksilber, um zu Ergebnissen zu kommen. Uns helfen die strengen Corporate-Governance-Vorschriften. Aus diesem Grund können wir Organigramme, Zuständigkeiten, Werdegänge von Geschäftsleitungsmitgliedern und Verwaltungsräten heute jederzeit und rund um die Uhr per Internet einsehen.

Ein moderner Executive Search Consultant muss wie ein Fährtenleser arbeiten. Er muss den vielfältigen Spuren potenzieller Kandidaten im Internet folgen, sich für die Themen ihrer Dissertationen und Referate interessieren und die Presseberichte oder die Listen mit den Namen von Referenten auf bestimmten Konferenzen und Tagungen studieren.

Vor diesem Hintergrund habe ich mich gegen die Angebote der großen Firmen mit den klingenden Namen entschieden. Offen gestanden: Es waren nicht nur die antiquierten Datenbanken und die rückständige Arbeitsorganisation, die meine Entscheidung geprägt haben. Ich bin gerne Unternehmerin und arbeite lieber auf eigene Rechnung und eigenes Risiko.

Der Schritt ist mir umso leichter gefallen, als ich René Kuehni kennengelernt hatte, der meine Ansichten über ein neues Geschäftsmodell im Executive Search Consulting teilt. Wir gründeten die aebi+kuehni ag, bezogen ein Büro in der Innenstadt Zürichs und begannen, unser Handwerk neu zu definieren mit dem Motto „Tailor-made Solutions in Recruiting".

Unser Ansatz ist radikal. Er basiert auf wenigen, aber sehr entscheidenden und voneinander abhängigen Grundsätzen:

- Jede Suche ist einzigartig – auch bei gleichen Funktionen.
- Wir sind ein Spezialist für C-Level Searches – egal in welcher Branche.
- Wir pflegen keine systematischen Kontakte zu potenziellen Kandidaten.
- Wir führen keine eigene Profil-Datenbank.
- Wir interpretieren Executive Search Consulting als eine freiberufliche Tätigkeit und distanzieren uns von quasi industriellen Methoden. Die Suchmandate wickeln wir stets persönlich ab; es gibt keine Aufteilung des Prozesses auf Partner, Berater und Researcher.

Sorgfältige Arbeit von Anfang an – das ist unser Credo. Denn wer bereits bei den ersten Schritten einer Suche Fehler macht, muss sich nicht wundern, wenn das Ergebnis enttäuscht.

Zurück zu unserem eingangs beschriebenen Fall: Plötzliche Wechsel an der Spitze von Unternehmen sind schlimm für alle Beteiligten. Doch auch wenn die Medien breit darüber berichten: Solche Fälle sind keine Besonderheit mehr. Gerade im deutschsprachigen Raum dreht sich das Managerkarussell inzwischen so schnell, dass einem schwindelig werden könnte.

Im Jahr 2009 musste jeder fünfte Chefsessel in Deutschland, Österreich und der Schweiz neu besetzt werden. Das zeigt eine Studie der Beratungsfirma Booz & Company. Laut Studie erfolgen viele Wechsel nicht turnusgemäß. Das heißt, immer öfter reißt den Aufsichts- oder Verwaltungsräten der Geduldsfaden, bevor der

Anstellungsvertrag eines Managers ausläuft. Folglich müssen die Manager vorzeitig ihren Posten räumen. Meist erhalten sie ihren Vertrag noch ausbezahlt, abgezinst natürlich. Das ist jedenfalls besser als ein langwieriger Rechtsstreit, an dem ohnedies nur die Medien Gefallen finden. Fort mit Schaden.

Wer genauer hinsieht, gerät ins Grübeln, denn die meisten der abservierten Manager haben eine hervorragende akademische Ausbildung absolviert und eine steile Karriere gemacht. Sonst hätte man ihnen gar nicht erst den Zugang zur Chefetage gewährt. In unserem Fall konnte sich auch das Unternehmensergebnis sehen lassen. Trotz eines ungünstigen Umfelds stand die Firma gut da. Das Beispiel unterstreicht die Tatsache, dass Manager meist nicht wegen unzureichender Fachkenntnisse scheitern, sondern wegen der sogenannten weichen Faktoren.

Dazu gehören emotionale Intelligenz und die Kunst der kommunikativen Beziehungsgestaltung oder Kontaktfähigkeit. Je höher die Position im Unternehmen, desto mehr können diese fachübergreifenden Kompetenzen an Bedeutung gewinnen.

In unserem Fall passte vieles: exzellente Ausbildung, Auslandsaufenthalte, scheinbar makellose Karriere, tolle Referenzen. Die Person war sogar in der Region aufgewachsen, in der das Unternehmen seinen Sitz hat. Das ist wichtig in der Schweiz. Hier müssen viele Manager einen weiten Spagat zwischen Weltläufigkeit und regionaler Tradition meistern. Der Manager aber ließ weder das eine noch das andere erkennen.

Mitarbeiter und Schlüsselkunden gingen auf Distanz. Auch in der Öffentlichkeit machte der Manager eine eher traurige Figur. Das Repräsentieren und Kommunizieren bei Veranstaltungen war seine Sache nicht. Man sah ihm an, dass er die Ablehnung spürte und darunter litt. Doch statt in die Offensive zu gehen und den Teufelskreis von negativem Feedback und zunehmender Unsicherheit zu durchbrechen, verkroch er sich in seinem Büro. Nachdem beim Vorgänger die starke Extrovertiertheit kritisiert wurde, hatte man nun das pure Gegenteil.

Einen Mittelmanager wegloben, das geht. Doch von einem CEO muss man sich trennen mit der Folge, dass der Manager den Karriereknick nicht mehr ausbügeln kann und der Verwaltungsrat sich unangenehme Fragen gefallen lassen muss.

Um solche Enttäuschungen auszuschließen, müssen Executive Search Consultants mehr als nur sorgfältig arbeiten – und zwar von Anfang an. Eine Top-Besetzung beginnt deshalb bei aebi+kuehni mit einer vertiefenden Analyse der gegenwärtigen Situation des Unternehmens und seines Umfeldes in Verbindung mit den zu erreichenden Zielen und den Aufgaben des Stelleninhabers. Aus den hierbei erhaltenen Informationen leiten wir das Positionsprofil ab. Dieses umfasst eine kurze Beschreibung des Unternehmens, der Aufgaben sowie der idealen Kenntnisse, Erfahrungen und der Persönlichkeit des zukünftigen Stelleninhabers.

Berater sind auch nur Menschen, und sie tappen in die eine oder andere Falle. So bringt ein Berater immer auch sein eigenes Werteverständnis mit ein. Darum ist es wichtig, die vom Auftraggeber verwendeten Begriffe zu hinterfragen. Was meint er konkret mit „leistungsorientiert, kommunikativ, verhandlungsstark oder teamorientiert"?

Falle Nr. 2: Viele Entscheider in den Unternehmen neigen dazu, bei einer Neubesetzung auf ein Stellenprofil zurückzugreifen, das bisher perfekt auf die Position passte. Oft geschieht dies ganz selbstverständlich, weil der bisherige Stelleninhaber seine Aufgabe ausgezeichnet gelöst hatte. „Im Prinzip wollen wir das, was wir schon hatten", sagen die Auftraggeber in solchen Fällen.

Beispiel: Ein Klient aus der Finanzindustrie wünschte sich laut Stellenbeschreibung einen Finanzchef mit guten Kenntnissen der internationalen Bilanzierungsregeln. Bei unserem Gespräch stellte sich jedoch heraus, dass der gesuchte Manager künftig wohl auch über Spezialkenntnisse im Risikomanagement verfügen sollte. Also waren die Anforderungen an den zukünftigen Stelleninhaber entsprechend anzupassen.

Auch der umgekehrte Fall ist gefährlich: Weil der Vorgänger nicht reüssiert hat, formuliert man das neue Anforderungsprofil so, als ob der Kandidat gewissermaßen die Schwächen des Vorgängers kompensieren müsste.

Manchmal fühlen wir uns ein wenig wie Sherlock Holmes. Wir nehmen unsere Auftraggeber ins Kreuzverhör und fragen ihnen Löcher in den Bauch, bevor wir Schlüsse ziehen. Wir fragen nach den Herausforderungen, denen sich das Unternehmen derzeit gegenübersieht, nach dem, was aus seiner Sicht auf die Branche zukommt, nach dem, was sich verändert. Und wir wollen wissen, was dies für den zukünftigen Stelleninhaber bedeutet.

Im Zentrum unserer Fragen stehen die strategische Ausrichtung und die kulturellen Werte des Unternehmens, das Umfeld, in dem es tätig ist, die Erwartungen, die der Klient an die künftige Führungskraft stellt. Das ist weit mehr als nur eine simple Bestandsaufnahme. Wir arbeiten sozusagen mit Kopf und Bauch und bemühen uns um eine ganzheitliche Sicht der Dinge.

Das Profil beschreibt nicht nur die fachlichen Fähigkeiten und Erfahrungen, die für eine Position unabdingbar sind. Mindestens ebenso wichtig für den späteren Erfolg sind die persönlichen Eigenschaften und Wertvorstellungen, die diese Persönlichkeit mitbringen soll. Sie müssen zur Kultur des Unternehmens passen – und auch dazu, wie sich diese in Zukunft entwickeln soll.

Das Positionsprofil verschafft nicht nur Klarheit darüber, was man weshalb sucht. Es dient auch einer offenen und nachvollziehbaren Information der an der

Position interessierten Personen, damit sie wissen, auf was sie sich einlassen und was von ihnen erwartet wird.

In bestimmten Situationen kann es nötig sein, Gespräche mit jenen Personen zu führen, mit denen der Manager künftig zusammenarbeiten soll. Zumindest bemühen wir uns, eine Vorstellung von Loyalitäten und Rivalitäten im Unternehmen zu bekommen. Nur so können wir die Erwartungen an die gesuchte Person bei unserer Arbeit berücksichtigen. Nur so wissen wir, welche Fähigkeiten und Eigenschaften der Manager mitbringen muss, um die gesteckten Ziele zu erreichen.

Das ist sicherlich ein beträchtlicher Aufwand. Aber wir halten diesen Aufwand für gerechtfertigt, weil wir im Erstellen eines Positionsprofils das Herzstück einer jeden Suche sehen. Erst wenn wir das Profil sauber und detailliert gezeichnet haben, gehen wir daran, den Markt zu analysieren.

Bei der Suche nach dem erwähnten Finanzchef haben wir zunächst bei den führenden Experten für Wirtschaftsprüfung und Risikomanagement an europäischen Universitäten angefragt und das Positionsprofil mit diesen Wissenschaftlern diskutiert. Dabei ging es uns nicht darum, Namen von möglichen Kandidaten zu erfragen – sondern um ein vertieftes Verständnis der zukünftigen Herausforderungen in diesem Fachgebiet.

So erfuhren wir auch viel über Unternehmen und Personen, die über dieses spezifische Fachwissen verfügten. Wir arbeiteten uns immer tiefer in den positionsspezifischen Markt ein und stellten eine Liste von potenziellen Kandidaten für die Direktansprache zusammen. Dauer dieser Arbeit: rund einen Monat.

Dann beginnen wir mit den ersten Telefoninterviews, klären das Interesse an der Position, gleichen Anforderungs- und Tätigkeitsprofil ab, fragen die Kandidaten nach Details in ihrer Ausbildung, nach ihrem Werdegang, nach spezifischen Kenntnissen und Erfahrungen. In diesen Gesprächen erfahren wir viel, auch von Interviewpartnern, die für diese Position nicht kandidieren wollen. Wir erhalten Feedback zur Position und immer umfassendere Kenntnisse des aktuellen Marktes. Manchmal erfahren wir auch Namen, denen wir nachgehen können, oder erhalten Hinweise, die uns zusätzliche Wege bei der Suche aufzeigen. Damit diese relevanten Informationen nicht verkannt werden oder verloren gehen, muss der gesamte Auftrag von einem erfahrenen Berater, wie bei uns, aus einer Hand abgewickelt werden.

Von Fall zu Fall erteilen wir auch klar definierte Aufträge an externe Researcher, um spezielle Märkte oder Regionen zusätzlich auszuloten. Selbstverständlich überprüfen und ergänzen wir deren Informationen vor der Ansprache der ermittelten Personen mit eigenen Research-Aktivitäten.

Heute muss ein Executive-Search-Berater das haben, was Kommunikationswissenschaftler „Information Literacy" nennen – Informationskompetenz. Er muss wissen, wie und nach welchen Informationen er sucht. Und er muss fähig sein, aus der Informationsflut kritisch auszuwählen und richtig zu kombinieren.

Von einer Longlist, die manche Headhunter bereits zum ersten Treffen oder gar zum Akquisitionsgespräch mitbringen, sind wir am Anfang weit entfernt. Sorgte dies vor fünf Jahren noch für Skepsis bei unseren Auftraggebern, schätzen sie inzwischen das kreative Potenzial unserer Vorgehensweise, denn wir machen auch Personen ausfindig, die ihre Dossiers nicht von sich aus bei Headhuntern deponieren – die vielleicht zunächst gar nicht an einen Wechsel denken.

Im nächsten Schritt treffen wir uns mit den Kandidaten, die in die engere Wahl kommen. Die harten Faktoren haben wir zuvor bereits durch Abstimmung des Lebenslaufs und der Zeugnisse mit dem Positionsprofil überprüft. Jetzt geht es darum, die Persönlichkeit auszuloten. Hierzu führen wir teilstrukturierte Interviews und versuchen so gut es geht, der Subjektivitätsfalle auszuweichen. Immer wieder fragen wir nach konkreten Beispielen aus dem Berufsalltag des Kandidaten – und bohren nach Antworten, die keine Allgemeinplätze und Worthülsen enthalten: „Wann haben Sie so eine Situation schon einmal erlebt?" – „Wie war das genau?" – „Was haben Sie dann gemacht?" – „Was haben Sie genau gesagt?"

Jemandem, der hier blufft, gehen bald die Beispiele aus.

In diesem Gespräch geht es nicht nur darum, den Kandidaten zu prüfen. Genauso wichtig ist es, seine Motivation abzuklären und zu ermitteln, ob die Position mit seinen Vorstellungen und seiner gewünschten Entwicklung übereinstimmt. Natürlich versuchen wir, einen idealen Kandidaten für die Aufgabe zu begeistern. In keinem Fall aber machen wir vollmundige Versprechungen – im Gegenteil. Wir wollen in jedem Fall vermeiden, dass sich ein Kandidat blenden lässt – zum Beispiel von dem vielen Geld, das man ihm zahlen würde, oder von der großen Aufgabe, die mit dem vakanten Posten verbunden ist. Es ist schließlich im Interesse beider Seiten, wenn ein Kandidat genau weiß, was man nach einem Wechsel von ihm erwartet. Deswegen machen wir immer auch auf kritische Aspekte aufmerksam.

Bis dahin informieren wir unseren Auftraggeber in regelmäßigen Besprechungen über den Stand der Arbeiten und holen dessen Feedback ein. Erst danach erhält er etwa drei bis sieben Kandidatenprofile, mit detaillierten Angaben zum beruflichen Werdegang und aktueller Position, aber auch mit weiteren Informationen zur Person inklusive deren Beurteilung durch uns. Wir beschreiben dabei, was für und gegen einen Bewerber spricht, und geben so ein erstes Votum ab, das es unserem Auftraggeber erleichtern soll, im Interview gezielt die richtigen Fragen zu stellen.

Schließlich präsentieren wir die Kandidaten, das heißt, wir arrangieren ein Treffen zwischen Klient und Kandidaten, wobei wir als neutrale Beobachter zugegen sind.

Uns ist es wichtig, die Kandidaten in verschiedenen Situationen zu erleben und zu beurteilen. Bei besonders kritischen oder im persönlichen Interview schwierig zu deutenden Aspekten lassen wir die Kandidaten eine praxisbezogene Aufgabe lösen. In der Regel wählen wir dabei eine Thematik aus, bei welcher der Kandidat und der zukünftige Vorgesetzte involviert sind. Dies gibt uns die Gelegenheit, neben den inhaltlichen Aspekten auch die Interaktion zu beurteilen. Und auch Auftraggeber und Kandidat erfahren, wie sich die zukünftige Zusammenarbeit gestalten könnte.

Dann ist der Auftraggeber am Zug, also der CEO oder das Wahlgremium, bei Spitzenpositionen in der Regel der Personalausschuss des Verwaltungsrats. Er muss zwischen mehreren qualifizierten Kandidaten entscheiden, die das Positionsprofil in unterschiedlicher Ausprägung erfüllen. Jeder von ihnen ist einzigartig, jeder hat seine Stärken, aber auch Schwächen.

Wir versuchen darauf hinzuwirken, dass sich unsere Klienten nicht von den Stärken eines Kandidaten blenden lassen. Ein überzeugender Auftritt ist gut, soll aber nicht kleinere Defizite bei der Fachkompetenz vergessen lassen. Oder: Passende Berufserfahrung und hervorragende Leistungen sollen nicht Schwächen in der Kommunikationsfähigkeit übertünchen. Oder: Ein dynamischer, zupackender Kandidat lässt den Auftraggeber hoffen, dass er den großen Wandel im Unternehmen bewirkt – wobei vergessen wird, dass gerade dieser Managertyp oft die Mitarbeiter überfordert.

Anschließend führen wir Feedbackgespräche mit beiden Seiten und checken die Referenzen der Kandidaten. Bisweilen helfen wir noch bei den Verhandlungen über die Konditionen, klären letzte Details. Dann fehlen nur noch die Unterschriften unter dem Anstellungsvertrag.

Damit ist zwar unsere Suche abgeschlossen, nicht aber die mit einer Top-Besetzung verbundenen Arbeiten. Eine umsichtige Stellenbesetzung geht nach der Wahl weiter und ist Chefsache. Wie reagieren die Mitarbeiter? Wie insbesondere jene, die sich einen anderen Chef gewünscht hätten? Was sagen die Eigentümer, was die Presse? Äußert sich die Politik?

Die bei der Auswahl erkannten Risiken müssen bereits bei der Kommunikation berücksichtigt und Maßnahmen auf mögliche Reaktionen eingeplant werden. Ein Manager wird stets kritisch beobachtet, und es ist nicht selten, dass er auf Widerstand stößt, etwa weil ein übergangener Kronprinz querschießt oder weil eine Reorganisation ansteht.

Von der Unterschrift bis zum Wechsel auf den neuen Chefsessel verstreichen in der Regel drei bis sechs Monate – eine lange Zeit, in der innerhalb des Unternehmens die Opposition gegenüber dem neuen Leistungsträger wachsen kann. Was ist in dieser Zwischenphase zu unternehmen, um dem Manager einen guten Start zu ermöglichen? Und wie ist er danach zu unterstützen, damit er sich gut einarbeiten kann?

Oft ist es weniger das Fachliche als die soziale Komponente, die die Integration eines Managers zu einer Herausforderung macht. Der Neue durchschaut schließlich erst nach einiger Zeit die Netzwerke und Besonderheiten seines Arbeitsumfeldes. Es gilt deshalb, ihn durch rechtzeitige Information vor vermeidbaren Fehlern und Konflikten zu schützen. Diese können beispielsweise durch die Unkenntnis von Spielregeln oder im persönlichen Kontakt mit Kollegen entstehen.

Auch wenn zu Recht hohe Erwartungen an die selbstständige Aufgabenerfüllung einer Spitzenkraft gestellt werden, bleibt es Chefsache, in der Einarbeitungszeit den Aktionen und Interaktionen besondere Aufmerksamkeit zukommen zu lassen. Bei speziellen Konstellationen empfehlen wir in der Einarbeitungsphase ein auf die konkreten Bedürfnisse ausgerichtetes Coaching.

Es ist ein intensiver Prozess, bis die Suche nach einem Manager und dessen Integration in ein Unternehmen abgeschlossen sind. All dies gelingt nur, wenn man von Anfang bis Ende sorgfältig arbeitet. Vom Stellenprofil bis zur Begleitung nach Vertragsabschluss – es sind höchster Einsatz und Feingefühl nötig, damit die Top-Besetzung gelingt.

Das Internet und die Zukunft der Executive-Search-Branche

Werner Schmidt

Welch eine Erfolgsstory: Start im November 2003, erfolgreicher Börsengang 2006, über 14 Millionen Mitglieder weltweit (Stand September 2013). Die Rede ist vom Hamburger Internet-Unternehmen Xing, Betreiber der gleichnamigen Internetplattform. Ähnlich beeindruckend sind die Zahlen von LinkedIn und anderen, webbasierten sozialen Netzwerken.

Laut einer Studie (Social Media Report HR 2010) nutzen bereits rund 40 % der Personalleute in Deutschland und Österreich diese Mitmach-Plattformen. Tendenz: steigend. Mehr als 50 % der Befragten wollen mehr Geld für die Nutzung dieser Plattformen ausgeben. Denn 65 % der deutschen Unternehmen, die über die sozialen Netzwerke Mitarbeiter suchten, melden Erfolge. Sie haben darüber direkt oder indirekt Bewerber eingestellt, heißt es in der Studie.

Die Printmedien sind die Verlierer dieses Trends: 45 % der Befragten wollen weniger Geld für Stellenanzeigen in Zeitungen oder Zeitschriften ausgeben.

„Dass die Print-Stellenmärkte weiter verlieren würden, war abzusehen", so der Studienautor Thorsten zur Jacobsmühlen. Aber auch die Personalberater müssten mit „beträchtlichen Umsatzeinbußen" rechnen, so der deutsche Internet-Experte. Die sozialen Netzwerke würden den traditionellen Medien ebenso das Wasser abgraben wie uns Headhuntern.

Mittlerweile wagen sich Personalverantwortliche sogar auf die Internetplattform Twitter, auf der lediglich Nachrichten von maximal 140 Zeichen Länge veröffentlicht werden können (sogenanntes Micro Blogging). Der Vorteil von Twitter ist seine Schnelligkeit. Die Nachrichten können zum Beispiel per SMS und in Sekundenschnelle über das Internet verbreitet werden. Das scheint auch Personal-

W. Schmidt (✉)
Harvey Nash, Deutschland, Herriotstr. 1,
60528 Frankfurt am Main, Deutschland
E-Mail: werner.schmidt@harveynash.de

leute zu reizen. Experten zufolge wurden bereits im Dezember 2009 rund 340.000 Jobvakanzen „getwittert".

Allein auf der Plattform LinkedIn sind nach Angaben ihres Gründers Konstantin Guericke rund eine halbe Million Recruiter aktiv. Da müssen die Betreiber kleinerer Karriere-Plattformen wie Experteer glatt vor Neid erblassen. Experteer bietet seinen Nutzern Zugang zu rund 10.000 Headhuntern (Stand 2013).

Gleichgültig, ob es nun weltumspannende oder eher exklusive Netzwerke sind: Wer sich die Profile der dort aktiven Personalberater genauer ansieht, gewinnt den Eindruck, dass es meist dieselben sind, die früher den Anzeigenteil in der Mittwochsausgabe der „Frankfurter Allgemeinen Zeitung" durchforstet haben – wegen der Stellengesuche von Managern der mittleren bis gehobenen Führungsebene.

Gesucht: Passive Bewerber

Was die Berater in die sozialen Netzwerke lockt, sind die zahlreichen Profile vermeintlich passiver Bewerber – qualifizierte Fach- und Führungskräfte, die eine passable Stelle haben, aber dem Ruf des Neuen folgen, wenn die Bedingungen passen. Und wenn es schon nicht passive Bewerber sind, dann wenigstens solche, die schon einmal mit neuen Herausforderungen in einem anderen Unternehmen liebäugeln, sich aber nicht trauen, dies offen zu kommunizieren – aus Furcht, der Vorgesetzte oder die Personalabteilung könnte Wind davon bekommen.

Sowohl LinkedIn als auch Xing bieten eine spezielle Recruiter-Mitgliedschaft und eine Vielzahl von Recherche-Features, die die Suche nach Kandidaten erleichtern sollen: Berufserfahrung, Firmengröße, Branche etc.

Mit einem Klick erhält man bis zu 1000 potenzielle Kandidaten angezeigt. Bis zu 50 Suchanfragen können standardisiert und zur regelmäßigen Verwendung gespeichert werden. So liefern die Suchagenten auch automatisch zusätzliche Ergebnisse, sobald sich passende neue Mitglieder bei Xing anmelden oder bestehende Mitglieder ihr Profil der Suchanfrage entsprechend aktualisieren.

Für den Personalberater bleibt dennoch jede Menge Arbeit: Er muss sich das Profil genau ansehen, Qualifikationen sichten und werten und sich genau überlegen, ob er den Kontakt aufnehmen soll. Er kann zwar davon ausgehen, dass jemand, der ein Profil in einem sozialen Netzwerk veröffentlicht, an seiner beruflichen Weiterentwicklung interessiert ist. Dennoch kann er sich bis auf die Knochen blamieren, wenn er den Kandidaten allein aufgrund der im Internet vorgefundenen Informationen anspricht.

Ich habe das selbst erfahren – allerdings als Kandidat: Ich war Marketing Direktor eines US-Konzerns in der Hightech-Branche, hatte Personalverantwortung für weltweit über 100 Mitarbeiter und war gerade aus den USA nach Deutschland zurückgekehrt, als mich ein Headhunter anrief – wegen eines Jobs in einem Softwarehaus, den ich zehn Jahre zuvor schon einmal gemacht hatte.

Da ist es wohl weniger schlimm, wenn man auf eines der zahlreichen Phantomprofile oder auf eine digitale Karteileiche hereinfällt. Viele Nutzer haben sich irgendwann einmal in einem Netzwerk registriert, möglicherweise längst oder gar mehrfach den Arbeitsplatz gewechselt und widmen der Pflege ihrer Profilseiten keinerlei Aufmerksamkeit mehr.

Mittlerweile beschäftigen sich Juristen mit der kniffligen Frage, ob und wer von einem Netzwerk-Betreiber das Löschen eines Profils verlangen kann, auf dem sich jemand fälschlicherweise als Mitarbeiter eines bestimmten Unternehmens ausgibt, obwohl er dieses längst verlassen hat.

Viele Nutzer haben sich mehrfach registriert, weil sie ihre eigenen Internet-Aktivitäten nicht mehr überblicken oder aber weil sie ganz bewusst die bestehenden Netzwerkkontakte nicht wissen lassen wollen, dass sie den Top-Job bei einem bekannten Unternehmen längst verloren haben.

Dazu kommen – im Kleinen wie im Großen – bewusste Falscheinträge. Von einem ehemaligen Mitarbeiter weiß ich beispielsweise, dass er in Xing mit mindestens noch einem zweiten Profil unter anderem Namen und mit anderem Lebenslauf gelistet ist. Und das ist sicher keine Ausnahmeerscheinung.

In jedem Fall verschlechtern die digitalen Karteileichen und Mehrfachnutzer die Trefferbilanz. Selbst die Daten von Nutzern, die einen Aktivitätsindex von um die 50 % im Netzwerk aufweisen, sind nach Meinung von Experten in vielen Fällen nicht mehr aktuell.

Keine Rolle im Top-Segment

Doch die Betreiber werden sicher Möglichkeiten finden, die zahlreichen Unzulänglichkeiten auszumerzen. Und bereits jetzt erweisen sich die sozialen Netzwerke als hilfreich – wenn es um Kandidaten für Jobs in kleinen und mittleren Unternehmen geht oder wenn man Jobs im Mittelmanagement von Konzernen besetzen muss.

Dabei ist jedoch Vorsicht geboten – und zwar gerade aufseiten der Berater. Datenschützer haben wiederholt das Treiben in den sozialen Netzwerken kritisiert. Denn Nutzer geben ihre Kontakte oft ungeschützt einer breiten Öffentlichkeit preis – häufig in Unkenntnis der Möglichkeiten, sich vor der Neugier Unbefugter zu schützen. In jedem Fall sollte jedes Beratungsunternehmen und jeder Researcher alles tun, um zu vermeiden, dass sie die Kontrolle über ihre Daten verlieren.

Doch selbst wenn die Bedenken der Datenschützer einmal ausgeräumt sein werden: Positionen im Top-Management großer Konzerne werden wohl niemals mit Hilfe der sozialen Netzwerke besetzt. Der Grund liegt auf der Hand: Solche Manager bewegen sich in ihren eigenen, eher traditionell geknüpften, realen Netzwerken.

Versetzen Sie sich nur einmal in die Lage eines Headhunters, der einen Nachfolger für den EADS-Manager Thomas Enders suchen soll. Sicher: Kandidaten, die Französisch, Deutsch und Englisch sprechen, findet man im Internet. Aber der Manager soll auch in der Lage sein, in Turbulenzen geratene Projekte wie das Großraumflugzeug A380 oder den Militärtransporter A400M zu retten. Er sollte so wie Enders Erfahrungen aus dem Spannungsfeld von Politik und Industrie mitbringen und ein entscheidungsfreudiger Typ sein, jemand, der sich auch behauptet, wenn die Luft dünn wird. Und das sind noch nicht einmal alle Anforderungen, um die es bei einer solchen Suche geht.

Allein schon wegen der hochkomplexen Probleme, die wir Headhunter Tag für Tag zu lösen haben, werden wir wohl nicht unsere Arbeit verlieren. Schließlich beginnt unsere Arbeit nicht erst mit der Suche nach geeigneten Kandidaten. Die grundlegende Voraussetzung für eine erfolgreiche Platzierung ist die Erarbeitung des gewünschten Profils in Zusammenarbeit mit dem Auftraggeber. Und damit ist weit mehr als eine simple Stellenbeschreibung oder ein Anforderungsprofil gemeint.

Der Standard: Abfragen harter und weicher Faktoren

Zu einem solchen Profil gehören harte Faktoren wie Hochschulabschluss, Fachrichtung, Berufserfahrungen, fachspezifische Weiterbildungen, Führungsaufgaben, Kenngrößen wie die Zuständigkeit für eine bestimmte Zahl von Mitarbeitern oder Umsatzverantwortung.

Haben wir all diese Dinge recherchiert und starten wir eine Suche über ein soziales Netzwerk, erhalten wir eine stattliche Liste von auf den ersten Blick geeigneten Kandidaten, die allerdings – auch aufgrund der genannten Zahl von digitalen Karteileichen – noch wenig Aussagekraft hat.

Die weichen Faktoren, die bei einer Stellenbesetzung von zentraler Bedeutung sind, müssen wir vom Management des Unternehmens erfragen – von Personalern und der Fachabteilung. Dazu müssen wir eine Vielzahl von Fragen mit dem Unternehmen abarbeiten und auch die Antworten möglicherweise erneut hinterfragen.

Wir müssen Prozesse innerhalb des Unternehmens berücksichtigen: Wie wird intern kommuniziert? Wie nach außen? Braucht die Company einen Teamplayer für die Produktentwicklung, der sich stets mit Kollegen austauscht und Menschen führen kann, um Neuentwicklungen voranzubringen, oder passt auch ein introvertierter Tüftler zur Unternehmenskultur? Ist der bisherige Stelleninhaber gescheitert, weil er zwar fachlich versiert war, aber weder mit dem Top-Management noch seinen Mitarbeitern richtig kommuniziert hat?

Solche Informationen fließen bei der Erstellung eines Persönlichkeitsprofils ein – und dieses Profil bildet eine wesentliche Grundlage für die Interviews mit potenziellen Kandidaten. Sicher, es gibt bereits Video-Konferenzen und spezielle Online-Tests, die früher oder später in ein soziales Netzwerk integriert werden könnten. Zurzeit aber decken die sozialen Netzwerke diese Bedürfnisse von uns Headhuntern nicht ab.

Wie wichtig diese Punkte sind, zeigt folgender Fall aus meiner Personalberater-Praxis: Einer meiner Klienten, ein bekanntes Unternehmen der New Economy, suchte einen IT-Leiter. Bei diesem Unternehmen wurde viel gearbeitet, aber auch viel gefeiert. Die Grenze zwischen Berufs- und Privatleben war verschwommen.

Ich interviewte einen Kandidaten, dessen Ausbildung, Karriere und Kennzahlen vielversprechend aussahen. Der Mann beschrieb sich zudem als eher lockeren Typen, der gerne auf Anzug und Krawatte verzichte und dessen Bürotür immer offen stehe. Passt, dachte ich. Blieb nur noch eine einzige Frage: „Wie oft gehen Sie denn mit Ihren Mitarbeitern abends ein Bier trinken?" Der Kandidat schaute mich staunend an. Seine Antwort: „So etwas ist bei uns im Budget nicht vorgesehen." Ich musste weitersuchen.

Selbst die oben genannten harten Faktoren müssen erst einmal verifiziert und gewertet werden, und zwar nicht nur oberflächlich, sondern durch Interviews, psychologische Eignungstests oder ein Assessment Center. Nur so können wir feststellen, ob der Kandidat tatsächlich alle angegebenen Kompetenzen besitzt oder ob er sich diese nur angelesen hat.

Es geht vor allem um Interviews mit situativen Fragen. Beispiel: Halten Sie immer Ihre Versprechungen, wenn es um das Abliefern von Ergebnissen geht? In welcher Situation und warum haben Sie beim letzten Mal Ihr Versprechen nicht gehalten? Solche kompetenzbasierten Interviews lassen unmittelbar Rückschlüsse auf Führungsstil und Führungsverhalten bzw. auf Zielorientierung und Verlässlichkeit zu. In einem konstruierten Modellfall lässt sich darüber hinaus etwa auch herausfinden, ob der Kandidat in der Lage ist, sich als Teamplayer zu integrieren, oder ob er für das Bier in der Eckkneipe einen Budgetposten braucht.

Ich sehe nicht, dass mir ein soziales Netzwerk in absehbarer Zeit verwertbare Informationen über die Team-, Konflikt- und Kritikfähigkeit von Kandidaten liefern könnte – genauso wenig wie Informationen über dessen Disziplin, Wertschätzung durch dessen Mitarbeiter, Motivation oder Kommunikationsfähigkeit – um nur einige wenige weiche Faktoren zu nennen, um die es immer wieder bei Stellenbesetzungen geht.

Unabdingbar für die Personalauswahl sind zudem Feingefühl, Menschenkenntnis und langjährige Erfahrung. Schließlich gibt es zahlreiche Bewerber, bei denen erhebliche Unterschiede zwischen Selbstdarstellung in einem Internet-Profil und dem tatsächlichen Habitus bestehen. Auch das sind Dinge, bei denen das Internet keine Hilfe bietet – hier sind Menschen gefragt.

Differenzierte Profildefinition ist die Ausnahme

Soziale Netzwerke werden uns auch nicht helfen, wenn es um die Analyse der Bedürfnisse unserer Klienten geht. Auch hierzu ein Beispiel aus der Praxis: Ein ausländisches Technologie-Unternehmen hatte zur Abrundung des Produktspektrums ein kleines deutsches Softwarehaus mit einem einzigen, aber erfolgreich weltweit vermarkteten Produkt gekauft.

Da der Gründer und Inhaber des Softwarehauses vertragsgemäß nur noch befristet im Unternehmen tätig sein würde, sollte zeitnah ein neuer Geschäftsführer gefunden werden. Die Personalabteilung zog die Standard-Stellenbeschreibung „Geschäftsführer" und beauftragte einen Personalberater mit der Suche.

Aufgrund unklarer Zuständigkeiten zwischen der Zentrale des Konzerns, der deutschen Tochtergesellschaft und dem zugekauften Unternehmen stand trotz mehrfacher Nachfrage kein verantwortlicher Manager für die Diskussion der Stelle zur Verfügung.

Der Headhunter machte sich an die Arbeit und identifizierte die nach seinen Überzeugungen aufgrund der Standardstellenbeschreibung geeigneten Kandidaten, die beim Kunden interviewt wurden.

Die Auswahl verdichtete sich schließlich auf zwei Kandidaten, die mehrfach in die Konzernzentrale geflogen wurden, fast das gesamte Management kennenlernten, von denen am Ende jedoch keiner eingestellt wurde. Denn erst im Laufe der Gespräche mit den Kandidaten war dem Management klar geworden war, dass man für ein so kleines Softwarehaus einen Geschäftsführer mit ganz anderen Qualitäten benötigte, als sie ein Geschäftsführer einer mehrere Hundert Mitarbeiter zählenden Landesgesellschaft eines Großkonzerns mitbringen muss.

Folge: Ärger und Frustration bei Kandidaten, Headhunter und Auftraggeber. Man hatte viel Zeit und Geld investiert, ohne zu einem verwertbaren Ergebnis zu kommen. Hätte der Berater darauf bestanden, das Anforderungsprofil sauber zu definieren und abzustimmen, wäre dies nicht passiert.

Auch der Jobmarkt 2.0 braucht Erfahrung und Fingerspitzengefühl

Die sozialen Netzwerke werden vermutlich dazu führen, dass mehr Unternehmen als früher selbst auf Kandidatensuche gehen. Die in Online-Profilen angegebenen Qualifikationen zu überprüfen, gehört dabei zu den leichteren Übungen. Der Aktivitätsindex und Beiträge in Foren und Gruppen erleichtern darüber hinaus die Bewertung der ausgemachten Kandidaten.

Die Unternehmen werden zudem ihr Talent Management in Form von Förder- und Personalbindungsprogrammen ausbauen.

Das alles heißt aber nicht, dass wir Headhunter überflüssig werden – im Gegenteil. Mehr Talent Management führt zu einer sinkenden Wechselbereitschaft von Hochqualifizierten. Umso wichtiger wird die Rolle des Headhunters. Er muss Vertrauen aufbauen und die Wechselbereitschaft ausloten. Der Headhunter muss für die Kandidaten immer auch Coach und Mentor in einer Phase der Veränderungsbereitschaft sein. Ganze Arbeit bedeutet hier vor allem Überzeugungsarbeit.

Identifizieren, Selektieren, Motivieren sind daher die nach wie vor wichtigsten Bestimmungen des Headhunters. Die Kandidaten wollen genau wissen, ob sie ein Wechsel weiterbringt – beruflich, finanziell, in der persönlichen Entwicklung, mit Blick auf das weitere Aufstiegspotenzial, aber auch unter Berücksichtigung der Unternehmenskultur. Viele würden keineswegs von sich aus eine neue Position suchen. Und einen Fehltritt können sich beide Seiten in der Regel nicht erlauben.

„Neun von zehn Initiativbewerbungen kommen von Männern"

Interview mit Gisela Blumenauer, Hofmann Consultants

Rainer Steppan

Frau Dr. Blumenauer, Executive Search wurde von Männern erfunden, und lange Zeit waren es auch ausschließlich Männer, die hier das Sagen hatten. Heute arbeiten fast genauso viele Frauen wie Männer in der Branche – aber anders als in anderen Bereichen der Privatwirtschaft besetzen Frauen hier sehr häufig auch leitende Positionen. Woran liegt das?

Das liegt sicher daran, dass die meisten Beratungsfirmen flache Hierarchien aufweisen, partnerschaftlich strukturiert sind und unternehmerischen Erfolg honorieren. Gerade der letzte Faktor ist sehr wichtig und erklärt, warum sich hier so viele Frauen durchgesetzt haben. Bei uns geht es nicht um Mann oder Frau. Die Leistung ist es, die zählt.

Sind Frauen für diese Branche besser geeignet als Männer?

Grundsätzlich nein. Wer in diesem Beruf Erfolg haben will, muss hart und sorgfältig arbeiten. Aber Frauen sind kommunikationsstark. Das spielt nicht nur eine Rolle bei der Akquisition von Aufträgen, sondern auch bei der Personalauswahl. Um es genauer zu sagen: Mir ist aufgefallen, dass wir Frauen oft andere Dinge fragen als Männer. Wir achten stärker auf die weichen Faktoren und auf Äußerlichkeiten, die vielleicht einem Mann nicht so schnell auffallen würden. Das kann bei der Besetzung von Top-Positionen von entscheidender Bedeutung sein.

Das Thema Frauen in Führungsetagen ist ein Dauerbrenner. Selbst bei Headhuntern, die bislang nicht im Ruf standen, als Partisanen an der Seite der Frauen zu kämpfen. Was halten Sie von den Mentoring-Programmen, die einige Headhunter jetzt für Frauen ins Leben gerufen haben?

R. Steppan (✉)
ConsultingStar.com, Redaktion, Elisabethstr. 3,
40217 Düsseldorf, Deutschland
E-Mail: Redaktion@ConsultingStar.com

Das ist sicher nicht falsch. Besser wäre es aber, wenn hier die Unternehmen selbst aktiver würden und zum Beispiel in ihren personalpolitischen Leitlinien und in ihren Personalentwicklungsprogrammen auch explizit eine Ausrichtung auf Frauen erkennen ließen.

Viele Unternehmen bevorzugen inzwischen Frauen bei Beförderungen – bis eine bestimmte Quote im Management erreicht ist. Was halten Sie davon?

Das Bestreben, mehr Frauen ins Management zu bringen, ist ganz sicher wichtig. Das gilt gerade auch für den Handel, also die Branche, aus der fast alle meine Auftraggeber kommen. Hier sind zwar überwiegend Frauen tätig. Allerdings haben sie meist die einfachen Jobs, und wenn eine Frau einmal ins Management aufsteigt, dann bestenfalls im Einkauf, im Marketing oder im Personalressort. Das Top-Management von Handelskonzernen ist aber fest in der Hand von Männern. Und dennoch bin ich gegen eine Frauenquote.

Was spricht dagegen?

Wenn einzelne Unternehmen das einführen, mag das noch angehen. Nicht aber, wenn der Gesetzgeber - wie jetzt beschlossen - den Unternehmen eine Quote vorschreibt. Ich denke, es wäre besser gewesen, wenn sich die Frauen selbst durchgesetzt hätten.

Frauen studieren schneller, machen bessere Abschlüsse, sie sind kommunikativer und bringen frischen Wind in muffige Männerrunden. Was sollen Frauen denn noch tun, damit man ihnen die Türen zu den Teppichetagen der Wirtschaft öffnet?

Sie sollten auf sich aufmerksam machen, die richtigen Kontakte knüpfen, mehr fordern – und nicht darauf hoffen, dass man sie endlich entdeckt.

Wie sollen sie denn auf sich aufmerksam machen?

Nehmen Sie zum Beispiel die Initiativbewerber, also jene Kandidaten, die von sich aus auf uns Personalberater zugehen und uns ihre Bewerbungsunterlagen schicken. Zu 90 % kommen diese Unterlagen von Männern. Und das ist noch nicht alles. Haben die Männer erst einmal einen Kontakt zu einem Headhunter geknüpft, pflegen sie diesen Kontakt. Sie sind wesentlich professioneller im Umgang mit uns Beratern als die meisten Frauen. Und diese dezidierte Karriere-Orientierung der Männer macht sich auch in den Unternehmen bemerkbar.

Wie das?

Wenn eine attraktive Position im Management eines Unternehmens vakant ist, zeigen die meisten Männer von sich aus Flagge und bringen sich als Kandidat ins Spiel. Frauen dagegen zögern hier viel zu häufig. Das ist eindeutig falsch.

Viele lehnen eine Frauenquote im Management deswegen ab, weil sie sagen, es gebe nicht genug qualifizierte Frauen. Was sagen Sie dazu?

Die Behauptung stimmt so nicht. Wenn man sich die Zahl der Absolventinnen ansieht, egal in welchem Studienfach, so muss man sagen, es gibt in fast allen Bereichen genügend qualifizierte Frauen. Nur: Diese Frauen zeigen sich häufig nicht. Viele legen auch eine Familienpause ein und verschwinden auf diese Weise gerade in den Jahren vom Manager-Arbeitsmarkt, die für ihre Karriere extrem wichtig wären.

Und dann fehlt ihnen die Erfahrung, die ihre männlichen Mitbewerber in der Zwischenzeit sammeln.

Genau. Fürs Top-Management qualifiziert man sich im Alter zwischen 35 und 45. Gerade Akademikerinnen aber pausieren häufig in dieser Zeit. Von daher tun wir Headhunter uns ungeheuer schwer, Frauen zu finden, die einschlägige Managementerfahrung in einer bestimmten Branche vorweisen können. Immer, wenn nachprüfbare Belege für Führungsstärke oder Belastbarkeit verlangt werden, haben die Männer die Nase vorn. Und selbst wenn wir entsprechend qualifizierte Frauen finden, zögern diese häufig, eine berufliche Herausforderung anzunehmen. Männer sind da anders.

Sind Sie selbst jemals in Ihrem Berufsleben diskriminiert worden?

Nein. Von daher tue ich mich auch zugegebenermaßen schwer damit, die Kritik nachzuvollziehen, die manche Frauen gegenüber den Männern im Top-Management äußern.

Hatten Sie es jemals mit einem Auftraggeber zu tun, der Frauen bei der Personalauswahl diskriminiert hat?

Ich habe in meiner Praxis als Beraterin zumindest keinen einzigen Fall von offener Diskriminierung erlebt. Bei allen Suchaufträgen, die ich abgewickelt habe, spielte das Geschlecht zunächst überhaupt keine Rolle. Kein einziger meiner Auftraggeber hat jemals erkennen lassen, dass er keine Frau im Management haben will.

Und das Gegenteil? Hatten Sie jemals einen Auftraggeber, der gesagt hat: Ich will nur eine Frau für diesen Job?

Nein. Das wäre im Übrigen auch nicht rechtens, weil man dann ja die Männer diskriminieren würde. Die Stellenprofile, die ich gemeinsam mit meinen Klienten erstelle, sind stets geschlechtsneutral formuliert. Da gibt es gar keine Diskussion. Ich hatte noch nicht einmal einen Fall, bei dem ich vorrangig nach Frauen suchen sollte.

Über die Schwierigkeit, Frauen mit einschlägiger Führungserfahrung zu finden, hatte wir ja schon gesprochen. Gibt es darüber hinaus noch Gründe, warum Frauen so oft während eines Auswahlprozesses den Kürzeren ziehen?

Im Auswahlprozess geht es nie um Mann oder Frau. Es geht um konkrete Aufgaben und um die Frage, wer diese am besten bewältigen kann. Natürlich gibt es Auftraggeber, die Bedenken haben, wenn eine Frau zum Beispiel nicht der Karriere wegen umziehen will. Das Problem betrifft heute aber auch die Männer. Ich habe erst kürzlich einen Kandidaten präsentiert, der mit einer Ausländerin verheiratet ist. Der Manager fragte ganz gezielt, ob denn am neuen Einsatzort eine adäquate Schule für seine Kinder vorhanden sei. Ich treffe jedenfalls auf immer mehr Manager, die von sich aus ihre private Situation ansprechen und zum Beispiel ganz klar sagen, dass ihre Familie zumindest in der ersten Zeit nicht mit ihnen umziehen wird.

Wie gehen die Auftraggeber damit um?

Die meisten Auftraggeber tolerieren dies, gehen aber davon aus, dass der Kandidat oder die Kandidatin selbst sieht, wie er Beruf und Privatleben in Einklang bringen kann. Allenfalls bietet man materielle Hilfen an.

Zum Beispiel?

Relocation Services, man bezahlt also einen Umzugsdienstleister, oder man erstattet die Kosten für regelmäßige Flüge zum Wohnort der Familie.

Das heißt aber: Um die Lösung aller anderen Probleme, die in seinem privaten Bereich liegen, also etwa die Jobsuche des Ehepartners, muss sich der Kandidat selbst kümmern?

Ja. Wenn es um die Besetzung von Positionen im Top-Management geht, ist das ganz eindeutig so. Und das gilt auch für Unternehmen, die stolz darauf verweisen, dass sie die Vereinbarkeit von Beruf und Familie fördern, etwa durch Angebote zur Kinderbetreuung und Ähnliches. Nur bei Auslandsentsendungen zeigen die Unternehmen mehr Entgegenkommen.

Stichwort „demografische Entwicklung": Wie werden die Unternehmen denn reagieren, wenn der Kandidatenpool immer mehr austrocknet?

Wir brauchen da gar nicht in die Zukunft zu blicken. Es gibt ja bereits in der Gegenwart genug Probleme, für bestimmte Positionen geeignete Kandidaten zu finden. Ich versuche deswegen, auf meine Auftraggeber einzuwirken und ihren Blick zu weiten – mit dem Ziel, praktikable Lösungen zu finden.

Was raten Sie Kandidatinnen, die sich in einem Zwiespalt zwischen Familie und Beruf befinden?

Ich differenziere da nicht zwischen Frauen und Männern. Ich versuche, jeden so gut zu beraten wie möglich – egal ob Mann oder Frau.

Das Interview führte Rainer Steppan.

Dr. Gisela Blumenauer ist seit 2007 Geschäftsführerin der Hofmann Consultants GmbH. Sie berät vor allem Handelsunternehmen und Hersteller in den Branchensegmenten Luxusgüter, Mode und Nonfood.

Blumenauer hat Biochemie studiert und als wissenschaftliche Assistentin an der Universität Würzburg gearbeitet.

Mitte der 80er Jahre war sie Mitglied der Geschäftsleitung der Frankonia Jagd GmbH & Co. KG, einem führenden deutschen Ausrüster für Jäger und Sportschützen. Im Anschluss daran arbeitete sie als Personalmanagerin beim Stuttgarter Fashion- und Lifestylehaus Breuninger.

Im Jahr 1995 wechselte Blumenauer in die Geschäftsleitung des Böblinger Handelskonzerns Kriegbaum, wo sie die Bereiche Personal und Vertrieb leitete. Nach dem Verkauf der Kriegbaum-Gruppe an den Düsseldorfer Metro-Konzern engagierte sie sich als geschäftsführende Gesellschafterin bei dem Beratungsspezialisten Glasmeier & Partner.

Teil II
Spezialisten mischen die Branche auf

Spezialisierung als Trumpf

Dieter Hofmann

Ein Headhunter ist immer nur so gut wie die Kandidaten, die er präsentiert. Diese Regel galt bereits 1975. Damals arbeitete ich als Assistent des Generalbevollmächtigten beim Lebensmittelkonzern Rewe-Leibbrand. Mein Chef suchte einen erstklassigen Manager für eine Tochterfirma. Er schaltete einen Personalberater ein.

Wie sich bald herausstellte, hatte dieser Mann vom Handel keine Ahnung. Der Consultant war ein ausgesprochener Generalist, fahndete am Vormittag nach dem Geschäftsführer für eine Maschinenbaufirma und am Nachmittag nach dem Leiter der Forschungsabteilung eines Pharmaunternehmens.

Die Kandidaten, die er uns vorstellte, arbeiteten fast alle für Rewe-Konkurrenten. Deswegen kannten wir sie und konnten beurteilen, wie gut sie wirklich waren. Und sie waren nicht gut. Der Berater jedoch pries sie als die Stars der Branche an. Wir akzeptierten keinen von ihnen und beendeten die Zusammenarbeit mit dem Headhunter.

Vier Jahre später erhielt ich selbst das Angebot, bei einem Personalberatungsunternehmen anzufangen. Gerade wegen der negativen Erfahrungen bei Rewe reizte mich der Job. Ich beschloss, mich auf die Branche zu spezialisieren, in der ich mich auskannte: auf den Handel. Allerdings hatte ich damals, als knapp 30-jähriger Mann, noch viel zu wenig Kontakte. Es blieb mir folglich nichts anderes übrig, als mir eine Liste mit den 100 wichtigsten Handelsunternehmen zusammenzustellen. Die habe ich dann besucht, eine Firma nach der anderen.

Nach dem sechzigsten Unternehmen hatte ich so viele Aufträge, dass ich ausgelastet war und schon im ersten vollen Geschäftsjahr doppelt so viel Umsatz machte wie der zweitbeste Berater unserer Partnerschaft. Der Erfolg ist mir bis heute treu geblieben.

D. Hofmann (✉)
Hofmann Consultants GmbH, THE SQUAIRE 15, Am Flughafen,
60549 Frankfurt am Main, Deutschland
E-Mail: info@hofmann-consultants.com

Warum schildere ich diese weit zurückliegenden Geschehnisse? Weil ich ein Plädoyer halten will: für den Experten in der Personalberatung – und gegen den Alleskönner.

Sicher, auch Generalisten landen Treffer. Aber meine Berufserfahrung lehrt mich, dass der Spezialist beiden Seiten am besten dienen kann – dem Kandidaten und dem Klienten.

Im Vergleich zum Generalisten verfügt der Spezialist über eine Doppelqualifikation. Er besitzt nicht nur Menschenkenntnis und Einfühlungsvermögen, sondern auch ein gerüttelt Maß an Fachkompetenz. Er weiß aufgrund seines dichten Netzwerkes um die Entscheidungsstrukturen und unterschiedlichen Prozesse in den einzelnen Unternehmen. Und nicht selten ist er für seine Auftraggeber auch ein wertvoller Sparringspartner.

Rein formal ist zwischen Personalberatern zu unterscheiden, die sich auf eine Branche konzentrieren – metwa auf die Automobilindustrie oder die Finanzdienstleister, und solchen Beratern, die jeweils eine Funktion im Fokus haben, also etwa Finanzmanager, IT-Experten oder Personalleute. De facto aber gilt für beide Arten von Spezialisten das Gleiche: Sie sprechen sowohl die Sprache ihrer Auftraggeber als auch der Kandidaten. Sie erfassen rasch die besonderen Anforderungen der zu besetzenden Position und sind in der Lage, den Zielpersonen die richtigen Fragen zu stellen.

Die Spezialisierung ist ein recht junges Phänomen in unserer Branche. Als ich Ende der 70er Jahre mit der Suche nach Führungskräften für den Handel begann, galt ich fast als Exot. Personalberater gab es zu jener Zeit ohnehin nicht so viele, und unter diesen wenigen dominierten die Generalisten.

Das hat sich in den letzten Jahren geändert. Mittlerweile gibt es vor allem in den großen, weltweit vertretenen Beratungsfirmen sowohl Spezialisten für bestimmte Branchen als auch für Funktionen.

Relativ neu ist der Trend zum „T-Shaped Professional". Es geht um Berater, die die Besonderheiten von drei Branchen kennengelernt haben und die Kenntnisse in einer dieser Branchen vertiefen. Versucht man, dieses Prinzip grafisch dazustellen, so zeichnet man am besten ein T – daher der Name.

Das Prinzip haben die Personalberater von den Management Consultants abgeschaut – wie vieles andere in unserer Branche. Der Vorteil liegt auf der Hand: Bleibt die Nachfrage in einer Branche aus, hat man die Möglichkeit, für die anderen Branchen zu arbeiten, die man ja zumindest oberflächlich kennt. Meiner Beobachtung nach läuft jedoch auch dieses Modell letztlich auf eine Spezialisierung hinaus.

Wir Personalberater sind nur ein Spiegelbild der Wirtschaft, und in der hat sich in den letzten Jahrzehnten eine Entwicklung hin zum Kleinteiligen vollzogen. Keiner träumt heute mehr, wie einst in den 80er Jahren Daimler-Chef Edzard Reuter, vom integrierten Technologiekonzern. So wie sich Daimler wieder auf den Autobau besonnen hat, fokussieren sich die meisten Unternehmen auf ihre Kernkompetenz.

Ein weiteres Problem unserer Branche besteht darin, dass es keine spezifischen gesetzlichen Vorschriften und keine Aufsicht über Berater gibt – so wie etwa in Österreich.

In Deutschland und der Schweiz gilt: Wer immer sich das entsprechende Schild an die Bürotüre heftet, darf sich Consultant nennen. Dies hat zur Folge, dass in kaum einer anderen Branche die Protagonisten so schnell wie bei den Headhuntern wechseln. Insider schätzen, dass etwa ein Viertel der Anbieter weniger als zwei Jahre in der Personalberatung tätig ist, rund die Hälfte gibt nach spätestens fünf Jahren wieder auf. Nur rund 25 % der Personalberater behaupten sich langfristig am Markt.

An diesem Missstand wird wohl auch die 2009 erfolgte Einführung der Bezeichnung „Certified Executive Recruitment Consultant" nicht viel ändern. Das Konzept krankt schon allein daran, dass man zunächst einmal Mitglied eines Verbandes werden muss, um sich zertifizieren zu lassen. Und auch die Referenzen, die ein Berater vorzuweisen hat, dürfen nur von Mitgliedern dieses Verbands stammen. Das wirkt geradezu lächerlich, wenn man weiß, dass in diesem Verband keineswegs die ersten Adressen unserer Branche organisiert sind.

Die Personalberater bilden eine recht unstete Berufsgruppe, in der sich auch mancher Aufschneider bewegt. Meist sind das selbst ernannte Experten, die noch kein Dutzend höherrangiger Positionen in einer bestimmten Branche besetzt haben.

Oder es sind Berater, die von sich behaupten, Spezialisten für Private-Equity-Häuser zu sein. Ich frage mich, wo da die Expertise liegen soll. Private Equity ist im weitesten Sinne eine Finanzierungsform. Die Unternehmen, die auf diesem Geschäftsmodell basieren, übernehmen Betriebe in allen Industrie- und Dienstleistungsbereichen, vom Tankstellenbetreiber bis hin zur Notendruckerei. Welche Art von Spezialist für diese völlig unterschiedlichen Firmen die richtigen Manager finden soll, erschließt sich mir nicht.

Die mangelnde Transparenz der Branche ist für Kandidaten und Klienten gleichermaßen unangenehm. Wem können sie vertrauen und wem nicht?

Bleiben wir erst einmal beim Kandidaten. Der freut sich zumeist, wenn ein Headhunter anruft und mit einem attraktiven Angebot lockt. Hat er es mit einem Generalisten zu tun, kann es allerdings passieren, dass er beim ersten Treffen ziemlich enttäuscht, wenn nicht gar verärgert ist – weil der Personalberater die anvisierte Position falsch eingeschätzt hat, mithin die Anforderungen zu hoch oder auch zu niedrig sind oder weil die finanziellen Bedingungen nicht stimmen. Für den Kandidaten ist dies eine ärgerliche Situation. Er hat seine Zeit vertan.

Wohl dem Kandidaten, der an einen Spezialisten aus seiner eigenen Branche gerät. Ein bisschen herumstöbern im Internet, ein paar Telefonate – und schon bekommt er eine Ahnung davon, ob der Berater über ein gut geknüpftes Netzwerk und die notwendige Expertise verfügt. Zeigt sich, dass der Consultant in der Branche angesehen ist, dass er dem Kandidaten tatsächlich auf Augenhöhe begegnet, werden auch die wenigen, schwer zu findenden Top-Leute dem Berater Respekt und Wertschätzung entgegenbringen. Dies wiederum kommt den Klienten zugute, denen der Spezialist die Besten der Branche präsentieren kann.

Ich bin fest davon überzeugt, dass der Generalist unter den Beratern ein Auslaufmodell ist. Dies auch deshalb, weil der Berater immer häufiger als eine Art Visitenkarte des Klienten angesehen wird.

Wie wichtig das ist, zeigt das Beispiel eines bekannten deutschen Unternehmens, das wegen einiger Skandale in die Schlagzeilen geraten war. Das Management war zerstritten, die Führungskräfte schikanierten die Mitarbeiter, die Fluktuationsrate war sehr hoch.

Dann setzte ein Umdenken in der Top-Etage ein. Man änderte den Führungsstil, sorgte für ein besseres Betriebsklima. Das negative Image haftete dem Unternehmen jedoch weiter an. Eine hoch qualifizierte Führungskraft für diesen Arbeitgeber zu finden, erschien fast unmöglich. Und dennoch gelang es einem Personalberater, einen in der Branche hoch geschätzten und stark umworbenen Mann für dieses Unternehmen zu interessieren. Der Manager unterschrieb den Anstellungsvertrag bei dem Unternehmen, weil er den Berater seit Langem kannte und auf dessen Rat vertraute.

Ein spezialisierter Berater, der seinen Auftraggeber gut kennt, hat die besten Chancen, einen passgenauen Kandidaten zu platzieren. Schon allein deshalb, weil mancher Personalverantwortliche das Anforderungsprofil für den zu besetzenden Job nicht klar definieren kann – er weiß einfach nicht, was der Markt hergibt. In dieser Situation ist jener Headhunter im Vorteil, der ein Unternehmen über Jahre begleitet hat, der die Firmenstruktur und vor allen Dingen die Firmenkultur kennt.

Manchmal kann es aber auch nötig sein, ein einmal definiertes Anforderungsprofil zu ändern. Auch das kann nur ein erfahrener Spezialist, der sowohl mit Autorität als auch mit Fingerspitzengefühl arbeitet.

Hierzu ein weiterer Fall aus der Praxis: Der Eigentümer eines bekannten Familienunternehmens wollte sich aus der Geschäftsführung zurückziehen. Er bat einen Headhunter, einen Nachfolger für ihn zu suchen. Anforderungsprofil: Branchenkenner, führungsstark, zupackend, erfolgreich. Und: Möglichst aus demselben Holz geschnitzt wie der feinsinnige, kultivierte Klient.

In kurzer Zeit fand der Berater einige hoch kompetente und leistungsstarke Kandidaten. Darunter auch einen, dem er am ehesten die Führung des Unternehmens zugetraut hätte. Das Problem war nur: Gerade dieser Mann konnte dem Klienten intellektuell nicht das Wasser reichen.

Statt die Kandidaten sofort zu präsentieren, nahm sich der Berater Zeit, um den Klienten zu einer Änderung des Anforderungsprofils zu bewegen. Erst dann präsentierte er die Kandidaten – und natürlich auch den, den er von Anfang an im Auge hatte. Dieser bekam den Job und leistet bis heute hervorragende Arbeit.

Ein weiterer Aspekt spricht für die Spezialisierung im Search Business: der Informationsaustausch mit dem Kandidaten. Nur wenn der Berater dem Kandidaten genau schildert, mit welchen Menschen er es in dem neuen Job zu tun haben wird, auf welche Qualifikationen es wirklich ankommt, kann der Kandidat entscheiden, ob er sich die Herausforderung zutraut.

Und selbst wenn ein Manager glaubt, der neuen Aufgabe gewachsen zu sein, muss ein Headhunter nach intensiven Gesprächen manchmal abraten – weil der Kandidat zwar die fachlichen Anforderungen erfüllt, aber von seiner Persönlichkeit her nicht zur Unternehmenskultur des Klienten passt.

Wie soll ein Generalist dies alles erspüren? Wie will er einen Manager vor einem falschen Schritt bewahren, wenn er seinen Auftraggeber nicht genau kennt? Ein Personalberater spielt immer Schicksal; er trägt eine hohe Verantwortung für den Kandidaten. Der gibt ja nicht nur einen Job auf, in dem er erfolgreich gewesen ist. Ein missglückter Wechsel belastet seine Familie und besiegelt womöglich das Ende seiner Karriere. Jeder Fehltritt ist im Lebenslauf dokumentiert, und in einer auf Höchstleistung getrimmten Industriegesellschaft wie der unseren bekommt man nicht so schnell eine zweite Chance.

Und schließlich ist da noch das Risiko, dass etwas durchsickert, dass die Bereitschaft des Kandidaten zum Wechsel bekannt wird. Ich will nicht behaupten, dass ein Generalist weniger auf Vertraulichkeit achtet als ein Spezialist. Nur: Wer sich nicht exzellent in einer Branche auskennt, dem bleiben die Querverbindungen verborgen, der weiß nicht, wer mit wem redet und welche Zusammenhänge es zwischen vermeintlichen Konkurrenten gibt.

Natürlich trägt der Headhunter auch eine hohe Verantwortung für das Unternehmen, das ihn beauftragt. Je höher die Managementposition, die er besetzt, desto größer ist der Schaden, den er anrichtet, wenn er den falschen Kandidaten vermittelt.

Wir müssen doch nur einmal einen Blick auf die jüngsten Tragödien im hiesigen Einzelhandel werfen: Arcandor pleite, Wehmeyer insolvent, Hertie liquidiert, Woolworth zerstört. Freilich, der Niedergang all dieser Traditionshäuser wurde von den Widrigkeiten des Marktes befördert. Das Warenhaus als Geschäftsmodell hat weitgehend ausgedient, die Kunden kaufen lieber bei Fachhändlern oder via Internet. Letztlich aber obliegt es dem Management, solche Trends zu antizipieren und neue Geschäftsmodelle zu entwickeln.

Indes, die Herren auf den obersten Führungsetagen (Frauen gibt es dort kaum) hatten zu spät erkannt, was sich da draußen abspielte. Das ist auch kein Wunder, denn die wenigsten von ihnen waren ausgewiesene Handelsleute. Oftmals wurden die Unternehmen von Finanzmanagern geleitet, die zwar Bilanzen gestalten, aber keine Verkaufsregale bestücken konnten. Diesen Managern gelang es nur deshalb, sich jahrelang an ihre Sessel zu klammern, weil auch die Mitglieder in den Kontrollgremien meist bar jeglicher Handels-Expertise waren. Sie holten die falschen Leute an die Spitze und ließen sie bis zum bitteren Ende gewähren.

Würde das Spitzenmanagement mit Hilfe spezialisierter Personalberater bestückt, könnte solchen Fehlentwicklungen oftmals Einhalt geboten werden. Anders als der Generalist, der kurz einfliegt, seine Kandidaten vorstellt und wieder abhebt, dient der Spezialist dem Unternehmen ganz nebenbei und unentgeltlich auch als Management-Berater, etwa bei Fragen zur Organisationsstruktur. Ein echter Experte hat sich nicht nur auf eine Branche spezialisiert, sondern er hat als Manager operativ in dieser Branche gearbeitet, war vielleicht Vertriebsmann oder Personalverantwortlicher, oder – so wie ich – Assistent der Geschäftsführung.

Hinzu kommt, dass einer wie ich, der sich vornehmlich in Handelskreisen bewegt, mit der Zeit eine Fülle von Informationen über einzelne Firmen sammelt. Die Klienten schildern ihre Situation, die Kandidaten, die nicht selten bei Wettbewerbern arbeiten, erzählen aus ihren Unternehmen. Da muss man nur zuhören und die richtigen Schlüsse ziehen. Natürlich werden keine Namen genannt und erst recht keine Geschäftsgeheimnisse ausgeplaudert. Aber das braucht es auch gar nicht. Wichtig ist, dass Themen, wie zum Beispiel eine zu breite Führungsspanne, überhaupt einmal angesprochen werden. Häufig gelten solch brisante Fragen als Tabu, Veränderungen kämen einer Revolution gleich. Umso eher kann der dezente Hinweis eines Spezialisten etwas bewirken.

Einer meiner Klienten – ehemals Personalvorstand bei einem großen Konzern – machte mir einmal ein hübsches Kompliment. „Wenn ich mich mit Ihnen unterhalte", sagte er, „erfahre ich immer etwas über mein eigenes Unternehmen, das mir sonst nicht zu Ohren kommen würde. Das hilft mir weiter, auch wenn es unangenehme Wahrheiten sind."

In der Tat hatte ich ihm mehrfach Negatives erzählt. Er war nämlich auch Beiratsvorsitzender einer Tochtergesellschaft, die in Deutschland Milliardenumsätze macht. Dieses Unternehmen war völlig falsch aufgestellt und schrieb tiefrote Zahlen. Im Haus herrschte deshalb eine schlechte Stimmung. Aber keiner sagte dem Beiratschef, wie es um das Unternehmen wirklich stand. Keiner hatte den Mut dazu.

Hier schließt sich der Kreis: Ein spezialisierter Personalberater sieht, was in den Unternehmen vorgeht. Er erkennt Probleme, die im Spitzenmanagement noch gar nicht angekommen sind, und er kann genau jenen Kandidaten suchen, der geeignet ist, solche Herausforderungen zu bewältigen.

Ein Headhunter ist immer nur so gut wie die Kandidaten, die er präsentiert. Diese Regel galt vor 30 Jahren, als ich meine Karriere als Personalberater startete. Und sie wird auch künftig nicht ihre Gültigkeit verlieren. Im Gegenteil: Angesichts der Masse der Berater wird diese Regel immer mehr an Bedeutung gewinnen.

„Ich mach jetzt auch mal Internet – das geht nicht."

Interview mit Gabriele Bergert, Bergert Ziegler GmbH & Co. KG

Jens Nordlohne

Der Blick aus dem Dachfenster von Gabriele Bergerts Wohnung mitten in Hamburg fällt auf den Laden eines türkischen Feinkosthändlers. Die sauber aufgereihten Orangenkisten, frisch ausgepackten Kiwis und üppigen Bananenstauden verführen dazu, die Treppen der vier Stockwerke noch einmal in Angriff zu nehmen, um sich mit Vitamin C zu versorgen. Die Personalberaterin liebt das kleine Geschäft. Der Besitzer habe sogar am Sonntagvormittag geöffnet. Da könne sie fast zu jeder Zeit einkaufen. Und nett sei er, immer freundlich, immer höflich, er bringe einem schwere Einkäufe nach Hause und wisse genau, was seine Kunden wollen. Die meisten kenne er sogar beim Namen, schwärmt sie.

Die Firmen, die Gabriele Bergert berät, machen in einem anderem Rahmen genau das Gleiche: Es sind Unternehmen aus dem e-Commerce- und Internet-Bereich. Das Ziel dieser Firmen: Kunden gezielt ansprechen, ihre Vorlieben analysieren, ihnen den Mund für ihre Produkte wässrig machen und zu jeder Zeit eine reibungslose Transaktion in Form von Bestellung, Bezahlung und Auslieferung tätigen. Was beim Händler an der Ecke so selbstverständlich erscheint, ist im World Wide Web eine komplexe Angelegenheit. Und dafür benötigen die Anbieter Experten und Führungspersonal. Diese Fachleute findet Gabriele Bergert.

Frau Bergert, wie akquirieren Firmen heute Fachkräfte für die hochspeziellen Aufgaben im e-Commerce und im Bereich Internet-Dienstleistungen?

Zu einem großen Teil läuft die Akquise über Empfehlungsmarketing innerhalb der Unternehmen. Fast alle Firmen bieten Programme, die Mitarbeiter belohnen, wenn sie passende Fachkräfte empfehlen. Das funktioniert – gerade bei den Hype-

J. Nordlohne (✉)
Victrix Causa GmbH, Gut Ziegelhof, Schinkel 19,
21734 Oederquart, Deutschland
E-Mail: nordlohne@victrix-causa.de

Unternehmen – sehr gut. Personalberater sind teuer, und viele der Internetunternehmen sind kleinere Unternehmen oder sogar Startups. Die schrecken vor einer Investition in Personalberater oftmals zurück.

Also sind Ihre Dienste für diese Unternehmen überflüssig?

Nein. Die Empfehler im eigenen Hause haben bei der Person, die sie empfehlen, natürlich eine sehr persönliche Brille auf. Ein Personalberater geht professioneller und systematischer an die Suche heran. Vor allem ist ein Personalberater eher in der Lage, passende Kandidaten zu empfehlen, auf die das Unternehmen normalerweise nicht gekommen wäre, oder auch unterschiedliche Profile vorzuschlagen. Der Beratungsanteil beim Kunden ist gerade in solchen Fällen besonders hoch. Ich besetze immer wieder Positionen, bei denen ich dem Kunden von vornherein sage: Ich schicke Ihnen diesen Kandidaten, obwohl ich weiß, dass Sie ihn für zu jung, zu freakig, zu konzern-unerfahren halten. Aber bitte schauen Sie sich die Person genau an. Ich halte ihn für die Nummer Eins. Ich gehöre auch zu denen, die eine klare eigene Empfehlung aussprechen.

Wie hat sich das Arbeitsfeld für Führungskräfte im Bereich Internet, insbesondere im e-Commerce, in den vergangenen zehn Jahren entwickelt?

Der ganze Bereich ist durch die technologische Entwicklung und die daraus resultierenden Möglichkeiten ungleich komplexer geworden. Vor zehn Jahren war ein Onlineshop ein reiner Verkaufskanal, in dem es darum ging, einen Kauf sauber abzuwickeln. Heute ist ein Shop mit Online-Marketing auf zehn verschiedenen Kanälen verbunden, Targeting und Re-Targetingtechnologien sind integriert, statt zwei Zahlungsmethoden gibt es zehn und dann steht auch noch der Durchbruch im Mobile Commerce kurz bevor. Die Anforderungen an Fachkräfte in diesem Bereich sind wesentlich größer geworden. Erinnern wir uns: Vor rund zehn Jahren ließen die Datenübertragungsraten keine bildintensive Darstellung geschweige denn Videos zu, es gab es kein iPhone und noch keine Tablet-PCs.

Und Sie müssen die Personen finden, die diese Komplexität noch überblicken?

Top-Executives müssen operativ nicht alle Disziplinen beherrschen. Aber sie müssen alle Möglichkeiten kennen. Ja, diese Menschen finden wir. Aber genauso wichtig ist die Suche nach Spezialisten. Und da hat sich etwas dramatisch verändert: Wir sind gewohnt, dass es in Unternehmen Linienfunktionen gibt. Man steigt vom Manager zum Senior Manager auf, wird Teamhead und bekommt Personalverantwortung. Mittlerweile entstehen parallel dazu Spezialistenkarrieren. Diese steigen nicht über Führungsverantwortlichkeit auf, sondern über die Spezialisierung auf einem ganz bestimmten, kleinen Gebiet. Obwohl diese Personen kein großes Team führen, sind sie in der identischen Gehaltsklasse.

Werden mehr Kräfte von außerhalb rekrutiert als aus dem eigenen Unternehmen?

In den letzten Jahren ist fast jedes Unternehmen irgendwie in e-Commerce und Online-Marketing eingestiegen und benötigt dafür dann sofort qualifiziertes Personal. Darum können die Kräfte gar nicht mehr alle aus den eigenen Reihen stammen oder intern ausgebildet werden. Die Spezialisten kommen von den innovativen Dienstleistern oder aus den Unternehmen, die frühzeitig in diese Märkte oder Kommunikationskanäle eingestiegen sind.

Internet top – stationärer Handel flop?
Die Konzerne suchen händeringend nach Top-Leuten – in der Hoffnung, den Zug nicht zu verpassen. Die Wirtschaftsprüfungs- und Beratungsgesellschaft PricewaterhouseCoopers (PwC) sieht das Konsumverhalten vor einem dramatischen Umbruch. PwC kommt zu dem Ergebnis, dass sich der Einkauf immer mehr ins Internet verlagert und aus dem Alltag der Deutschen nicht mehr wegzudenken ist: 36 % der Online-Käufer tätigen demnach wöchentlich Transaktionen im Internet und nur 31 % in diesem Zeitraum auch im klassischen Geschäft! Konsumenten geben mittlerweile 42 % ihres Geldes online aus. Inzwischen fließt in vier von zehn Warenkategorien im Durchschnitt mindestens die Hälfte der Konsumausgaben in den Internethandel. Bei den Favoriten wie Kleidung, Schuhe, Bücher, Musik, Filme, Elektronik und Computer sind es sogar 50 %.

„Je höher der Online-Anteil in einer Warenkategorie ist, desto wichtiger ist es für einen Multi-Channel-Händler, zu prüfen, welche stationären Geschäfte einen positiven Beitrag zum Gesamtumsatz liefern", erklärt Gerd Bovensiepen, Partner und Leiter des PwC-Bereichs Handel und Konsumgüter. Ein Rat, der für so manches Unternehmen des stationären Handels anscheinend zu spät kommt.

Frau Bergert, vor einigen Jahren sprach man davon, dass die Karstadts und Ottos dieser Welt den e-Commerce-Trend verschlafen haben. Stellen Sie als Personalberaterin fest, dass dort nun nachgerüstet wird?

Diese Unternehmen haben die Entwicklung keineswegs verschlafen. Sie haben sehr früh Onlineshops aufgesetzt und waren geradezu visionär. Aber fast alle „First Mover" haben sich auch sehr früh die Finger verbrannt. Die Konsumenten waren noch nicht reif – und die technischen Voraussetzungen nicht gegeben. Dann hat die Technik jedoch einen enormen Sprung gemacht. Vor allem die Übertragungsraten haben sich vervielfacht. Aufgrund früherer Negativ-Erfahrungen gingen die gebeutelten Unternehmen dann jedoch für einige Jahre nur noch überschaubare Risiken ein. Seit einigen Jahren wird hier aber jede neue Technologie, jedes internationale Geschäftsmodell geprüft und zum Teil sehr erfolgreich umgesetzt.

Natürlich gab es auch Unternehmen, die das Thema von Anfang an skeptisch gesehen haben. Aber spätestens, als sie erkannten, dass sie auf dem e-Commerce-Sektor überhaupt nicht ausreichend positioniert sind, fingen sie an zu investieren. Da stellten Windelhersteller fest, dass viele Mütter kleiner Babys nachts online Farmville spielen. Die Zielgruppe war also schon längst im Internet angekommen – das hatte das Unternehmen so gar nicht vermutet. Dasselbe gilt beispielsweise auch für Senioren. Eine Zielgruppe, deren Internetaffinität man komplett unterschätzt hatte.

Der Sektor e-Commerce und Internetdienstleistungen steht also vor enormem Wachstum. Das bedeutet auch, dass es einen riesigen Bedarf an Fach- und Führungskräften gibt. Wie befriedigen Sie die Nachfrage nach geeigneten Leuten?

Diejenigen, die innovative Aufgaben übernehmen sollen – aktuell vor allem im Bereich Social Media und Mobile – können Sie nur aus der Internetszene rekrutieren. Und da haben Sie als Personalberater das Problem, dass die Kandidaten gar nicht die Lebensläufe vorweisen können, die sich die Unternehmen erhoffen. Konkret: Wenn Sie einen Mobile-Spezialisten suchen, dann kennt der wahrscheinlich bislang nur Startups mit maximal 60 bis 80 Mitarbeitern. Der soll dann aber das Mobile-Marketing für einen Großkonzern übernehmen. Da geht es nicht nur um das Beherrschen des Fachthemas, sondern um den Umgang mit einer Konzern-Unternehmenskultur.

Wie lösen Sie dieses Dilemma?

Meine Kunden wissen, dass mein Fokus darauf liegt, die richtige Persönlichkeit zu finden. Ich nenne das den „Personal Fit". Ich glaube, dass man sich in viele konkrete Aufgaben mit dem richtigen Hintergrund hineinarbeiten kann, nicht alles ist Rocket Science. Vieles kann man lernen. Was man nicht lernen kann, ist „Personal Fit", Begeisterung für ein Thema, Neugierde und Bereitschaft, sich mit einer neuen Umgebung auseinanderzusetzen. Da achte ich sehr stark auf die menschlichen Qualitäten. Egal, ob jemand aus einem Startup kommt und für einen Konzern interessant sein könnte, oder umgekehrt. Es ist inzwischen eine der wichtigsten Aufgaben eines Personalberaters, Kandidaten zu finden, die zur Unternehmenskultur und in die Dynamik der Aufgabe passen.

Sehen Sie eine Tendenz, dass die eher starren, klassischen Vorgaben der Unternehmen aufgebrochen werden, was das Anforderungsprofil für einen Kandidaten angeht?

Es gibt in deutschen Unternehmen immer noch die Idee, dass der Kandidat exakt die Aufgabe, für die er vorgesehen ist, schon jahrelang auch in einem anderen Konzern erfüllt hat. Ein fachspezifisches Studium und eine geradlinige Karriere im jeweiligen Fachgebiet ist da Grundvoraussetzung.

Ich habe viel mit US-Unternehmen gearbeitet. Da ist das anders. Dort kann man Philosophie studiert haben, macht dann seinen MBA und wird im Unternehmen mit seinen neuen Aufgaben vertraut gemacht. So etwas finden wir in Deutschland eher selten. Naturwissenschaftler werden noch manchmal genommen. Als Berater stehe ich oft vor dem Problem, dass es ein Arbeitsfeld erst seit wenigen Jahren gibt und man keine Kandidaten finden wird, die jahrelange Erfahrung auf diesem speziellen Gebiet haben. Da stehe ich bei meinen Kunden dann vor der Vertrauensfrage. Sie müssen mir glauben, dass mein Kandidat es kann.

Wie häufig bereuen Unternehmen diese Entscheidung?
Ich habe in 15 Jahren nur eine einzige Position nachbesetzen müssen. Meine Trefferquote scheint ganz gut zu sein.

Wo im Bereich e-Commerce sehen Sie derzeit den größten Bedarf an Führungs- und Fachkräften?
Der ganze Markt wächst, ganz besonders aber die Bereiche Online-Marketing, Mobile, BI und Social Media. Gleichzeitig wird Fachpersonal bei Technologieanbietern gesucht. Durch den starken Anstieg der Nutzung mobiler Geräte und Social Media tun sich zwei Felder auf, die den Zugang zum Kunden komplett verändern. Da erleben wir einen Technologie-Peak, der mit massiven Personalanforderungen einhergeht.

Wo werden die richtigen Personen für die passenden Jobs gesucht? Geht der Blick vermehrt in Richtung Ausland, um den steigenden Bedarf deutscher Unternehmen zu befriedigen?
Im Internetbereich und in den stark technologieorientierten Unternehmen schauen wir ganz klar über die deutschen Grenzen hinaus. Im Grunde ist es egal, woher die Kandidaten kommen. Gerade in kleinen Unternehmen sind Teams international. In den deutschen Konzernen schaut man allerdings sehr genau, woher der Kandidat kommt. Er muss in einer ähnlichen Konzernstruktur gearbeitet haben und aus einer ähnlichen Konzernkultur stammen. Gerade in großen deutschen Firmen tut man sich als Führungskraft keinen Gefallen, wenn man nicht Besonderheiten wie Betriebsrat, Arbeitnehmerrechte und Mitbestimmung verinnerlicht hat. Da ist Deutschland ganz speziell. Es geht auch um die Steuerung von Mitarbeitern. In US-Unternehmen wird sehr viel in Teams gearbeitet, auch virtuell. Es ist normal, für drei Vorgesetzte zu arbeiten, von denen zum Beispiel einer in Irland, einer in Indien und einer in Seattle sitzt.

Worin unterscheidet sich die Honorierung von Headhuntern im Bereich e-Commerce in den angelsächsischen Ländern von der in Deutschland?
Ich glaube, dass sich die Honorierung bei den großen Personalberatungen ähnelt. Es gibt den Unterschied zwischen „Retainern" und erfolgsabhängigem Honorar. Vor 15 Jahren hat bei uns kaum jemand erfolgsabhängig gearbeitet. In den USA war das anders. Jetzt hat sich das auch bei uns verändert. Gemeinsam ist uns mit den USA, dass es verschiedene Zentren gibt, in denen Fachkräfte sitzen – wenn auch die Entfernungen andere sind. In Frankreich und England konzentriert sich alles auf Paris und London. Dementsprechend gestalten sich auch die Honorare. Die Dienstleistung ist dort einfacher zu erbringen. Die Honorare sind niedriger.

Warum gibt es relativ wenige Personalberater, die sich auf den Bereich Internet/e-Commerce spezialisiert haben? Fehlt die Qualifikation?

Bevor ich in die Personalberatung ging, hatte ich schon über 10 Jahre in diesem Segment gearbeitet. Sowohl als Geschäftsführerin einer Multimediaagentur als auch auf Unternehmensseite im Bereich PC und Neue Medien. Ich habe ein technisches Verständnis, mich interessieren technologische Veränderungen und ich halte mich über diesen Markt auf dem Laufenden. Der Internetbereich ist so komplex und entwickelt sich so rasant, dass es wichtig ist, sich damit permanent zu beschäftigen. Wichtiger vielleicht, als es für Personalberater auf anderen Gebieten ist. Das tut man aber nur mit einer gewissen Grundlage und einem generellen Interesse an diesem Bereich. Generalistisch aufgestellte Personalberater kennen sich in diesem fragmentierten Metier, mit all den kleinen, aber marktbeeinflussenden Firmen, kaum aus.

Die Firmen wachsen schnell, der Bedarf an Führungspersönlichkeiten wird weiter steigen. Wie halten Sie Kontakt zu den Talenten, den zukünftigen CEOs?

Ich besetze schon seit 15 Jahren auch Junior-Positionen im Bereich zwischen 50.000 und 60.000 € Jahreseinkommen.

Ist Ihre Dienstleistung in diesem Segment nicht zu teuer für die Unternehmen?

Viele Firmen schaffen es nicht, Kandidaten auf anderen Wegen zu finden. Nachwuchskräfte zu rekrutieren ist übrigens auch für Personalberater keine einfache Aufgabe, weil diese Menschen nicht so sichtbar im Markt sind. Weil ich mich aber schon seit Jahren intensiv auch mit dieser Gruppe befasse, habe ich einen sehr guten Überblick. Alle Kandidaten aus einem Suchprozess landen in meiner Datenbank. Auch die Nachwuchskräfte. Das können im Rahmen eines Suchprozesses schon mal 200 Personen sein. Als Personalberaterin muss ich mein Netzwerk pflegen und einen guten Kontakt zu den potenziellen Kandidaten pflegen. Auch zu denjenigen, die es vielleicht bei einem Projekt nicht geworden sind. Genau diese Personen können die richtigen für ein nächstes Projekt sein.

Qualifikation, Aufgabengebiete, Karrierepotenzial: Der Arbeitsmarkt im Internet- und e-Commerce-Bereich scheint anderen Gesetzen zu unterliegen. Wie verhält es sich mit dem Anteil von Frauen in Führungspositionen?

Der ganze Bereich Internet und e-Commerce ist nach wie vor sehr technologiegetrieben. Und in Deutschland sind die technologieorientierten Jobs noch immer in der Hand von Männern. In den USA oder in England sieht das schon ganz anders aus. Ich selbst habe sehr gute Erfahrungen mit Frauen für Internet-Führungspositionen gemacht: Sie sind in der Regel sehr gut ausgebildet, verfügen über exzellente Lebensläufe und sind in ihrem Job äußerst erfolgreich. Meine Kunden fragen mittlerweile verstärkt nach weiblichen Bewerbern. Die Unternehmen haben verstanden, dass gemischte Teams wesentlich erfolgreicher arbeiten als reine Männer-Gruppen. Erste Unternehmen verlangen von uns Personalberatern sogar, mindestens 50 % Frauen für eine Position vorzuschlagen. Das ist allerdings für manche

Jobs fast unmöglich. Es gibt zum Beispiel nur einen verschwindend geringen Anteil von Frauen als IT-Chef.

Sind Sie für eine verordnete Frauenquote?

Ich halte eine Frauenquote nicht für realisierbar, weil sie in meinem Metier schlichtweg nicht zu erfüllen ist. Unsere Gesamtwirtschaft würde von einer Frauenquote allerdings profitieren – ich halte es für ein Trauerspiel, dass sie verordnet werden muss.

Was können Frauen besser?

Frauen sind in der Diskussion fachlich orientiert, pragmatisch, verlassen sich weniger auf Seilschaften und Netzwerke als Männer.

Ist das ein Nachteil?

Das ist ein Vorteil, weil sie sich über inhaltliche Dinge definieren müssen, um erfolgreich zu sein. Die meisten haben keinen Kumpel, den sie mal eben anrufen können, um ihnen den Rücken zu stützen.

Generation Weichei?

„Es ist zum Verrücktwerden…", schreibt die Frankfurter Allgemeine Zeitung in einem Artikel zum Thema „Work-Life-Balance". „Da hat eine große deutsche Wirtschaftsprüfungsgesellschaft einen Posten in New York zu vergeben, trotzdem schlägt keiner der Kandidaten gleich zu. „Die Stadt ist so stressig", meint ein Jungspund abwägend. „Das muss ich erst mit meiner Frau besprechen", erklärt der nächste. „Die spinnen", klagt der Personalchef der Wirtschaftsprüfer, der viele solcher Geschichten erzählen kann.

Die FAZ nennt diese wachsende Gruppe von (Nachwuchs-)Führungskräften „Generation Weichei". Bei ihnen haben sich Prioritäten verschoben. Personalvorstände von DAX-Unternehmen, Geschäftsführer von Beratungsfirmen und Studien bestätigen: Die Arbeit steht nicht mehr unangefochten an erster Stelle. Sie fordern ein erfülltes Leben neben der Arbeit. Wenn der Job nicht ins Lebenskonzept passt, der Partner sich sträubt oder das Unternehmen sich nicht flexibel in der Gestaltung der Arbeitszeiten und -orte zeigt, ziehen weder Top-Salär noch New York City.

Den Unternehmen bleibt derweil keine andere Wahl, als den Bewerbern entgegenzukommen. Die Frankfurter Allgemeine Zeitung analysiert: „Die Wirtschaft braucht diese Generation – allein schon wegen des demografischen Wandels: Der Nachwuchs ist knapp. Kein Unternehmen kann es sich leisten, die Chefs von Morgen zu verprellen."

Frau Bergert, immer mehr High Potentials geht es nicht mehr nur um Karriere, sondern vermehrt um Work-Life-Balance. Wie stellen Sie sich bei der Auswahl geeigneter Kandidaten darauf ein?

Da hat sich enorm viel getan. In der Tat fragen Kandidaten vermehrt nach dem Arbeitsumfeld eines potenziellen Arbeitgebers. Die Möglichkeit, vom Home Office aus zu arbeiten, spielt eine große Rolle – oder, dass man an unterschiedlichen Standorten sitzen und virtuell mit seinen Teams arbeiten kann. Wenn ein Top-Kandidat in Hamburg wohnt und nach München ziehen soll, um dort im Büro zu sitzen, dann hat er dafür oft kein Verständnis mehr. Kandidaten wollen vielleicht noch für zwei Tage runterfliegen, aber ihr Team von Hamburg aus steuern. Im Silicon Valley arbeiten die Leute tageweise im Café. Die sitzen dort und arbeiten für ihr Unternehmen. Selbst Manager in höheren Positionen.

Warum funktioniert das hier nicht?

Ich glaube, dass Unternehmen in Deutschland im Bereich „alternative Arbeitsmodelle" noch Entwicklungsbedarf haben. Aber es muss sich etwas bewegen, weil gerade die High Potentials Wert darauf legen, Familie und Arbeit unter einen Hut zu bringen. Wer seinen Führungskräften da entgegenkommt, hat enorme Vorteile. Einer meiner Kunden hat Büros in ganz Deutschland und hatte keine Vorgaben zum Arbeitsstandort für den gesuchten Kandidaten gemacht. Er könne von überall arbeiten und müsse nicht am Standort der Konzernmutter sitzen. Das gab mir die Möglichkeit, nach den Leuten zu suchen, die die Aufgabe am besten bewerkstelligen können – und nicht nach denen, die bereit sind, für einen Job umzuziehen.

Es gibt also viele Unternehmen, die nicht den bestmöglichen Kandidaten für eine Aufgabe bekommen, weil ihnen eine Anwesenheitspräsenz im Konzerngebäude wichtiger ist?

Ja, das ist leider so. Und Unternehmen haben oft noch die Idee, dass jemand sein Privatleben dem Unternehmen komplett unterordnet. Das war vielleicht vor zehn Jahren noch so, heute nicht mehr. Wenn sie jemanden zwingen, komplett für einen Job umzuziehen, dann hat dieser Mensch das Gefühl, schon unglaublich viel für das Unternehmen aufgegeben zu haben. Und er fragt: Was tut das Unternehmen jetzt für mich? Firmen, die da großzügiger sind, motivieren neue Mitarbeiter in einem Maße, das sie meist gar nicht einschätzen können. Es ist besser, dem Mitarbeiter mehr Vertrauen zu schenken und seine Ansprüche überzuerfüllen. Damit schaffen sie eine ganz andere Grundlage für die Einsatzbereitschaft.

Gilt das für Kandidaten im Bereich e-Commerce/Internet ganz besonders?

Ja, weil es in diesem Segment ungleich mehr und unterschiedliche Unternehmensstrukturen gibt als in anderen Bereichen. Das Phänomen des Startups finden Sie im klassischen Handel oder in der Logistik wesentlich seltener. Viele der Kandidaten haben schon für Unternehmen aus Frankreich, England oder USA gearbeitet und dort wesentlich flexiblere Arbeitsumfelder kennengelernt.

Was macht ein Unternehmen im Bereich e-Commerce attraktiv für High Potentials?

Aufstiegschancen – vor allem, wenn sich das Unternehmen selbst schnell entwickelt. Sie sehen das als Turbo für die Karriere. Und dann natürlich die Strahlkraft der Marke.

Wenn es nicht gerade um google, ebay oder facebook geht, haben ja viele Unternehmen der Internetbranche nur eine begrenzte Marken-Strahlkraft, oder?

Das ist ein großes Problem der Branche. Es gibt eine Unzahl von Unternehmen, die niemand kennt. Diese benötigen umso mehr die Hilfe von Personalberatern. Da gibt es einfach größeren Erklärungsbedarf – und den können wir Personalberater befriedigen. Wir legen die Unternehmenskultur dar, die Produkte und die geplante Entwicklung. Was ist speziell an dieser Firma? Warum könnte das für den Kandidaten passen? Als Berater habe ich die Möglichkeit, dem Kandidaten im Gespräch zu erläutern, warum genau dieses Unternehmen richtig für seine Person, für seine berufliche Planung ist. Diese Firmen würden bei vielen durchs Raster fallen, weil sie schlichtweg zu unbekannt sind. Es ist auch für Personalberater schwierig, in dieser Szene den Überblick über das Internet-Ecosystem zu behalten. Vor allem Generalisten stoßen an ihre Grenzen. Es ist etwas anderes, ob ich den kaufmännischen Leiter für einen Schraubenhersteller suche oder einen Yield-Management-Spezialisten für einen Internetdienstleister.

Als Personalberaterin für das Internet- und e-Commerce-Segment sind Sie gut im Geschäft. Müssen sich ihre Kollegen, die sich auf den klassischen, stationären Handel konzentrieren, Sorgen um ihren Job machen?

Natürlich wird es dort Veränderungen geben und unzweifelhaft wird der e-Commerce-Anteil stark wachsen. Aber die Rollen des Internets und des stationären Einzelhandels müssen sich erst noch entwickeln. Im Moment geht der Trend in Richtung Multichannel. Man guckt im Laden und kauft im Internet – und umgekehrt. Aber man wird die USPs der verschiedenen Retail-Kanäle schärfen. Ich könnte mir vorstellen, dass im stationären Handel Themen wie Showroom, Inspiration und Kauferlebnis eine viel größere Rolle spielen werden. Das sieht man bereits heute an Flagshipstores wie denen von Apple, aber auch an den Luxuskaufhäusern oder den Themenpräsentationen, wie sie etwa in den Geschäften der Handelskette Depot üblich sind. Es wird auch weiterhin Konzepte geben, die im stationären Handel funktionieren.

Fakt ist aber ja, dass der Internetbereich wächst und dafür Fachkräfte gesucht werden. Im gleichen Maße schrumpft der klassische, stationäre Handel.

Ich glaube auch, dass der Anteil der Personalberater im Internetbereich unterproportional ist. Das liegt aber daran, dass nur die Berater erfolgreich sein können, die sich zu 100 % auf diesen Markt konzentrieren und seine Besonderheiten kennen. „Ich mach jetzt auch mal Internet" geht für Personalberater nicht.

Was unterscheidet einen guten von einem weniger guten Personalberater?

Inhaltliche Kompetenz. Ein guter Berater braucht auf der einen Seite das wirtschaftliche Verständnis, eine Kenntnis unterschiedlicher Unternehmensstrukturen, eine sehr gute Menschenkenntnis. Das ist die Basis. Im Bereich e-Commerce und Internet benötigt man eine hohe inhaltliche Kompetenz on top.

Personalberater vs. Social-Media-Suche?
Eine von XING in Auftrag gegebene repräsentative Forsa-Studie hat Personalentscheider nach ihren Erfahrungen im Umgang mit Social Media befragt. An der Umfrage haben 201 Personaler aus Unternehmen teilgenommen, die mindestens 50 Mitarbeiter haben. Dabei zeigte sich, dass bereits fast jeder dritte Personalentscheider (30 %) Social-Media-Plattformen für die Personalsuche nutzt. Die Forsa-Umfrage zeigt weiterhin, dass der Einsatz von Social Media zur Direktsuche und Ansprache von Kandidaten Kosten für die Beauftragung von Personalberatungen reduziert: Hier gibt jeder dritte Personalentscheider an, dass in seinem Unternehmen weniger Geld für Personalberater ausgegeben wird als vorher. Wenn es um die Suche nach Berufseinsteigern geht, spart sogar die Hälfte aller Unternehmen, die Social Media zur Direktsuche und Ansprache nutzen, entsprechende Kosten ein. Bei Fachkräften geben 38 % der Personaler weniger Geld für externe Personaldienstleister aus. Bei der Suche nach Vorständen bzw. Geschäftsführern sind es 11 %. Knapp jeder vierte Personalentscheider (23 %) sagt, dass in seinem Unternehmen geplant ist, die direkte Personalsuche und Kandidatenansprache künftig stärker einzusetzen. Bei denjenigen, die bereits Social Media zu diesem Zweck nutzen, liegt der Anteil sogar bei 59 %.

Über welche Kanäle suchen Sie hauptsächlich nach Kandidaten für e-Commerce und Internet?

Da ich seit 15 Jahren auf diesen Bereich spezialisiert bin, verfüge ich über eine große und hervorragend funktionierende Datenbank. Die – mit Zustimmung der Personen – gespeicherten Informationen sind wesentlich umfangreicher als die, die ich auf Xing, LinkedIn oder anderen sozialen Plattformen finde. Das ist meine erste Quelle. Dann erstellen wir zu jedem Projekt eine Zielfirmenliste. Das heißt, wir identifizieren Unternehmen, die seitens der Struktur, des Geschäftsfeldes und der Unternehmenskultur zu dem suchenden Unternehmen passen, in denen wir passende Kandidaten erwarten. Auf Basis dieses Gebildes aus vorhandenen Kandidaten, Empfehlungen und dem systematischen Ansatz recherchieren wir potenzielle Kandidaten. Das geschieht telefonisch, über eine Internetsuche, aber dann auch über Plattformen wie Xing und LinkedIn.

Die ja vermehrt spezielle Services und Instrumente für Headhunter anbieten.

… die wir aber nicht nutzen, weil sie noch immer weit hinter dem zurückbleiben, was wir mit unserer eigenen Datenbank erreichen können.

Setzen Sie überhaupt Business-Netzwerke wie Xing ein?

Ich habe einen Premium-Account bei Xing und einen Free Account bei LinkedIn. Wenn, dann nutze ich Xing sehr gezielt. Wir sagen nicht, zeig mir mal alle Kandidaten, die Online-Marketing machen und drei Jahre Berufserfahrung haben. Das wäre zu kurz gesprungen. Wir nutzen die Plattformen vor allem, um Kandidaten anzusprechen, die wir schon kennen oder identifiziert haben. Früher hat man einfach einen Kandidaten im Büro angerufen. Für beide Seiten war das manchmal etwas mühsam. Inzwischen sprechen wir Kandidaten gezielt über Xing an. Sie kennen dann den Namen, wissen, worum es geht. Bei dieser sehr gezielten Ansprache haben wir eine Rücklaufquote von weit über 50 %. Bei Top-Positionen liegt die Quote bei 80 %. Der Grund ist nicht immer, dass die Angesprochenen sich für den Job interessieren, sondern die Tatsache, dass sie das Gefühl haben, da kennt mich wirklich jemand. Da hat sich jemand mit mir auseinandergesetzt. Es geht um den persönlichen Kontakt. Viele Verantwortliche von Personalabteilungen verlassen sich einfach auf automatisierte Suchinstrumente. Das klappt aber nicht.

„Top-Leute werden immer rarer", sagt Jürgen Mülder, einer der bekanntesten deutschen Headhunter. Trifft das auch auf e-Commerce und Internet zu?

Nein. Ich würde eher sagen, es gibt inzwischen mehr Top-Leute. Die ganze Ausbildung für ehrgeizige, ambitionierte Fachkräfte ist viel besser und umfangreicher geworden. Viele der High Potentials haben promoviert, Auslandsaufenthalte hinter sich und gehen schneller durchs Studium. Die Anforderungen der Wirtschaft sind jungen Leuten heute auch viel bewusster als früher. Die qualifizieren sich gezielter für das, was sie beruflich machen wollen.

Nach Bankskandalen, Fehlspekulationen, Firmenpleiten, Bordellbesuchen auf Firmenkosten und hanebüchenen Managementfehlern wurde viel über die Verantwortung von Personalberatern gesprochen, wenn es darum geht, Kandidaten zu finden, die integer sind, moralische Ansprüche haben und für die positiven Werte der westlichen Industriegesellschaft stehen. Legen Personalberater heute tatsächlich einen größeren Fokus auf Werte und Moral?

Ich lege inzwischen auf die persönliche Komponente viel mehr Wert als früher. Ich versuche auch, Unternehmen dahingehend zu bestärken, dieser Komponente gegenüber der fachlichen Qualifikation einen höheren Wert beizumessen. Wenn sie reife, reflektierte Persönlichkeiten für Führungspositionen gewinnen können, hat das einen positiven Einfluss auf das gesamte Unternehmen. Ja, auf die gesamte Arbeitswelt.

Über das schwierige Geschäft mit der Suche nach Spitzenpersonal für den Hochschulsektor

Klaus Landfried

Die Qualität einer Hochschule wird maßgeblich von der Qualität der in ihr tätigen Menschen geprägt. Dabei spielt nicht nur die Fachkompetenz eine Rolle, sondern auch die charakterlichen Eigenschaften des Spitzenpersonals. Dies gilt für alle Aspekte des Wissenschaftsbetriebs: für die Forschung, die Lehre, den Wissenstransfer im Dialog mit der Gesellschaft und die wissenschaftliche Weiterbildung.

Dennoch gibt es in der akademischen Subkultur auch Widerstand gegen den Einsatz moderner Instrumente der Personalentwicklung und Personalauswahl. Dafür gibt es mehrere Gründe. Der wichtigste Faktor ist wohl die ideologisch bedingte Ablehnung einer „unternehmerischen Hochschule", wie sie in Deutschland vor allem Detlev Müller-Böling beschrieben hat – der ehemalige Chef des gemeinnützigen Centrums für Hochschul-Entwicklung.

Ideologisch bedingt heißt nicht, dass nur links stehende Hochschulangehörige zu den Gegnern des Konzepts von Müller-Böling zählen. Auch konservative Kreise werfen den Anhängern Müller-Bölings Willfährigkeit gegenüber Konzernen und Verrat an den Idealen Wilhelm von Humboldts vor.

Hier ist nicht der Platz, auf die grundsätzlich falschen, leider auch noch teils wirren Argumente der Ewiggestrigen und Pseudorevolutionäre einzugehen. Doch muss man diesen Hintergrund kennen, um zu verstehen, warum die Einschaltung von externen Personalberatern in akademischen Gremien zum Teil auf vehemente Ablehnung stößt.

Außenstehenden erscheinen die Berufungsverfahren der Hochschulen streng und fachorientiert. Wer genauer hinsieht, muss feststellen, dass oftmals Seilschaften am Werk sind. Es geht um Netzwerke oder Zitierkartelle, die die Auswahlverfahren so beeinflussen, dass selbst hoch befähigte Bewerber scheitern können.

Prof. Dr. K. Landfried (✉)
Albert-Ueberlestr. 9,
69120 Heidelberg, Deutschland
E-Mail: k.landfried@web.de

Aus Seilschaften können auch „Flaschenzüge" werden, hat Wolfgang Frühwald einmal gesagt – der frühere Präsident der Deutschen Forschungs-Gemeinschaft und der Alexander-von-Humboldt-Stiftung. Natürlich hängen die hier angedeuteten Qualitätsrisiken zusammen mit dem von einer bestimmten Juristenschule zum Grundrecht stilisierten „Recht der Fakultäten auf Selbstergänzung".

Dieses Recht führt letztlich dazu, dass eine Überprüfung der Qualität der Auswahlvorgänge durch externe Fachleute so gut wie ausgeschlossen bleibt. Es bleibt nur die Hoffnung, die Hochschulen würden sich schon selbst um Qualität bemühen. Ich habe Zweifel, dass dies gelingen wird.

Die deutsche Hochschullandschaft gleicht einem Flickenteppich. Man denke nur an die Schwierigkeiten, Studienleistungen oder auch Lehramts-Abschlüsse zum Beispiel aus Nordrhein-Westfalen in Hessen anerkannt zu bekommen. Oder an die unterschiedlichen Gesetzesvorschriften für das Handeln der Hochschulen als Institutionen.

Den durch die höchst unterschiedliche Finanzausstattung verzerrten Wettbewerb der Hochschulen beeinträchtigen auch die Folgen der unsinnigen Föderalismus-Reform aus dem Jahr 2006. Hierdurch wurden bestimmte positive Regelungen im Grundgesetz, die von der Großen Koalition 1966–1969 aus guten Gründen aufgenommen wurden, beseitigt. Es geht um Regelungen, die eine enge Zusammenarbeit bei Planung und Ausbau der Hochschulen zwischen Bund und Ländern sowie zwischen den Ländern ermöglicht, ja gottlob erzwungen hatten. Jetzt aber wächst bei den Hochschulen auseinander, was eigentlich zusammengehört.

Wenn es um mehr Eigenverantwortung der Hochschulen geht, so sind bis jetzt allenfalls positive Trends zu beobachten. In den Hochschulen selbst aber hapert es oft noch mit der Umsetzung. Vor allem fehlt oft die nötige Courage. Was nützt ein Hochschulfreiheitsgesetz wie in Nordrhein-Westfalen, wenn viele der Beteiligten, bei der Ministerialverwaltung wie bei den Hochschulen, nicht sinnvoll damit umgehen *können*?

Das alles hat natürlich auch Folgen für die Arbeit der Executive Search Consultants, also jener Berater, deren Geschäft es ist, Spitzenkräfte zu suchen.

Die nun folgenden vier Thesen und die aus ihnen abgeleiteten vier Empfehlungen können eine praktische Wirkung erst dann entfalten, wenn Hochschulen und Forschungseinrichtungen in Deutschland künftig mehr als bisher in einem *fairen* Wettbewerb zu einander stehen und dabei spürbar mehr Eigenverantwortung praktizieren – bei der Gestaltung ihrer Angebote und ihrer Qualitäts-Sicherungsverfahren, beim Umgang mit ihren Ressourcen und bei der Rekrutierung, Bezahlung und Entwicklung ihres Personals.

These 1

Moderne Hochschulen sind heute auf Grund ihrer Größe nur noch als Unternehmen in der Wissenschaft, also als Unternehmen ganz eigener Art, sinnvoll organisierbar. Die Bräuche feudalistischer Kollegial-Korporationen nach dem Vorbild des 19. und frühen 20. Jahrhunderts gehören in die Geschichtsbücher.

Natürlich sind Hochschulen keine Gewerbebetriebe und können auch nicht wie solche geführt werden. Die Wissenschaftskultur ist von Kreativität gekennzeichnet, und Kreativität ist nicht planbar. Die Hochschulen arbeiten sozusagen in Erwartung des Unerwarteten. Das erfordert eine ganz eigene Form der Führung. Hierbei geht es um vor allem um Kommunikation als Basis auch schwieriger Strukturentscheidungen.

Hochschulen brauchen eine Personalentwicklung, die stärker darauf abzielt, den Einzelnen zu stärken. Personalentwicklung ist aber im ganzen öffentlichen Dienst in Deutschland fast noch ein Fremdwort. Zaghafte Anfänge gibt es im Hochschulbereich. Aber was schon im 20. Jahrhundert die Leistungsfähigkeit in der Wissenschaft zu beeinträchtigen begann, – und damals waren die Universitäten noch überschaubar, im Verhältnis zu heute winzig – ist heute nicht mehr mit den eigentlichen Aufgaben der Hochschulen zu vereinbaren.

Mit anderen Worten: Die überlieferte Form einer angeblich demokratischen, akademischen Selbstverwaltung bedarf einer grundlegenden Modernisierung und einer aufgabenbezogenen Professionalisierung.

So ist zum Beispiel das noch vielerorts gebräuchliche Rotationsprinzip bei der Leitung von Fakultäten nicht mehr sinnvoll. Und ebenso wenig die starke Hierarchisierung der Personalstruktur. Besonders offensichtlich und nachteilig in der Medizin, aber nicht nur dort.

Das von manchen zum Grundrecht stilisierte „Recht der Fakultäten auf Selbstergänzung" (siehe oben) kann in seiner reinen Form künftig keinen Bestand haben.

Dass die Fakultäten und Fachbereiche maßgeblich an der Rekrutierung ihres wissenschaftlichen Personals beteiligt sein müssen, ist aber dabei ebenso klar wie die Notwendigkeit, in den Verfahren auch externen – universitätsexternen, aber natürlich fachkundigen – Sachverstand mit vollen Beteiligungsrechten hinzuzuziehen, und zwar nicht nur für Gutachten.

Um eventuelle Missverständnisse an dieser Stelle auszuschließen: Es kann nicht darum gehen, in ein Berufungsverfahren für eine Professur zum Beispiel in Materialwissenschaften einen erfahrenen Banker oder eine profilierte Journalistin einzubeziehen, sondern nur darum, einige im *Fach* kompetente Personen aus Unternehmen, Verbänden und internationaler Wissenschaft zu beteiligen.

Noch ein Aspekt, für den man eigentlich eine eigene These formulieren müsste: Über die Hälfte der Hochschulabsolventen in Deutschland sind Frauen, bei den Promovierten sind es noch 41 %, bei den Habilitierten 22 %, bei den Professoren knapp 15 % – und bei den Rektoren bzw. Präsidenten nur noch sieben Prozent.

Die Zahlen zeigen, dass Deutschland hier aufholen muss, wenn es nicht auf den Einfallsreichtum und das Führungspotenzial eines großen Teils seiner Akademikerinnen verzichten will.

Gerade auch deswegen ist die Hinzuziehung externer Fachleute unerlässlich. Dadurch schafft man Transparenz der Verfahren und zwingt die Kommissionen, ihre Entscheidungen noch stärker sachlich zu begründen.

Zwar gibt es an dieser Front bereits Fortschritte. Ich sehe aber immer wieder Fälle, bei denen hoch qualifizierte Frauen bei Auswahlverfahren für Spitzenpositionen benachteiligt werden – meist subtil über sogenannte Geweihträger-Netzwerke (Platzhirsch & Co.). Eine bessere Überprüfbarkeit der Verfahren und eine – befristete – Einführung einer Quote nach dem Vorbild Norwegens würden den Aufholprozess sicher beschleunigen.

These 2

Wer als Führungskraft in einem Unternehmen der Wissenschaft Erfolg haben will, muss wissen, wie die Wissenschaft tickt. Die Frauen und Männer in den Spitzenpositionen von Hochschulen und Wissenschafts-Organisationen müssen Forschung und Lehre kennen. Sie müssen außerdem wissen, dass sie sich mit der Übernahme eines Führungsamts von der aktiven Beteiligung an der fachwissenschaftlichen Diskussion für viele Jahre, ja in der Regel für immer verabschieden.

Das Risiko, dass die Führungskraft den Kontakt zur wissenschaftlichen Basis verliert, muss durch spezielle Kommunikations-Strukturen verringert werden. Für ihre Amtsführung benötigen die Führungskräfte ein zusätzliches praktisches Training, das in der Ausbildung zum Fach-Wissenschaftler bisher nicht vorkommt.

Organisationskompetenz, Führungskompetenz in größeren, komplexen, „diversen" Organisationen und interkulturelle Kommunikations-Kompetenz können und müssen in großen Forscher-Gruppen, aber auch in Planspielen und anderen neuen Lernformen erworben und geübt werden.

Es gibt zwar bereits Trainingsprogramme auf nationaler wie vor allem internationaler Ebene. Diese sind jedoch nicht optimal konzipiert und werden außerdem viel zu wenig genutzt.

Sie neu und in größerer Breite nicht nur für potezielle Kandidaten für akademische Führungsämter, sondern auch schon für Nachwuchswissenschaftler in aller

Breite zu etablieren, ist eine dringliche Aufgabe. Das neue Programm für Nachwuchswissenschaftler, das vom Zentrum für Wissenschaftsmanagement in Speyer, dem Deutschen Krebsforschungszentrum und der Universität Heidelberg sowie dem Chemiekonzern BASF auf den Weg gebracht wurde, kann hier als Pilotprojekt einen neuen Anstoß geben.

An solchen Trainings-Programmen könnten und sollten sich auch Personalberater beteiligen. Das wäre zumindest ein Weg, um die vielfach großen Vorbehalte abzubauen, mit denen die Berater in der Wissenschaft zu kämpfen haben.

These 3

Nötig ist eine langfristig angelegte Personalplanung. Sie muss sich einerseits am nüchtern analysierten Potenzial der verschiedenen Fachgebiete und seinen Stärken und Schwächen orientieren, andererseits an den mittelfristig freiwerdenden Professuren (und Mitarbeiter-Positionen) sowohl auf der Ebene der Fakultät wie auch der gesamten Hochschule.

Hierbei ist nicht nur auf eine ausgewogene Altersstruktur zu achten. Auch Methoden der Portfolio-Bewertung sollten (behutsam) genutzt werden.

Auch hier sehe ich Chancen, dass Hochschulen und Personalberater künftig mehr kooperieren. Die Consultants sollten sich dabei aber vor Augen halten, dass hier keine fetten Honorare winken. Grund: Die vergleichsweise bescheidenen Gehälter im Hochschulsektor, die irgendwo zwischen 60.000 und 130.000 € liegen (in ganz seltenen Fällen noch etwas darüber).

Diese Situation wird sich erst in einigen Jahren ändern, wenn man über einen größeren Pool von Führungskräften verfügt, in dem sich auch Frauen und Männer befinden, die außerhalb der Hochschulen einsetzbar sind. Erst dann dürfte das Geschäft mit der Suche nach Spitzenkräften für den Hochschulsektor lukrativer werden.

These 4

Vor allem bei der Besetzung von Leitungspositionen, aber auch bei der Besetzung von sogenannten Eck- bzw. Spitzen-Professuren ist seit Jahren zu beobachten, dass die traditionellen Verfahren nur noch selten optimale Ergebnisse hervorbringen.

Ich meine damit vor allem, dass fast immer nur eine Findungs- oder Berufungskommission mit der Suchaufgabe betraut wird, dass oft lediglich im nationalen Raum ausgeschrieben wird, und dass dann die Auswahl nur unter den eingegangenen Bewerbungen erfolgt, mithin Vorschläge an Fakultät und Senat oder andere vom Gesetz her vorgesehene Entscheidungsinstanzen gehen. So kann man das Potenzial an geeigneten Personen nicht ausschöpfen.

Gute oder gar hervorragende Wissenschaftler für einen Rektorenjob oder einen Präsidentenposten zu gewinnen, ist fast schon ein Ding der Unmöglichkeit. Dies liegt unter anderem an dem Trend, dass sich viele intelligente Menschen nicht mehr wie früher für Positionen interessieren, in denen sie dem Allgemeinwohl dienen, aber dafür nicht wirklich angemessen bezahlt werden. Hinzu kommt, dass der Job selten vergnügungssteuerpflichtig ist, da man oft ebenso schonungsloser wie unsachlicher Kritik ausgesetzt ist. Da ist es weitaus attraktiver, sich auf sein Spezialgebiet zu konzentrieren. Hier kann einem niemand zu nahe treten. Hier wird man in Ruhe gelassen.

Ich habe bereits angedeutet, dass Wissenschaftler, die einen Job an der Spitze einer Hochschule anstreben, ihre Fach-Karriere beenden müssen. Die wenigsten kehren in die Wissenschaft zurück, wenn sie ihren Führungsposten verlassen. Und: Die Gehälter, die in Deutschland gezahlt werden, halten dem internationalen Vergleich nicht stand. Nicht nur amerikanische Universitäten zahlen besser, sondern auch die Hochschulen in den Niederlanden, Großbritannien, Österreich oder der Schweiz.

Was viele talentierte Spitzenkräfte mindestens genauso verschreckt, wie die oben genannten Missstände, sind die oft länger anhaltenden, öffentlichen, auch schon universitätsöffentlichen Personaldiskussionen in der Findungsphase. Selbst hoch angesehene Persönlichkeiten, deren aktive Ansprache für eine Auswahl erwogen wird, werden auf diese Weise „verbrannt" – noch bevor überhaupt eine Entscheidung gefallen ist. Dies selbst dann, wenn sie sich nicht einmal zu einer Kandidatur bereit erklärt haben.

Wer sich im universitären Wahlkampf rhetorisch gut schlägt, muss nicht unbedingt über die Fähigkeit verfügen, eine große Organisation zu leiten und die dafür nötige, nachhaltige Kommunikationskultur nach innen und nach außen zu pflegen. Immer weniger fühlen sich daher die Besten zu einer – sichtbaren – Bewerbung veranlasst.

Als Konsequenz der hier skizzierten Probleme und auf dem Hintergrund eigener Erfahrungen als Personalberater (ich bin seit 2004 auf diesem Gebiet tätig), rege ich an, die bisherigen Verfahren auf allen Ebenen zu modernisieren, insbesondere aber folgende Schritte zu unternehmen:

- Die Findungs- und Berufungskommissionen brauchen externen Sachverstand. Sie müssen sich für fachkundige, hochschulexterne Mitglieder öffnen. Diese dürfen in den Verfahren keine persönlichen Interessen vertreten. Nie-

dersachsen hat nach meiner Kenntnis bisher als einziges Bundesland eine solche Regelung in sein Hochschulgesetz aufgenommen. Das kann in einzelnen Fällen auch vollständig extern besetzte Kommissionen bedeuten.
- Der Findungsprozess, der der Besetzung von Führungsposten an den Hochschulen vorausgeht, sollte durch *fachkundige*, vor allem in der Wissenschaftskultur erfahrene, externe Berater begleitet und moderiert werden. Die Berater sollen dabei nicht nur helfen, Anforderungsprofile zu erstellen. Sie sollten systematisch und gezielt und unter Wahrung der Diskretion geeignete Personen aktiv ansprechen – auch und gerade solche, die sich nicht von sich aus bewerben würden. Und: Die Berater sollen die Kommissionen bei der sachlichen Bewertung und Auswahl der Kandidaten unterstützen.
- Die Auswahlgespräche, die die Kommissionen führen, müssen auf der Basis gut gegliederter Vorlagen erfolgen. Die Vorlagen müssen die Kompetenzen und das Potenzial der Personen deutlich erkennbar machen. Auch ein standardisierter, auf den konkreten Fall bezogener Fragenkatalog ist für den Auswahlprozess unabdingbar. Die Hochschulen sollen sich dabei neben den speziell aus der Wissenschaft sich ergebenden Kriterien auch an jenen Standards orientieren, die die Berater für die Auswahl von Top-Managern geschaffen haben. Diskretion in der Suchphase gehört zu den Grundregeln. Diskretion schützt alle Beteiligten vor äußerem Druck. Ich habe selbst bei Übernahme eines Mandats deutlich gemacht, dass ich meine Mitwirkung beenden würde, sollte die Vetraulichkeit in dieser ersten Phase nicht gewahrt werden. Zu einem solchen Schritt ist es aber nicht gekommen.
- Das heißt nicht, dass man die Arbeitsweise großer Personalberatungsfirmen eins zu eins auf den Hochschulsektor übertragen sollte. Denn schließlich haben einige bekannte Unternehmen der Beraterbranche schon einiges Porzellan zerschlagen, weil sie Suchaufträge angenommen haben, obwohl sie weder die Hochschulkultur noch geeignete Personen für die vakanten Stellen kannten. Und: Einer der bekanntesten Personalberatungsfirmen der Welt sind ausgerechnet bei der Wahrung der Diskretion grobe Fehler unterlaufen.
- Berater, die über kein Beziehungsnetz in der Hochschulwelt verfügen, unterschätzen, wie komplex, das heißt mehrdimensional und zum großen Teil irrational die Findungsprozesse in den Hochschulen ablaufen.
- Ich habe Fälle erlebt, wo Findungskommissionen forderten, der Consultant möge bitteschön wie ein Under-Cover-Agent arbeiten, quasi unsichtbar, so dass seine Vorschläge als Leistungen der Findungskommission verkauft werden können. Begründung: Man wolle jenen Kritikern den Wind aus den Segeln nehmen, die gegen die Einschaltung eines externen Beraters sind.

- Headhunter, die sich trotz der genannten Schwierigkeiten für derlei Aufträge bewerben wollen, müssen die verschiedenen internen Machtzentren der Hochschulen kennen und bei den im konkreten Fall entscheidenden Gruppen eine Zustimmung oder doch eine Mehrheit für die vorgeschlagene Personallösung in Verhandlungen erarbeiten. Und sie müssen wissen, dass dabei Zeitaufwand, Kosten und Honorare in vielen Fällen in ein kaum mehr zu vertretendes Unverhältnis zu einander geraten.
- Manche Personalberatungsfirmen bieten ihren Klienten das sogenannte Onboarding an – eine ergänzende Dienstleistung neben der Suche nach Spitzenpersonal. Dabei begleitet der Berater eine platzierte Führungskraft so lange, wie dies sinnvoll und von den Beteiligten gewünscht ist. Es wäre gut, wenn diese Dienstleistung auch im Hochschulbereich Anklang fände.
- Mit zum traditionellen Beratungsportfolio gehört es, dass der Berater im Vorfeld der Besetzung Fragen des Gehalts und der Pension oder der Absicherung nach dem Ende der Amtszeit klärt und so dafür sorgt, dass die Führungskraft nicht nach Wahl und Bestätigung wieder abspringt – so wie das in jüngerer Vergangenheit mehrfach geschehen ist. In einigen Fällen kann es sich auch als nützlich, weil vertrauensbildend erweisen, wenn der Berater vertrauliche Gespräche der Kandidaten mit unterschiedlichen Gremienmitgliedern der Hochschule im Vorfeld der Entscheidung vermittelt. Ich selbst habe damit gute Erfahrungen gemacht.
- Nach meiner Erfahrung ist es in der Regel am besten, wenn in der Hochschule selbst eine geeignete Persönlichkeit für den Spitzenposten gefunden wird. Bei der Besetzung von Leitungspositionen in Hochschulen und Forschungseinrichtungen sollten aber vor allem solche Wissenschaftlerinnen und Wissenschaftler Vorrang haben, die Trainingsprogramme in Führungs- und Organisationsfragen absolviert oder einschlägige Kompetenzen auf andere Weise erworben haben.
- Einarbeitung und Übergangszeiten im neuen Amt verkürzen sich dadurch. Auch ist die leidige Frage der Absicherung bei einem Ausscheiden aus dem Amt vor Eintritt ins Ruhestandsalter in einem solchen Fall leichter gelöst. Voraussetzung für eine solche Lösung ist aber, dass eine spezielle Personalentwicklung in Richtung auf Führungspositionen in der Hochschule betrieben wurde.
- Die Besetzung von Spitzenposten durch externe Führungskräfte empfiehlt sich vor allem bei Hochschulen, die im Modernisierungsstau stecken. Garantien, dass eine externe Lösung funktioniert, gibt es keine. Selbst in den USA kommen immer wieder Fälle vor, in denen von Personalberatern vorgeschla-

gene und dann auch vom Board ernannte Personen vor dem Ende ihrer Amtszeit das Handtuch werfen.
- In Deutschland sind die Verhältnisse mit weitaus mehr Risiken belastet als in den Vereinigten Staaten oder in Nachbarländern wie den Niederlanden und Dänemark. Grund: Bei uns werden die Hochschulleitungen noch immer von Laien-Gremien gewählt oder zumindest bestätigt. „Laien" hinsichtlich der Kompetenz in Organisations- und Führungsfragen. Und: Amtsinhaber sind oftmals lähmenden Pressionen ausgesetzt, wenn sie eine Wiederwahl anstreben.
- Die erwähnten Trainingsprogramme können diese Risiken mindern, aber nicht ausschließen. Werden solche Trainingsprogramme gezielt und in aller Breite auch für Nachwuchskräfte angeboten, und ermöglichen die jeweiligen Einrichtungen diesen Personen auch die Teilnahme, so wird dies mittelfristig dazu beitragen, die gegenwärtigen Personal-Engpässe zu beseitigen.
- Es werden sich dann auch mehr charakterlich geeignete Führungskräfte finden, also Personen, die bereit sind, sich zu engagieren und für die ganze Einrichtung persönliche Verantwortung zu übernehmen.
- Programme wie „MuT" (Mentoring und Training) in Baden-Württemberg sind ein Schritt in die richtige Richtung. So werden speziell die Führungskompetenzen von Frauen in der Wissenschaft gestärkt. Denn Rektorinnen und Präsidentinnen gibt es in Deutschland noch immer viel zu wenige.

Legal Search

Olaf Hopp

Legal Search – das ist eine Nische im Markt für Executive Search Consulting. Legal Search Consultants suchen nach hoch qualifizierten Juristen. Dabei unterscheiden sie zwischen In-House Practice und Private Practice. Im ersteren Fall sind die Auftraggeber Banken, Versicherungen und andere Unternehmen der Privatwirtschaft. Private Practice ist das Geschäft mit der Suche nach Juristen für Anwaltskanzleien.

In dieser Nische bewegten sich lange Zeit fast ausschließlich Spezialisten aus den etablierten großen Beratungshäusern. Das hat sich geändert: Seit einigen Jahren gibt es eine überschaubare Zahl von Executive-Search-Boutiquen, die mit den etablierten Anbietern um Aufträge konkurrieren. Eine dieser Boutiquen ist HOPP PSC. Im deutschsprachigen Raum gehören wir zu den führenden Anbietern von Legal Search.

Neben den Headhuntern gab und gibt es die Legal Recruiter – Personalvermittler, die auf Erfolgsbasis und für viele Klienten gleichzeitig arbeiten. Recruiter sammeln Kandidatenprofile – teilweise mit selbst finanzierten Inseraten. Sie versenden die Profile an eine beliebige Zahl von potenziellen Klienten. Wenn es aber um erfahrene Top-Juristen geht, haben die Recruiter wenig zu melden.

In-House Practice

Juristen an der Spitze eines Großkonzerns? Da fallen einem doch sofort Namen wie Heinrich von Pierer oder Johannes Teyssen ein. Der ehemalige Siemens-Chef und der Vorstandsvorsitzende des Düsseldorfer Energieriesen Eon sind jedoch

O. Hopp (✉)
HOPP PSC, Bockenheimer Landstraße 17/19,
60325 Frankfurt am Main, Deutschland
E-Mail: info@hopp-psc.com

D. Hofmann, G. Bergert (Hrsg.), *Headhunter*,
DOI 10.1007/978-3-658-02456-7_9, © Springer Fachmedien Wiesbaden 2014

eher Ausnahmen von der Regel. Die meisten Top-Manager haben Betriebs- oder Volkswirtschaft studiert.

Das heißt aber nicht, dass juristischer Sachverstand in den Führungsetagen nicht mehr gefragt wäre. In letzter Zeit ist eher das Gegenteil der Fall. So sind zum Beispiel die Themen Recht und Compliance in einigen bekannten Konzernen auf Vorstandsebene angesiedelt worden. Jüngstes Beispiel ist die des Essener Anlagenbauers Ferrostaal, der den Juristen Andreas Pohlmann abgeworben hatte. Pohlmann hatte als Chief Compliance Officer beim Münchner Technologiekonzern Siemens hervorragende Arbeit geleistet. Weitere Beispiele für Juristen im Vorstand sind die Deutsche Bahn (Gerd Becht), die Deutsche Telekom (Manfred Balz) und die Siemens AG, bei der Vorstandsmitglied Peter Y. Solmssen vorübergehend die Aufgaben von Pohlmann mit übernommen hatte.

Juristen arbeiten sowohl im Stab wie in der Linie. Als Linienmanager tragen sie Verantwortung für das operative Geschäft und sind in der Regel etwas breiter aufgestellt. Als Stabsmanager findet man sie vor allem in der Rechtsabteilung. Sie beraten Vorstände und Geschäftsführer, Mitarbeiter von Fachabteilungen, Außendienstler und Kunden in nahezu allen Rechtsangelegenheiten. Der Trend in diesen Abteilungen geht hin zu einer stärkeren Strukturierung und Konzentrierung.

Syndikusanwalt, In-House Lawyer oder wie man sie auch immer nennt – gemeinsam ist diesen Experten, dass sie sich spezialisieren müssen, weil das Wirtschaftsrecht immer komplexer wird.

Unternehmensjuristen hatten einen schlechten Ruf. Sie galten als lästige Bedenkenträger, ja sogar als Verhinderer unternehmerischer Entscheidungen. Deswegen wurden sie oft erst dann gefragt, wenn Fakten geschaffen oder bereits Konflikte eskaliert waren. Heute ist das anders. Das Management bindet seine Juristen immer früher in Entscheidungsprozesse ein. Damit steigt einerseits der Einfluss der Rechtsabteilung, andererseits nimmt auch die Verantwortung der Juristen für den Unternehmenserfolg zu.

Das ist auch der Grund, weswegen zurzeit in vielen Unternehmen die Abläufe und Organisationsstrukturen dieser Abteilungen überprüft werden. Ziel ist es, sie fit zu machen für die Herausforderungen in einer wettbewerbsintensiven, globalen Wirtschaft. Schon allein deswegen gibt es hier immer wieder interessante Positionen zu besetzen.

Für diese Positionen suchen wir Headhunter meist Juristen, die bereits einige Jahre in einem Unternehmen oder einer Wirtschaftskanzlei tätig waren. Dabei kommt uns die Tatsache zur Hilfe, dass die Aufstiegschancen in Unternehmen mit niedriger Fluktuation und einer kleinen Rechtsabteilung begrenzt sind. Wer nicht warten will, bis der Chefsyndikus – der Leiter der Abteilung – in Ruhestand geht, muss seinen Arbeitgeber wechseln.

Dabei geht es selbstverständlich nicht nur um Vakanzen bei Großkonzernen, sondern auch um Schlüsselstellungen bei mittelständischen Unternehmen oder bei den Töchtern ausländischer Konzerne.

Für diese spannenden Jobs interessieren sich selbst namhafte Partner von Großkanzleien. Denn hier sind sie näher dran an den betriebswirtschaftlichen Entscheidungen, werden früh in Projekte einbezogen und haben durchaus herausfordernde Aufgaben zu bewältigen.

Private Practice

Aufträge im Bereich In-House Practice machen nur einen Teil unserer Arbeit aus. Das zweite Segment des Marktes nennt sich Private Practice – Executive Search für Rechtsanwaltskanzleien, speziell für solche, die wirtschaftsrechtlich ausgerichtet sind. Es handelt sich um ein ungemein vielfältiges Betätigungsfeld.

Bei der Bearbeitung eines Auftrags kommt es in erster Linie auf die Kenntnis des lokalen Anwaltsmarkts an. Ein internationales Netzwerk kann jedoch bei der Auftragsgewinnung hilfreich sein. Grund: Große, internationale Kanzleien mit Sitz im Ausland vergeben ihre Aufträge gelegentlich zentral an internationale Headhuntingfirmen. Berater, die sich nur auf nationaler Ebene bewegen, haben das Nachsehen.

Als ich mich 2004 als Spezialist für Legal Search selbstständig machte, stieß ich bei der Akquise von Aufträgen noch hier und da auf Ablehnung – insbesondere bei mittelgroßen Kanzleien. Viele Rechtsanwälte sagten, sie wollten anderen Kanzleien keine Mitarbeiter abwerben. Schließlich kannten sie die Partner konkurrierender Kanzleien mehr oder minder gut. Außerdem waren die Kanzleien vielfach auch nicht bereit, einem Personalberater ein angemessenes Honorar zu zahlen.

Das hat sich mittlerweile geändert. Heute arbeiten alle großen Sozietäten mit Personalberatern. Auch immer mehr mittelgroße Wirtschaftskanzleien vergeben Aufträge an Headhunter.

Kanzleien sind in der Regel als Partnerschaften organisiert. Im Allgemeinen existieren drei bis vier Hierarchieebenen in den Kanzleien:

- Equity Partner erwerben einen Anteil an der Sozietät und leisten hierfür in der Regel eine Einlage. Sie sind unmittelbar am Gewinn der Kanzlei beteiligt und haben volles Stimmrecht.
- „Partner werden in einer Wirtschaftskanzlei ist wie Bergsteigen", schreibt das „Handelsblatt". Der Aufstieg sei schweißtreibend und dauert meist Jahre. Deswegen hätten vor allem die Kanzleien aus dem angelsächsischen Raum „künst-

liche Steighilfen" in die Karriereleiter eingebaut. So gebe es dort Salary Partner, Non-Equity Partner, Fixed-share, Regional, Associated oder Junior Partner. All diese Titel bedeuten jedoch nicht, dass man Miteigentümer sei. Manche Salary Partner haben aber immerhin ein begrenztes Stimmrecht.

- Angestellte Anwälte werden gewöhnlich als Associates bezeichnet. Typischerweise handelt es sich hierbei um Juristen mit bis zu acht Jahren Berufserfahrung. Nach diesem Zeitraum wird normalerweise die Entscheidung über eine Partneraufnahme getroffen. Fällt diese negativ aus, muss der Associate in der Regel die Sozietät verlassen.
- In manchen Kanzleien gibt es auch sogenannte Counsel. Das sind Anwälte, die nicht zum Partner gewählt wurden, aber dennoch langfristig an die Kanzlei gebunden werden sollen. Dies kann zum Beispiel dann der Fall sein, wenn der Kandidat einen spezifischen Rechtsbereich verkörpert. Zwar erfreut sich der Titel Counsel immer größerer Beliebtheit, eigentlich ist er aber überflüssig. Denn Non-Equity Partner oder Salary Partner haben den gleichen Status, genießen aber ein höheres Ansehen und werden besser an die Kanzlei gebunden.

Partner, Teams und portables Geschäft

Die Suche nach Partnern und ganzen Teams ist die Königsdisziplin. Solche Aufträge sind zwar interessant und anspruchsvoll, gelegentlich aber auch sehr zeitraubend. Kein Wunder: Wir müssen zumeist viele Personen in den Entscheidungsprozess einbinden. Außerdem finden bei internationalen Kanzleien die Gespräche häufig im Ausland statt.

Die Gründe für einen Auftrag sind unterschiedlich. Manchmal müssen wir die Lücken füllen, wenn ein Partner oder ein Team abgewandert sind. Zumeist aber wollen unsere Klienten einen neuen Markt besetzen – sei es an einem neuen Standort oder in einem Rechtsgebiet, wo sie noch nicht über die gewünschte Präsenz verfügen.

Die Erwartungen unserer Klienten sind hoch, und es sind nicht nur große internationale Sozietäten, die Ansprüche stellen, sondern auch mittelständische Kanzleien. Darunter bisweilen solche, die den Durchbruch nach oben schaffen wollen und Spitzenjuristen suchen, die sich auf einem bestimmten Gebiet einen Namen gemacht haben. Solche Stars arbeiten meist für bekannte Großkanzleien und wechseln nur in seltenen Ausnahmefällen in eine mittelständische Sozietät. Deswegen müssen wir Alternativen aufzeigen, etwa jüngere Kandidaten mit deutlich erkennbarem Potenzial. Hier erhält unsere Arbeit eine strategische Komponente.

Anders als die Recruiter arbeiten wir Headhunter systematisch. Wir sehen uns die Wettbewerber eines Klienten genau an und überlegen, warum ein Equity Partner seine Kanzlei verlassen könnte. Dabei muss man nicht immer mit Geld winken. Manchmal reicht es, mit einem Kandidaten über den Stellenwert seiner Abteilung in der Kanzleiorganisation zu sprechen – dies vor allem in Kanzleien, die primär auf Börsengänge, Unternehmenskäufe oder andere Transaktionen ausgerichtet sind. Dort benötigt man Experten für Arbeitsrecht, Intellectual Property oder Tax ausschließlich zur Begleitung der lukrativen Deals. Wenn etwa ein Arbeits- oder Steuerrechtler in einer dieser Kanzleien eigenständiges Geschäft aufbauen möchte, muss er wechseln.

Ein Wechsel kann auch für Partner attraktiv sein, die in einer transaktionsbezogenen Abteilung einer Kanzlei arbeiten, dies vor allem in den sogenannten Managed Law Firms – Kanzleien mit straffer Führung. Hier gibt es immer wieder Partner, die sich mehr Freiraum zur Entfaltung eigener Aktivitäten wünschen. Für diesen Typus eignen sich vor allem Kanzleien, bei denen neue Standorte oder Praxisgruppen aufzubauen sind.

Generell aber gilt: Rechtsanwälte, die auf Partnerebene wechseln wollen, müssen über „portables Geschäft" verfügen. Das heißt, sie müssen ihre Klienten bei einem Wechsel mitnehmen können.

Wir Headhunter müssen hier sehr gut aufpassen, da es durchaus Partner gibt, die mit frisierten Zahlen eine hohe Einstufung im Vergütungsgefüge einer Kanzlei erreichen wollen. Wir fragen deswegen, wie die Mandate akquiriert und ob sie auch von anderen Anwälten in der Kanzlei betreut werden. Und wir sind immer dann vorsichtig, wenn ein Anwalt sagt, er mache den größten Teil seines Umsatzes mit einem einzigen Mandanten.

Salary Partner – Sprungbrett zur Partnerschaft

Salary Partner verfügen meistens über kein nennenswertes eigenes Geschäft. Dennoch sind diese Juristen durchaus umworben – vor allem von mittelgroßen Kanzleien, die keine Stars für sich gewinnen können oder die genug Mandanten haben, diesen Mandanten aber einen umfassenderen Service bieten wollen.

Wenn eine Kanzlei einen Salary Partner einstellt, geht sie damit so gut wie kein Risiko ein. Sie kann den Kandidaten zu kalkulierbaren Konditionen ein paar Jahre testen. Wenn er sich gut entwickelt, bietet man ihm die Aufnahme in die Equity-Partnerschaft an. Entwickelt er sich nicht wie erwartet, kann er entweder seinen Status beibehalten oder man trennt sich wieder. Das verläuft in der Regel geräuschloser als bei einer Trennung von einem Equity Partner.

Meist werden Salary Partner aus den Reihen von Associates rekrutiert, die fünf bis acht Jahre Berufserfahrung haben. Durch den Statuswechsel erhält der Kandidat die Möglichkeit, nach außen als Partner aufzutreten, was bei der Mandatsakquise enorm hilfreich ist. Zudem wird das Ego gestreichelt – ein nicht zu unterschätzender Faktor, denn ein Wechsel muss von den Kandidaten ja auch im beruflichen wie privaten Umfeld kommuniziert werden.

Gelegentlich nehmen Salary Partner sogar Gehaltseinbußen in Kauf – wenn sie nur eine Stufe weiter auf der Karriereleiter nach oben klettern können. Dies verwundert nicht, wenn man weiß, dass bestimmte Großkanzleien allein in Deutschland in guten Zeiten rund 100 Junganwälte einstellen, aber keine zehn pro Jahr zu Partnern befördern.

Juristen, die nach einer Partnerschaft in einer Wirtschaftskanzlei streben, sind auf Alternativen angewiesen. Und da die Großkanzleien die höchsten Gehälter zahlen, ist es schwierig, bei einem Wechsel das Einkommensniveau zu halten. Im Idealfall stellt der Wechsel auf die Position eines Salary Partners nur eine Durchgangslösung dar. Deswegen ist das Gehalt nicht das wichtigste Kriterium bei einem Wechsel.

Associates – umworbene Nachwuchstalente

Nicht nur hoch qualifizierte Partner sind umworben, sondern auch exzellente Kandidaten für die Ebene darunter. In Großkanzleien kassieren bereits Berufseinsteiger Jahresgehälter von bis zu 140.000 € inklusive Boni. Viele frisch gebackenen Anwälte bewerben sich oft nicht selbst bei den Kanzleien, sondern suchen den Kontakt zu einem Legal Recruiter.

Mid-Level Associates, also angestellte Anwälte mit zwei bis drei Jahren Berufserfahrung, sind bereits eingearbeitet und von Kanzleien äußerst profitabel einsetzbar. Um diese Kandidaten bricht in Zeiten voller Auftragsbücher regelmäßig ein regelrechter Kampf der Kanzleien aus. Dieser Markt ist durchaus lukrativ. Es gibt Associates, die in Boomzeiten durch einen Wechsel ihr Jahresgehalt auf Beträge jenseits der 200.000-Euro-Marke, in Einzelfällen sogar über 300.000 € steigern.

Dennoch wechseln die meisten angestellten Anwälte nicht so sehr wegen des Geldes, sondern meist wegen der Berufsperspektiven. Ein Wechsel erscheint sinnvoll, wenn der Weg nach oben in der Praxisgruppe, für die der Anwalt arbeitet, oder an dem Standort, wo er tätig ist, durch andere Partner blockiert wird. Oder wenn das Rechtsgebiet, auf das sich der Associate spezialisiert hat, nicht zu den strategisch wichtigen oder angesehenen Praxisgruppen der Kanzlei zählt und daher wenige Partner ernannt werden.

Ein Fall aus der Praxis

Bei den Wirtschaftskanzleien konnte man in den letzten Jahren diverse Wellen von Partner- und Teamwechseln und Kanzleizusammenschlüsse beobachten. Wie so etwas ablaufen kann und dass wir Headhunter dabei teilweise wie Business Development Consultants arbeiten, zeigt der folgende Fall.

Buse Heberer Fromm verfügt über zahlreiche Büros im In- und Ausland. Die Kanzlei weist ein breites Dienstleistungsspektrum auf: Arbeitsrecht, Bank- und Finanzrecht, transaktionsbezogene Beratung (M&A), Versicherungsrecht, Wirtschaftsprüfung, Steuerberatung und vieles mehr. Buses Mandanten sind anspruchsvoll, entsprechend hoch sind die Anforderungen an das Personal.

Wer in dieser Kanzlei arbeitet, muss nicht nur exzellente Rechtskenntnisse besitzen, sondern auch über ergänzende Qualifikationen verfügen – möglichst solche, die er im Ausland erworben hat. Hinzu kommen Kriterien wie Praxisnähe und unternehmerisches Denken.

Juristen, die diese Kriterien erfüllen, sind selten. Und sie wollen umworben werden. Über Stellenanzeigen in Printmedien im Internet kann man Topleute nur schlecht erreichen. Aus diesem Grund entschied sich Buse Heberer Fromm für die Zusammenarbeit mit einem Headhunter – und lud mehrere Anbieter zum Beauty Contest.

Verwaltungsrat und Geschäftsführer der Kanzlei entschieden sich für HOPP PSC. Der eigentliche Startschuss für unsere Arbeit fiel im Februar 2009, im Besprechungsraum eines Münchner Bürogebäudes mit traumhaftem Blick auf die verschneiten Alpen. Unsere Auftraggeber hatten beschlossen, ihr Büro in der bayerischen Landeshauptstadt kräftig auszubauen.

Kanzleien wie Buse Heberer Fromm, die an vielen Orten Büros unterhalten, sind eine Neuerscheinung – so wie vieles in der deutschen Anwaltsszene.

Rückblick in die jüngere Vergangenheit

Bis 1989 waren überörtliche Sozietäten verboten, bis zum Jahr 2000 musste jeder Rechtsanwalt bei einem Gericht zugelassen sein und durfte nur vor einem Landgericht auftreten. Die Rechtsanwaltskammern wachten mit Argusaugen über die Einhaltung der Vorschriften. Auch Kapitalgesellschaften und die gemeinsame Berufsausübung mit anderen Berufen waren nach diesen Regeln untersagt. Rechtsanwälte, die Werbung trieben, wurden unnachgiebig verfolgt. Die Kammern entschieden sogar über die zulässige Größe eines Kanzleischilds und ob man es beleuchten durfte.

Das ist Schnee von gestern. Im Jahr 1987 schnitt das Bundesverfassungsgericht die ersten dieser juristischen Zöpfe ab. Die Richter befanden, dass die Standesrichtlinien für Rechtsanwälte mangels demokratischer Legitimation unwirksam seien. Damit fiel das Werbeverbot. Rund zwei Jahre später urteilte der Bundesgerichtshof, dass eine überörtliche Sozietät unter bestimmten Voraussetzungen zulässig sei. Innerhalb von zwei Monaten bereiteten Dutzende Kanzleien die Gründung überörtlicher Sozietäten vor.

Heute kämpfen in Deutschland rund 150.000 zugelassene Rechtsanwälte um Mandanten. Lediglich fünf Prozent davon arbeiten in Großkanzleien mit mehreren Hundert oder gar mehreren Tausend Berufsträgern. In mittelgroßen Kanzleien (bis zu 25 Berufsträger) arbeiten etwa 15 % der deutschen Anwälte. In kleineren Sozietäten (zwei bis zehn Berufsträger) arbeiten 35 % der Anwälte.

Der größte Teil der deutschen Anwaltschaft aber schlägt sich als Einzelkämpfer durch – manche eher schlecht als recht. Etwa 45 % der Anwälte fallen unter diese Kategorie.

1989 gehörte die Kanzlei Pünder in Frankfurt am Main mit knapp 30 Anwälten noch zu den größten Sozietäten. Bereits ein Jahr später begann ein beispielloses Fusionsfieber. Deutsche Kanzleien schlossen sich in einem rasanten Tempo zusammen und da Kanzleien traditionell nach ihren Gründungspartnern benannt werden, ließ man geradezu bandwurmartige Bezeichnungen aufs Kanzleipapier drucken: „Feddersen Laule Ewerwahn Scherzberg Finkelnburg Clemm" dürfte dabei den Vogel abgeschossen haben.

Diese Unsitte teilten die deutschen Kanzleien mit Wettbewerbern wie Curtis Mallet-Prevost Colt & Mosle sowie Skadden Arps Slathe Meagher & Flom. Die beiden US-Kanzleien gehörten zu den Ersten, die in dieser Zeit nach Deutschland drängten und Büros – zumeist am Finanzplatz Frankfurt am Main – eröffneten.

Die Neulinge wurden sowohl von den Rechtsanwaltskammern als auch von den deutschen Rechtsanwälten argwöhnisch beobachtet. Und da es seinerzeit in Deutschland noch keine auf Kanzleien spezialisierten Personalberater gab, wurden Headhunter aus London, Paris und New York auf dem deutschen Markt aktiv.

Im Auftrag internationaler Kanzleien riefen sie die Partner renommierter Anwaltskanzleien an – teilweise zu abenteuerlichen Uhrzeiten und ohne ein Wort Deutsch zu verstehen. Dennoch gewöhnten sich die Umworbenen schnell an die neuen Sitten. Das Werben der Headhunter war meist erfolgreich, und so wuchsen die internationalen Kanzleien rasch zu respektablen Wettbewerbern auf dem deutschen Rechtsdienstleistungsmarkt heran.

Auf diese Phase „organischen" Wachstums folgte eine Welle internationaler Fusionen. Den Auftakt machte im Jahr 1998 die deutsche Kanzlei Bruckhaus Westrick Stegemann, die sich mit der österreichischen Kanzlei Heller Löber Bahn zusammenschloss. Zwei Jahre später kam es zu mehreren Fusionen, bei sich denen bekannte deutsche Kanzleien sich zu europäischen Sozietäten wandelten oder bei Global Playern andockten – zumeist solchen mit Zentralen in London oder den USA.

Jeder Chef einer großen Law Firm in den USA oder in Großbritannien achtet streng auf die Profitabilität seiner Büros. Ein Anwalt ist auf lange Sicht nur gut, wenn er seinen Mandanten genügend Arbeitsstunden („Billable Hours") berechnet. Und die Stundensätze britischer oder amerikanischer Anwälte lagen um einiges höher als die ihrer deutschen Kollegen. Zudem führte die professionelle Zeiterfassung mittels spezieller Systeme zu einer nennenswerten Erhöhung der Kanzleiumsätze.

Mittlerweile ist das in Deutschland genauso. Aber die Professionalisierung der hiesigen Kanzleien dauerte einige Zeit. Zudem mussten Stundensätze schrittweise angehoben werden, um die Mandanten nicht zu verlieren. Amerikaner und Briten hatten ihren deutschen Kollegen deswegen eine mehrjährige Übergangszeit eingeräumt.

Im Jahr 2003 war damit Schluss. Die teilweise erheblichen Profitabilitätsunterschiede zwischen deutschen und angloamerikanischen Büros wurden nicht mehr toleriert. Man trennte sich immer häufiger von einzelnen Partnern und es kam zu Abspaltungen ganzer Teams.

Vor einer Fusion mit einer Law Firm waren die deutschen Kanzleien zumeist breit aufgestellt und boten ihrem Mandanten Rechtsrat in allen wesentlichen Bereichen des Wirtschaftsrechts. Hohe Stundensätze ließen sich jedoch vor allem im Bereich M&A, Private Equity, Banking und Kapitalmarkt durchsetzen.

Die Anwälte in anderen Praxisgruppen, etwa Arbeitsrecht oder Baurecht, hatten dagegen weiter Schwierigkeiten, hohe Stundensätze durchzusetzen – es sei denn, sie wurden transaktionsbegleitend tätig, also bei einem Unternehmenskauf oder einem Börsengang.

Immer mehr Kanzleien trennten sich deswegen von unattraktiven Bereichen, und da auch so mancher Mandant für die Großkanzleien nicht mehr attraktiv erschien, gab es zahlreiche Partner und Teams, die in kleinere und häufig nationale Kanzleien abwanderten oder Boutiquen gründeten und ihre Mandanten mitnahmen – oft mit Billigung der Altkanzlei. Einige deutsche Büros wurden so profitabler als die ausländischen Headquarters – teilweise aber nur, weil der Euro gegenüber dem Dollar so stark war.

Der zunehmende Profitabilitätsdruck führt zu zahlreichen Wechseln. Der Druck fällt unterschiedlich aus. Entscheidend ist, wie die Gewinne unter den Partnern aufgeteilt werden.

In leistungsbezogenen Vergütungssystemen werden die Bezüge der Partner regelmäßig nach oben oder nach unten angepasst. In einigen Großkanzleien existieren jedoch immer noch sogenannte Lockstep-Vergütungssysteme. Diese Systeme haben Vor- und Nachteile. Hier wachsen die Entnahmen der einzelnen Partner von Jahr zu Jahr. Halten die Umsätze eines Partners nicht Schritt mit den Entnahmen, werden sie unprofitabel.

In starren Lockstep-Systemen gibt es nicht die Möglichkeit, Partner zurückzustufen oder die automatische Erhöhung ihrer Bezüge zu stoppen, ohne die Partner auf Equity-Partner-Ebene zu setzen und somit der Systematik des Vergütungssystems zu entziehen. Daher bleibt den betroffenen irgendwann nur noch die Möglichkeit, entweder den Verlust des Equity-Partner-Status zu akzeptieren, was meistens als Gesichtsverlust angesehen wird, oder die Kanzlei zu wechseln. Dies geschieht häufig auf mehr oder weniger sanften Druck der Kanzleien.

Umgekehrt führt das Lockstep-System führt auch dazu, dass gelegentlich besonders leistungsstarke jüngere Partner zu Kanzleien mit gerechteren Vergütungssystemen wechseln. Ich kenne einige Anwälte, die ihr Salär auf diese Weise mehr als verdoppelt haben. Kein Wunder also, dass viele Kanzleien ihre Vergütungssysteme immer wieder auf den Prüfstein stellen und versuchen, die Profitabilität insgesamt zu erhöhen.

Dieser Prozess des Streamlinings ist bei den Großen der Branche weitgehend abgeschlossen. Sie haben sich zudem überwiegend auf ganz große Mandanten konzentriert und beraten diese durch eine Vielzahl von Anwälten aus verschiedenen Bereichen. Beim Abgang einzelner Partner fühlen diese sich eher an die Kanzlei als an einen einzelnen Partner gebunden und gehen nicht mit. Dies macht das Abwerben von Partnern und Teams mit Geschäft aus solchen Einheiten nicht einfacher.

Allerdings führt der andauernde Verteilungskampf in der Rechtsanwaltsbranche, der nach wie vor stark durch neu nach Deutschland kommende ausländische Kanzleien geprägt ist, auch dazu, dass diese Newcomer sich strategisch verstärken müssen.

Auch in wirtschaftlich schlechten Zeiten nutzen einige Kanzleien mit noch nicht gesättigter Struktur die Gelegenheit, sich mit Experten zu verstärken, von denen in diesen Fällen nicht erwartet wird, dass sie ad hoc ein gut gefülltes Auftragsbuch mitbringen. Vielmehr betrachtet man diese Seiteneinsteiger als Investment. Man will sich für die demnächst wieder anziehenden Märkte rüsten und verstärkt sich mit Personal, das man in guten Zeiten nicht hätte rekrutieren können.

Zwar geht dies häufig mit sinkenden Einkommen der wechselnden Partner einher, ist aber dennoch für alle Seiten lohnend, da auf der einen Seite Überkapazitäten abgebaut werden können, während es zu mehr Anbietern im Markt kommt und die Vorgehensweise den Wettbewerb fördert.

Zurück zu Buse Heberer Fromm

Bei dem Treffen in München diskutierten wir zwei Optionen: Teams aus anderen Kanzleien herauszulösen oder eine bestehende lokale Kanzlei zu integrieren und quasi nur das Firmenschild auszutauschen. Ich plädierte für die zweite Lösung und erhielt grünes Licht für meine Arbeit.

Meine Kollegen und ich begannen, den Münchner Rechtsberatungsmarkt zu durchleuchten. Eine Heidenarbeit. Zwar sind die wenigsten der knapp 19.000 zugelassenen Rechtsanwälte in der Stadt als Wirtschaftsanwälte tätig. Aber man muss zumindest einen Blick auf die Kanzlei-Website werfen, um zu wissen, ob man jemanden auf eine Long List setzen kann. Wir orientierten uns dabei an der Zahl der Mitarbeiter, den ausgewiesenen Tätigkeitsfeldern und weiteren Faktoren, etwa dem Kanzleiauftritt und Lage und Ausstattung der Büros.

Dann riefen wir die Partner aller Kanzleien an, die wir auf die Long List gesetzt hatten. Einige Dutzend Anwälte signalisierten uns Interesse an einem persönlichen Gespräch. Unser Terminkalender war prall gefüllt. Anfang April reisten wir nach München. Meine Kollegen und ich absolvierten bis zu fünf Besuche pro Tag.

Bei einer Fusion zählen nicht nur wirtschaftliche Kriterien. Auch die Kanzleikultur und andere weiche Faktoren spielen eine Rolle. Bei manchen unserer Ansprechpartner ließen bereits die Büroeinrichtung sowie Kleidung und Habitus vermuten, dass ein Zusammenschluss mit unserem Klienten nicht klappen würde.

Wenn es um sensible Daten wie Umsatzzahlen oder Gewinn geht, sind Anwälte nicht gerade mitteilsam. Nur die großen Kanzleien veröffentlichen ihre Ergebnisse. Anwälte in mittelgroßen Kanzleien schweigen – selbst gegenüber den eigenen Mitarbeitern.

Um das Gesprächsklima aufzulockern, nannten wir – in Absprache mit unserem Klienten – den Namen Buse Heberer Fromm als Auftraggeber und gaben weitere Informationen zur wirtschaftlichen Situation der Kanzlei – verbunden mit dem Hinweis, dass sich die Zahlen des Fusionspartners in der Nähe dieser Eckdaten bewegen sollten. So erhielten die Anwälte die Möglichkeit, bereits in diesem frühen Stadium die Gespräche abzubrechen – ohne ihr Gesicht zu verlieren. Vier von fünf Ansprechpartnern schieden bereits auf diese Weise aus.

Die restlichen 20 % unserer Gesprächspartner fragten wir nach Umsatz, Zahl der Berufsträger und Kostenquote. Damit nicht genug: Wir mussten auch den Umsatz pro Berufsträger recherchieren sowie – eine wichtige Stellschraube für den Gewinn – die Leverage Ratio (das Zahlenverhältnis Partner zu angestelltem Anwalt).

Zurück in Frankfurt am Main bereiteten wir die gesammelten Informationen auf und erstellten detaillierte Berichte für unseren Klienten.

Wir reisten ein weiteres Mal nach München und trafen uns mit vier Mitgliedern des Verwaltungsrats unseres Klienten. Wir teilten uns in zwei Teams auf und besuchten alle Kanzleien, die auf unserer Short List standen. Es kristallisierten sich drei Kanzleien heraus, mit denen die Partner unseres Klienten weitere vertiefende Gespräche führten.

In diesem Stadium ging es weniger um die harten Zahlen (diese Dinge waren geklärt) als um weiche Faktoren wie die Kanzleikultur und um die künftige Zusammensetzung des Verwaltungsrats der fusionierten Kanzlei. Am Ende der Gespräche fiel die Entscheidung für ein Zusammengehen mit der Kanzlei Spitzweg.

Doch hier gab es noch ein kniffliges Problem, das die Fusion um Wochen verzögern sollte: Während Buse Heberer Fromm als reine Rechtsanwaltssozietät in Form einer Partnerschaftsgesellschaft organisiert war, handelte es sich bei Spitzweg um eine sogenannte multidisziplinäre Partnerschaft, der neben Rechtsanwälten auch „Nur-Steuerberater" sowie Wirtschaftsprüfer als Partner angehörten.

Bei Buse gab es zwar auch Steuerberater, die aber alle gleichzeitig auch als Rechtsanwälte zugelassen waren. Diese bündelten ihre nicht-juristischen Aktivitäten an zwei Standorten in angegliederten Gesellschaften. Ein reiner Beitritt von Spitzweg in die bestehende Struktur hätte so also aufgrund der strukturellen Differenzen nicht stattfinden können, da nicht bei allen potenziellen Partnern die Berufsträgereigenschaft gegeben war.

Aus diesem Grund firmiert die gemeinsame Sozietät seit dem Zusammenschluss als Buse Heberer Fromm Rechtsanwälte Steuerberater Partnerschaftsgesellschaft.

Erst im Dezember 2009 trafen sich alle Beteiligten in München, um den Vorvertrag zu unterzeichnen. Mitte Januar wurde der Zusammenschluss beurkundet und veröffentlicht. Zum traditionellen Skiwochenende der Kanzlei in Kitzbühel waren auch die neuen Partner und Kollegen von Spitzweg geladen.

Teil III
Tipps & Trends

Welche Führungskräfte braucht der Handel?

Dieter Hofmann

Torsten Toeller hat klein angefangen. Im Jahr 1990 eröffnet der damals 24-Jährige einen Fachmarkt für Tiernahrung in Erkelenz bei Köln. Nach sechs Monaten sind die geliehenen 200.000 € Startkapital so gut wie aufgebraucht. Der Entrepreneur muss seinen BMW verkaufen, macht aber unbeirrt weiter. Inzwischen gehört „Fressnapf" zu den größten Unternehmen in dieser Nische. 2012 erwirtschaftete Toeller mit rund 10.000 Mitarbeitern in elf Ländern Europas einen Umsatz von 1,46 Mrd. €. Nur die US-Konkurrenten Petsmart und Petco verkaufen noch mehr.

Toellers Marktsegment zählt zu den interessantesten in der Handelsbranche. Laut Angaben des Industrieverbands Heimtierbedarf (IVH) leben rund 23 Mio. Haustiere in deutschen Familien – und dabei sind Zierfische und Reptilien noch gar nicht eingerechnet. Anders ausgedrückt: Zu jedem dritten Haushalt gehört ein Heimtier. Der Spaß hat seinen Preis: Etwa 3,6 Mrd. € geben die Deutschen für ihre Lieblinge aus – Tendenz steigend. Man darf gespannt sein, wie sich Toellers Unternehmen in den nächsten Jahren entwickeln wird. Denn eines ist sicher: Der Mann will weiter expandieren. Und der Markt bietet hierfür viele Ansatzpunkte, zum Beispiel im Internet oder im Katalog-Geschäft.

Der Handel ist eine spannende, ja bisweilen mörderische Branche. Und es gibt wahrhaftig nicht nur Erfolgsgeschichten wie die von Toeller – im Gegenteil. Im Handel tobt ein brutaler Kampf ums Überleben. Davon künden nicht zuletzt die vielen Insolvenzen. Und ich habe dabei nicht nur die Großen im Blick. Es sind vor allem die vielen Mittelständler, die von der Wucht des Wettbewerbs aus dem Rennen geworfen werden. Unter ihnen sind viele Besitzer von kleinen Ladengeschäften, die von der Hundeleine bis zum Hamsterkäfig alles bieten, was der Tierfreund

D. Hofmann (✉)
Hofmann Consultants GmbH, THE SQUAIRE 15, Am Flughafen,
60549 Frankfurt am Main, Deutschland
E-Mail: info@hofmann-consultants.com

D. Hofmann, G. Bergert (Hrsg.), *Headhunter*,
DOI 10.1007/978-3-658-02456-7_10, © Springer Fachmedien Wiesbaden 2014

so braucht. Toellers Unternehmen zählt zu den Konkurrenten dieser Mittelständler, wie auch Drogerieketten, Kaufhäuser, Lebensmittel-Discounter – und immer öfter auch Internet-Spezialversender. Jeder will sich seine Scheibe abschneiden. Der Einzelhandel ist nach Industrie und Handwerk der drittgrößte Wirtschaftszweig in Deutschland. Rund 400.000 Unternehmen mit insgesamt 2,6 Mio. Beschäftigten erwirtschaften jährlich 400 Mrd. € Umsatz. Die nüchternen Zahlen verschweigen allerdings, dass in fast keiner Branche die Trends so schnell und unerwartet wechseln wie im Handel. Was heute noch läuft, kann morgen schon ein Ladenhüter sein. Hinzu kommt eine komplexe Struktur: Neben Kaufhäusern, Selbstbedienungs-Warenhäusern und Supermärkten gibt es Discounter und einen schier unüberblickbaren Fachhandel.

Die Branche wandelt sich immer schneller. Im Folgenden nur die wichtigsten Entwicklungen der vergangenen Jahre:

- Die Globalisierung schreitet voran: Heute dominieren noch US-Giganten und europäische Unternehmen. Bald aber werden chinesische und indische Konzerne den Handel aufmischen.
- Eigenmarken gewinnen an Bedeutung: Discounter wie Aldi und Lidl verkaufen längst mehr Champagner als bekannte Premium-Hersteller, und Drogerieketten wie DM nehmen mit ihren preiswerten Produkten den etablierten Herstellern wie Henkel oder Beiersdorf immer mehr Marktanteile ab.
- Die Vertikalisierung schreitet voran: Hennes & Mauritz oder Zara haben die Modebranche aufgerollt und den traditionellen Textileinzelhandel in Bedrängnis gebracht.
- Bio wird zur Normalität: Der Trend geht weg vom kleinen Bioladen, der verschrumpeltes Obst und Gemüse anbietet. Die Verbraucher bevorzugen die modernen Shops der Bio-Filialisten oder sie kaufen Bio beim Discounter.
- Nachhaltigkeit gewinnt an Bedeutung: Verschwendung und Zerstörung natürlicher Ressourcen sind ebenso out wie die Missachtung sozialer Standards. Nachhaltigkeit ist in, auch und gerade bei den großen Konsumgüterherstellern.
- Die Vertriebskanäle werden immer vielfältiger: Die Unternehmen müssen ihre Produkte über mehrere Schienen anbieten – sowohl im Laden als auch über Katalog oder Internet.

Was bedeuten nun all diese Verwerfungen und Herausforderungen für die Arbeit eines Executive Search Consultants, der Führungspositionen im Handel besetzt? Oder anders herum gefragt: Welche Typen von Managern und Aufsichtsräten braucht ein Handelsunternehmen, damit es auch in turbulenten Zeiten gegenüber der Konkurrenz bestehen kann? Ich fasse meine Antworten in fünf Anforderungsprofilen zusammen, die ein Personalberater beachten sollte:

- Von der Pike auf lernen
- Verantwortung tragen
- Demut zeigen
- Auf Boni verzichten
- Die Bedeutung der Kontrollgremien nicht unterschätzen

Von der Pike auf lernen

Ein Handelsunternehmen braucht akademisch ausgebildete, international erfahrene Manager – eigentlich die Besten, die man sich denken kann. Natürlich ziert es auch einen Kandidaten, wenn ein Dr. seinen Namen schmückt, letztlich ist dies aber nur Beiwerk. Die künftigen Führungspersönlichkeiten müssen vor allem die Abläufe in einem Supermarkt oder im Fachmarkt von der Pike auf gelernt haben. Erfolgreich können nur Manager sein, die mit der Vielschichtigkeit des Geschäftes zurechtkommen, die neben dem Verkaufen der Ware auch ein Verständnis für Immobilien, Einkauf, Logistik und Vertriebswege mitbringen. Und genauso wichtig: Die Chefs von morgen müssen die Mitarbeiter kennenlernen, in möglichst vielen Abteilungen und auf allen Ebenen, um später die richtigen Personalentscheidungen treffen zu können.

Was passiert, wenn diese Maxime nicht beachtet wird, zeigt die Geschichte der Arcandor AG, die bis 2007 noch unter dem Namen KarstadtQuelle AG firmierte. 25 Jahre lang wurde das Unternehmen von Managern geführt, die im Banking, Controlling und Finanzwesen groß geworden waren. Wir alle kennen das bittere Ende dieser permanenten personellen Fehlbesetzungen: Arcandor musste im Jahr 2009 Insolvenz anmelden.

Ein Konzern wie Arcandor hat Zehntausende von Artikeln und Millionen von Kunden. Er ist abhängig von Moden, von regionalen Besonderheiten und nicht zuletzt auch vom Wetter. Das ist nicht die Welt von Finanzvorständen, die nach Kennziffern entscheiden und Prozesse bis ins Detail planen. Sie sind nicht gewohnt, ständig zu improvisieren, weil ein verregneter Sommer besonders hohe Preissenkungen erfordert oder ein plötzlich aufkommender Trend die aufwändige Umstellung der Kollektion verlangt. Solche Manager müssen zwangsläufig scheitern.

Wie man es richtig macht, sehen wir bei den Lebensmitteldiscountern Lidl und Aldi Süd sowie bei der Textilhandelskette Brenninkmeijer. Dort ist es Pflicht, dass jeder – und ausschließlich jeder – Manager seine Karriere im Verkauf beginnt, Ware einsortiert, an der Kasse sitzt und auch mal den Boden fegt. Die künftige Führungskraft muss sich Schritt für Schritt nach oben dienen und immer wieder ihr Durchhalte- und Durchsetzungsvermögen beweisen. Dabei stellt sich schnell heraus, wer das Zeug zum Handelsmanager mitbringt und wer nicht. Im Familienkonzern Brenninkmeijer gibt es nicht einmal eine Sonderstellung für Familienmitglieder, die im Unternehmen arbeiten: Man trennt sich von ihnen, wenn sich zeigt, dass sie die hohen Anforderungen nicht erfüllen.

Fazit für den Headhunter Was zählt, sind allein die Erfahrung im Handel sowie das Gespür für die Ware, die Mitarbeiter und die Kunden.

Verantwortung tragen

In jeder Firma findet man zwei Arten von Managern: den Verwalter und den Unternehmer-Typ. Der unternehmerisch denkende Manager ergreift selbst die Initiative. Schließlich will er etwas bewegen und Neues, auch Risikoreiches wagen. Und er übernimmt die Verantwortung für sein Tun. Der Verwalter hingegen entwickelt keine Leidenschaft für sein Geschäft, er beschränkt sich weitgehend darauf, den Status quo zu erhalten – und leider sehen wir in der deutschen Handelslandschaft viel zu viele von diesen Verwaltern.

Dabei ist es im Handel nicht anders als in so innovativen Branchen wie der Computerindustrie oder der Biotechnologie: Es gibt sie, die hungrigen und ehrgeizigen Talente. Man muss sie nur entdecken und ihnen dann auch den nötigen Spielraum lassen. Ausschlaggebend ist, dass man in den Unternehmen kleine Einheiten schafft und den jungen Menschen Projekte gibt. So erkennt man sehr schnell, ob jemand eigene Ideen entwickelt und ob er seine Pläne umsetzen kann. Diese Vorgehensweise ist wesentlich sinnvoller als die vor einiger Zeit Usus gewordenen Assessment Center oder andere Tests. Denn da qualifizieren sich meist jene Kandidaten, die angelerntes Wissen eloquent vortragen können. Aber ob einer wirklich das Unternehmer-Gen in sich trägt, das zeigen diese Verfahren nicht.

Ich komme noch einmal auf Aldi Süd zurück. Dort verantworten die jungen Universitätsabgänger schon nach einer kurzen Einarbeitungszeit fünf bis sieben Filialen. Rund die Hälfte der Top-Management-Aspiranten verlassen Aldi Süd wieder, nachdem sie zwei bis drei Jahre Regionalverkaufsleiter waren, weil sie sehen, dass sie es nicht schaffen. Aber die, die bleiben, steigen schnell auf, sind dann schon mit 33 oder 34 Jahren Niederlassungsleiter und verdienen um die 400.000 € im Jahr.

Hätte Walter Gunz seinen Berufsweg in einer Firma mit einer Unternehmenskultur wie bei Aldi Süd oder Lidl begonnen, wäre seine Karriere ganz anders verlaufen. Der Name Walter Gunz sagt Ihnen nichts? Aber vielleicht haben Sie ja schon einmal einen Fernseher oder ein anderes Elektrogerät in einem Media Markt gekauft. Gunz ist einer der Gründer dieses Unternehmens, das heute zum Düsseldorfer Metro-Konzern gehört.

Im Jahr 1979 wagte der damals 33-Jährige den Schritt in die Selbstständigkeit. Gunz war zuvor Abteilungsleiter beim Kaufhauskonzern Karstadt – und hatte sein ganzes Angestelltenleben lang unter engstirnigen Chefs gelitten. Beispiel: Gunz war so gut wie nie in das für das mittlere Management reservierte Betriebsrestaurant gegangen. Der Manager hatte sich lieber mit seinem Team zusammen in die normale Mitarbeiter-Kantine gesetzt. Er hatte sich auch nicht von der Kritik seiner Vorgesetzten beirren lassen, sondern verteidigte sich, indem er sagte, dass er sich mit seinen Leuten austauschen müsse.

Die Erkenntnisse, die Gunz in diesen Mitarbeitergesprächen gewonnen hatte, sollten sich auszahlen. Der Mann kannte die Kunden wie kein Zweiter. Er wusste genau, was sie wünschten: alles, was neu auf den Markt kommt, und das möglichst billig und bitte sofort. Die Kunden wollten die Geräte nicht nur bestaunen und anfassen, sondern bei Gefallen gleich ins Auto packen und nach Hause bringen. Gunz erkannte, dass er mit der Befriedigung dieser Wünsche sowohl den teuren Fachhandel als auch den vergleichsweise günstigen Versandhandel schlagen konnte.

Doch das Wissen allein macht noch keinen guten Unternehmer. Gunz brauchte eine gehörige Portion Mut, um sein Konzept umzusetzen. Er benötigte auch Partner. Und so wandte er sich an das Ingolstädter Händler-Ehepaar Kellerhals. Als Vierter im Bunde stieß der ehemalige Elektromarkt-Fachberater Leopold Stiefel hinzu.

Gemeinsam realisierten sie die Gunzschen Ideen. Der erste Media Markt öffnete seine Pforten unweit des Olympiageländes in München. Und es kam so, wie Gunz es vorhergesehen hatte: Die Kunden rannten ihm die Türen ein. Heute ist das Unternehmen nicht nur Marktführer in Europa, es finden sich auch Stores in angrenzenden Staaten wie Russland und der Türkei. Insgesamt ist Media Markt/Saturn in 17 Ländern Europas und Asiens vertreten, beschäftigt 65.000 Mitarbeiter und erzielt einen Umsatz von 21 Mrd. € (Stand 2012).

Fazit für den Headhunter Er muss seinen Auftraggeber davon überzeugen, sich nicht allein auf die Ergebnisse von Assessment Centern zu verlassen. Viel wichtiger ist es, auf ideenreiche, junge Menschen zu vertrauen, ihnen die nötigen Freiheiten zu geben, sie auch einmal scheitern zu lassen und sie nach Kräften bei der Umsetzung innovativer Konzepte zu fördern.

Demut zeigen

Im Handel kann nur reüssieren, wer den Kunden versteht und die Ware liebt. Das mag pathetisch klingen, und doch ist es wahr. Gerade die Führungskräfte im Handel müssen sich wieder auf die alten Werte von Glaubwürdigkeit und Demut besinnen – Demut im Sinne von: dem Kunden dienen.

Schauen wir doch einmal zurück auf die Gründerväter des weltweit bestaunten deutschen Wirtschaftswunders. Das waren knorrige, eigenwillige Typen, für die der Kunde immer im Mittelpunkt stand. Schickedanz, Neckermann, Porst, Otto, Schwarz – sie alle haben quasi aus dem Nichts florierende Unternehmen aufgebaut. Leider gelang es ihren Nachfolgern nicht immer, das Lebenswerk der Patriarchen zu erhalten. Und fast immer lag die Ursache des Zusammenbruchs darin, dass das Management den Wandel der Zeit nicht erkannt und die Wünsche der Kunden aus den Augen verloren hatte.

In genau dieser Situation steckt derzeit auch die Düsseldorfer Metro – jener Konzern, der untrennbar mit dem Namen Otto Beisheim verbunden ist. Beisheim war einer der Ersten, die das Cash-and-Carry-Prinzip (C&C) nach Deutschland holten. Diese Großhandelsform war in den Vereinigten Staaten entstanden. Dort bekam der Einzelhändler seine Ware nicht mehr gegen Rechnung geliefert, sondern er holte sie selbst in einem Großmarkt ab und bezahlte sofort.

Im Jahr 1964 eröffnete in Mülheim an der Ruhr der erste deutsche C&C-Markt unter dem Namen Metro. Beisheim perfektionierte den neuen Vertriebsweg. Der hervorragende Organisator hatte bei allem, was er tat, immer die Kunden im Blick. Was würde ihnen am meisten nutzen? Wo lagen ihre speziellen Bedürfnisse? So plante er seine Märkte auf über 10.000 Quadratmetern Verkaufsfläche, getrennt in Nonfood- und Lebensmittelsektionen mit Sortimenten für unterschiedliche Wiederverkäufer – sowohl für den kleinen Kioskbesitzer als auch für den Großgastronom. Beisheims bedingungslose Hinwendung zum Kunden und sein von Vertrauen geprägter Führungsstil – er mischte sich kaum in das operative Geschäft der Direktoren seiner Tochterfirmen ein – bescherten der Metro einen sagenhaften Erfolg.

Doch der Konzerngründer ist längst tot, und bei der Metro häufen sich mittlerweile die Probleme. Das Profil der C&C-Märkte hat an Schärfe verloren, die Metro konkurriert zunehmend mit ihrer Schwestergesellschaft Real. In den vergangenen Jahren wurde in Deutschland zu wenig investiert, jetzt müssen unrentable Märkte geschlossen werden. Zahlreiche Jobs wurden gestrichen.

Der Grund für die unerquickliche Lage der Metro auf dem deutschen Markt, wo ihre Erlöse und Gewinne seit Jahren erodieren, ist offensichtlich: Beisheims Nachfolger haben sein Konzept nicht ausreichend weiterentwickelt, sie stellen die Wünsche der Kunden nicht mehr so in den Vordergrund, wie es nötig wäre.

Fazit für den Headhunter Er sollte bei der Suche nach Führungskräften für den Handel streng darauf achten, dass er Persönlichkeiten präsentiert, die dem Kunden immer die erste Priorität einräumen. Alle anderen Qualifikationen, und seien sie noch so brillant, sind zweitrangig.

Auf Boni verzichten

Ich kenne eine 29 Jahre alte Frau, die nach ihrem Studium bei einer Bank eingestiegen war und nach einiger Zeit in die Investmentbanking-Sparte versetzt wurde. Weil die Abteilung hohe Gewinne erwirtschaftete, erhielt sie bereits in ihrem dritten Berufsjahr einen Bonus von sage und schreibe 1,2 Mio. €. Sie war selbst erschrocken über die Höhe der Summe und fragte sich, wie sie das ihrem Vater erklären sollte, der nie so viel Geld verdient hatte. Vermutlich hat sich der Vater gefragt, ob sie das Geld mit redlicher Arbeit verdient hatte.

Was heutzutage in der Bankenszene abläuft, ist für mich eine Art legalisierter Diebstahl. Und selbst wenn in den meisten anderen Branchen wesentlich niedrigere Boni ausgeschüttet werden, bin ich doch generell gegen diese Art der Honorierung. Denn eine Führungskraft wird dafür bezahlt, dass sie sich engagiert und die Verantwortung für den ihr anvertrauten Bereich beziehungsweise für das gesamte Unternehmen übernimmt. Wer mit Boni motiviert werden muss, damit er seine gesamte Kraft einsetzt, ist fehl am Platz.

Das Argument, nur Unternehmen, die Boni gewähren, bekommen die besten Mitarbeiter, greift nicht. Aldi Süd, Lidl, DM oder Edeka zahlen keine Boni, trotzdem haben sie hervorragende Führungskräfte. Und sie verlieren auch keine hochrangigen Mitarbeiter, nur weil woanders Boni locken. Oftmals sind es eine vorbildliche Unternehmerpersönlichkeit oder ein spannendes Geschäftsmodell, das gute Manager mehr motiviert als hohe Boni.

Wem ein Bonus versprochen wurde, der plant den Betrag meist ein, selbst wenn er nicht garantiert ist. Er kalkuliert den Bonus vielleicht für die Rückzahlung seiner Hypothek ein und gerät in Gewissenskonflikte, wenn sich abzeichnet, dass er die vorgegebenen Ziele verfehlt. In dieser Situation besteht die Gefahr, dass der Manager Dinge tut, die dem Unternehmen mittel- und langfristig schaden. Hinzu kommt: Wer seinem Führungspersonal grundsätzlich Boni gewährt, weiß nie genau, ob die kurzfristigen Ziele tatsächlich erreicht wurden oder ob jemand mit halbseidenen Methoden nachgeholfen hat. Daher verzichtet der weitsichtige Unternehmer auf dieses vermeintliche Motivationsinstrument.

Und noch ein Letztes: Boni in Form von direkt an den Aktienkurs gekoppelten Aktienoptionen sind als Motivation zur Leistungssteigerung oftmals wenig förderlich, weil der Manager mit seinem Handeln den Aktienkurs nur bedingt beeinflussen kann. Da spielen der Markt und andere externe Faktoren eine wesentlich bedeutendere Rolle. Zudem sagt der Aktienkurs über die langfristige Entwicklung eines Unternehmens und über dessen Strategie kaum etwas aus. Nur wenn es gelänge, die Bemessungsgrundlage für Boni mit den Zielen der Inhaber und Aktionäre über die Zeitachse kongruent zu schalten, wären angemessene Boni ein sinnvolles Motivationsinstrument. Und man darf beim Vergleich von Boni für angestellte Manager einerseits und dem Gewinn von Unternehmern andererseits eines nicht vergessen: Ein Unternehmer muss bei einem Fehlschlag auch den Verlust tragen, ein Manager hingegen verliert in der Regel nur seinen Bonus.

Fazit für den Headhunter Er sollte sich dafür einsetzen, dass sein Kandidat ein ordentliches Fixum bekommt. Für Führungskräfte, die auf der Suche nach einer Position in einem aufstrebenden und innovativen Handelsunternehmen sind, ist dies meist eine ausreichende Motivation für einen Stellenwechsel.

Die Bedeutung der Kontrollgremien nicht unterschätzen

Viel zu langsam verbreitet sich die Erkenntnis, dass die Besetzung eines Aufsichts- oder Beirats mit hoch qualifizierten Mitgliedern ein entscheidender Wettbewerbsvorteil für ein Unternehmen sein kann. Gerade in turbulenten Zeiten – und trotz Erholung der Gesamtwirtschaft befindet sich der Handel in Deutschland noch immer in einer angespannten Situation – braucht das Management ein Kontrollgremium, das es bei der Entwicklung zukunftsweisender und nachhaltiger Strategien unterstützt.

Doch die wenigsten Gesellschaften verfügen über professionelle Räte. Denn sie werden oftmals ohne konkretes Anforderungsprofil ausgewählt und sind daher nicht in der Lage, auf die spezifischen Bedürfnisse eines Unternehmens einzugehen. Obendrein mangelt es ihnen häufig an den notwendigen Kompetenzen. Mithin ist so manches Aufsichtsgremium weder der Geschäftsführung noch den Gesellschaftern hilfreich, im Extremfall schadet es sogar dem Unternehmen.

Zur Illustration dieses Dilemmas sollten wir noch einmal einen Blick auf den fallierten Arcandor-Konzern werfen. Von 1982 bis 2000 steuerte Walter Deuss die Karstadt AG, die Keimzelle von Arcandor. Ein Finanzmann, der das Handelsgeschäft nicht verstand. Miserable Zahlen zwangen Deuss im Jahr 2000 zum Rückzug. Aufsichtsratsvorsitzender war damals Hans Meinhardt, Chef des Industriegase- und Engineeringkonzerns Linde AG. Meinhardt war ein Mann mit hervorragendem Ruf in seiner Branche, jedoch bar jeglicher Kenntnisse über den Handel. Und so kam es, dass Meinhardt bei der Suche nach einem Deuss-Nachfolger nicht beurteilen konnte, welcher Kandidat ein passionierter Händler war und welcher nicht.

Schließlich verfiel der Aufsichtsratsvorsitzende auf Wolfgang Urban. Der hatte zwar Karriere bei Kaufhof gemacht, war aber stets dem Ressort Finanzen und Rechnungswesen verbunden geblieben. Für den Handel an sich brachte Urban so gut wie kein Verständnis mit. Ihm fehlte die Leidenschaft für die Ware und für die Kunden.

Wie die Geschichte ausging, ist sattsam bekannt. Im Jahr 2004 verabschiedeten sich sowohl Urban als auch Meinhardt von Karstadt. An die Spitze des Kontrollgremiums rückte Thomas Middelhoff, der den Konzern ins Verderben führte.

Fazit für den Headhunter Quereinsteiger als Aufsichtsrats- oder Beiratsmitglieder sollten die Ausnahme bei Handelsfirmen bleiben. Insbesondere wenn es um die Besetzung des Vorsitzes geht, müssen Persönlichkeiten gewählt werden, die den Handel in- und auswendig kennen und ihr Geschäft mit Herzblut betreiben.

Dieser Beitrag, der sich im Wesentlichen mit dem Handel in Deutschland befasst, soll nicht negativ enden. Und das muss er auch nicht. Denn viele Handelsbetriebe hierzulande sind ordentlich geführt und gesund. Sie bestehlen ihre Kunden nicht – so wie manche Bank. Das geht schon deshalb nicht, weil der Wettbewerb im Handel so intensiv und die Transparenz so hoch ist.

Eine überproportional große Zahl von Unternehmen im Handel sind Familienbetriebe, manche alteingesessen, andere so jung wie Torsten Toellers Firma Fressnapf. Diese Entrepreneure sind innovativ und pflegen doch Werte wie Glaubwürdigkeit und Integrität. Von diesen Unternehmern können angestellte Manager viel lernen. Nicht zuletzt dies: Nur wenn sie wirklich Verantwortung tragen (und nicht etwa den Staat zu Hilfe rufen), können sie ein Unternehmen nach vorne bringen. Das gilt im Übrigen nicht nur für den Handel, sondern für jede andere Branche.

Vom losen Netzwerk zur integrierten globalen Partnerschaft

Eva-Maria Schnurr

Das Logo ist anders. Wo bei anderen Executive-Search-Firmen eine Farbe dominiert – meist Azurblau, Dunkelblau, Graublau oder Ozeanblau – gruppieren sich hier Rot und Grün und Orange und Lila zu einem Kreis, gleichberechtigt nebeneinander. Dieses Logo ist bunter, eindeutig vielfältiger. Und natürlich ist das kein Zufall. Denn auch „The Amrop Group", die Organisation, für die das Logo steht, ist ein bisschen anders als die meisten anderen Executive-Search-Unternehmen: ein Mosaik aus über 40 verschiedenen Firmen mit 89 Büros in 57 Ländern, alle inhabergeführt, jede Firma wirtschaftlich eigenständig. Gleichberechtigte Partner, vereint unter einer gemeinsamen Marke, vertreten auf allen Kontinenten, mit Büros von Australien und Argentinien über Marokko, Polen, Ungarn und Ukraine bis Vietnam. Damit ist die Amrop Group die internationalste aller Executive-Search-Organisationen, weltweit nach Umsatz die Nr. 7, in vielen Ländern – in Spanien, Portugal, Dänemark beispielsweise – die Nummer eins, in Deutschland auf Platz sieben. „Nexus" heißt das Amrop-Logo, der Kreis mit den vielen Farben, das Fremdwörterbuch übersetzt das mit „Zusammenhang, Verbindung, Verflechtung".

Eigentlich sagt das schon alles. Auch wenn es im Detail natürlich komplizierter ist. Amrop will mehr als ein Netzwerk sein – aber auch keine Firma im eigentlichen Sinn. „Eine semi-integrierte Gesellschaft", sagt der internationale Chairman Ulrich Dade, der von Hamburg aus arbeitet. Oder, von der anderen Seite betrachtet: „eine global integrierte Partnerschaft", wie Stefan Koop, geschäftsführender Gesellschafter bei Amrop Delta in Hamburg, es beschreibt. Verbindlicher und zentraler gesteuert als ein eher loses Netzwerk. Aber dennoch ein Verbund selbstständiger Einzelfirmen, die ihre jeweiligen unternehmerischen Entscheidungen selbst treffen.

E.-M. Schnurr (✉)
Englische Planke 6, 20459 Hamburg, Deutschland
E-Mail: schnurr@plan17.de

Das Beste aus beiden Welten habe man zusammenführen wollen, sagt Ulrich Dade: das Beste aus der Welt der Netzwerke, in denen jedes Unternehmen unabhängig wirtschaftet, individuell entscheidet, flexibel auf die Veränderungen im jeweiligen Markt reagieren kann. Und das Beste aus der Welt der integrierten Unternehmen, deren Vorteil der gemeinsame Auftritt am Markt ist, die enge Vernetzung zwischen den einzelnen Standorten und die weltweit einheitlichen Qualitätsstandards.

Seit 2010 treten weltweit alle 89 Büros unter dem Namen „Amrop" auf, immer steht er an erster Stelle des Firmennamens, so wie in Deutschland bei „Amrop Delta". Und alle nutzen das neue Logo, den Nexus, die farbigen Elemente, die sich im Kreis um ein Zentrum gruppieren – um den Kunden, wie es die Designer erklären, die sich das Logo ausgedacht haben. Es ist wieder eine neue Stufe der Zusammenarbeit, eine höhere, noch verbindlichere. So wie es bereits in der Vergangenheit zahlreiche Stufen gab auf dem Weg zur immer professionelleren, immer globaleren Kooperation. Und vielleicht muss man die Geschichte von Amrop kennen, um das Unternehmen zu verstehen und die Philosophie dahinter.

Die Wurzeln reichen bis in die 80er Jahre zurück. Im Jahr 1984 entsteht in Düsseldorf die Firma „Delta Management Consultants GmbH". Alle sechs Gründungspartner hatten früher selbst leitende Positionen in Unternehmen inne, wollen auch als Personalberater Unternehmer bleiben: Jeder hält gleiche Anteile an der Firma, die sich auf die Suche nach Führungskräften spezialisiert und sich unter dem Slogan „Unternehmer beraten Unternehmer" vermarktet. Sie starten mit Büros in Düsseldorf, Hamburg und München, bald kommen auch Frankfurt am Main und Berlin hinzu, später Dresden. „Wir wollten nicht irgendeine Me-Too-Gesellschaft sein, sondern wollten uns mit den Großen der Branche messen lassen. Wir waren von Beginn an sehr ehrgeizig", erinnert sich Ulrich Dade, der letzte der Gründungspartner, der heute noch im Unternehmen aktiv ist. 9,2 Mio. D-Mark Umsatz macht Delta Management Consultants bereits im Jahr 1997, berichtet die „Frankfurter Allgemeine Zeitung". Dem Artikel vom August 1988 können Interessierte auch entnehmen, dass Delta Kooperationen mit ausländischen Personalberatungsunternehmen eingegangen ist: mit Saxton Bampfylde International in Großbritannien sowie mit Johnson Smith & Knisely Inc in New York. „Ein Kooperationsvertrag mit einer französischen Beratungsgesellschaft werde derzeit vorbereitet", schreibt die Zeitung.

„Etwa Mitte der 80er Jahre haben wir begonnen, über internationale Kooperationen nachzudenken", erzählt Ulrich Dade. Da alle Berater aus internationalen Unternehmen kommen, weltweit gut vernetzt sind, gibt es ohnehin zahlreiche Kontakte. „Am Anfang war das eher opportunistisch, es hat vor allem Spaß gemacht", sagt Dade. Aber es deutet sich bereits an, dass die länderübergreifende Vernetzung auch einen Vorteil für die eigene Arbeit bringen kann. Im Sommer 1987 verfasst der

„Spiegel" erstmals einen Globalisierungs-Titel: „Weltfirma Deutschland. Konzerne drängen ins Ausland", heißt die Schlagzeile. Die Globalisierung ist in Deutschland angekommen. Und Delta bemüht sich, die noch losen internationalen Kontakte in eine organisierte Form zu bringen.

Denn da gibt es noch ein internationales Netzwerk: Amrop International, in Deutschland vertreten durch Mülder & Partner. Gestartet war dieses Netzwerk bereits Ende der 70er Jahre. Warum also nicht etwas Ähnliches auf den Weg bringen, wo die internationalen Kontakte doch bereits bestehen? „Anfang der 90er Jahre haben wir den nächsten Schritt beschlossen. Wir haben unserem noch losen Verbund eine Form gegeben", erinnert sich Ulrich Dade. Firmen aus Großbritannien, Deutschland, Kanada, den USA, Frankreich, Schweden, den Niederlanden und Australien treffen sich 1991 südlich von London im „Hever Castle", um sich formell zu einem internationalen Netzwerk zusammenzuschließen: „The Hever Group" nennen sie den Verbund, nach dem Tagungsort, denn kein einzelner Name soll in den Vordergrund treten, alle Partner sollen gleichberechtigt sein.

Ziel ist es, exklusive Kooperationspartner für die Suche nach Führungskräften auf fremden Märkten zu gewinnen: Wenn eine deutsche Firma beispielsweise für eine Niederlassung in Frankreich einen Geschäftsführer sucht, geben die Delta-Berater den Suchauftrag an die französischen Netzwerkpartner weiter – und umgekehrt. Der große Vorteil: Auf diese Weise können auch die eigentlich nur auf einem nationalen Markt aktiven Firmen Klienten weiter bedienen, wenn diese Führungspersonal im internationalen Bereich suchen. „Die Verflechtung der nationalen Märkte stellt Personalberater vor neue Aufgaben: Sie müssen für ihre Kunden zunehmend auch im Ausland Fach- und Führungspersonal rekrutieren. Vor diesem Hintergrund bilden Personalberatungen internationale Verbünde" erklärt das „Handelsblatt" seinen Lesern im März 1995 das Modell der Hever Group. Mit einem Gesamtumsatz von 40 Mio. $ liege die Hever Group auf Platz fünf des europäischen Executive-Search-Marktes und weltweit auf Platz elf, macht die Zeitung den Vorteil der internationalen Strategie deutlich.

Vom Büro der Londoner Partner aus wird der noch relativ lose Verbund geführt. Auf jährlichen Konferenzen bespricht man das weitere Vorgehen, bald gibt es gemeinsame Broschüren, Marketingaktionen und Akquisitionen. In der zweiten Hälfte der 90er Jahre beginnt die Hever Group, gemeinsame Standards einzuführen: Vorschriften, Leitlinien und Regularien über den gemeinsamen Markenauftritt, über ethische Grundsätze oder Honorarstrukturen. Und man fängt an, das Netzwerk strategisch zu erweitern, Partner für Länder zu suchen, in die das Netzwerk noch nicht hineinreicht. „Wir waren damals schon recht professionell in der Zusammenarbeit, aber im Mittelpunkt stand noch sehr stark die Individualität der einzelnen Mitgliedsfirmen. Es waren in erster Linie persönliche Freundschaften, die das Netzwerk damals zusammenhielten", sagt Ulrich Dade.

Dabei bringt gerade die zweite Hälfte der 90er Jahre stürmische Zeiten für die Personalberatungen: Die großen amerikanischen Firmen streben auf den deutschen Markt – und klopfen auch bei Delta an. Im Dezember 1996 berichtet das „Manager Magazin" erstmals, dass die amerikanische Beratungsfirma Korn/Ferry Interesse an einer Übernahme von Delta Management Consultants habe. Im Dezember 1997 schreibt die „Wirtschaftswoche" von erneuten Gesprächen. „Wir haben längere Zeit verhandelt, aber am Ende entschieden, selbstständig zu bleiben. Wir wollten alle nicht, dass ein Büro in New York entscheidet, wie wir unser Geschäft zu betreiben haben. Wir waren sicher: Die Vorteile, die unser Unternehmen hatte, die Dinge, die uns so erfolgreich gemacht haben, wären verloren gegangen", erinnert sich Dade.

Auch Amrop International, das Wettbewerber-Netzwerk, wird Ende der 90er Jahre kräftig durchgeschüttelt. Mülder & Partner, treibende Kraft und stärkster Partner, werden 1997 von der integrierten Firma Heidrick & Struggles aufgekauft und verlassen das Netzwerk. Die amerikanischen und italienischen Netzwerkmitglieder Lamalie Amrop und TMC Amrop werden von TMP übernommen, die britische Repräsentanz entscheidet sich selbst in Richtung eines integrierten Unternehmens weiterzuentwickeln, und scheidet ebenfalls aus dem Netzwerk aus. Die Lücke auf dem deutschen Markt versucht Amrop International 1999 zu füllen, indem Hofmann Herbold & Partner ins Netzwerk geholt wird. Doch schon kurze Zeit später kaufte Korn/Ferry den neuen deutschen Genossen, Amrop steht auf dem deutschen Markt wieder ohne Partner da.

Die Organisation, deren schlichtes Logo ein silbernes geschwungenes „A" in einem Quadrat ist, hat zwar noch immer einen Namen, der aus „Amerika" und „Europa" zusammengesetzt ist, doch die eigentlichen Stärken liegen in den Wachstumsmärkten Osteuropas, Asiens und Südamerikas. Die Hever Group dagegen ist vor allem in Europa gut vertreten, vor allem in Deutschland, Großbritannien und Frankreich. Die Idee, beide Organisationen zu fusionieren, liegt nahe: „Amrop ist auf uns zugekommen, wir haben uns in New York zu einem ersten Gespräch getroffen und schnell gemerkt, dass wir uns perfekt ergänzen würden: Amrop war da gut, wo wir hin wollten, und wir hatten unsere Stärken dort, wo Amrop geschwächt war", sagt Ulrich Dade, der damals für Hever an den Verhandlungen beteiligt war. Es gab ein zweites Gespräch in Barcelona, „und dann war bald klar, dass wir eine Vereinbarung treffen", erinnert sich Dade. Im Juni 2000 fusionieren beide Netzwerke offiziell zu „The Amrop Hever Group".

„Delta vergrößert internationale Präsenz", meldet die „Frankfurter Allgemeine Zeitung" die Fusion der beiden Netzwerke am 28. Juli 2000. Mit der „Amrop Hever Group" „entstand die nach Unternehmensangaben international größte Organisation unabhängiger Personalberatungsgesellschaften. „Das Netzwerk ist derzeit in 52 Ländern mit 81 Büros tätig. Der Gesamt-Honorarumsatz beträgt mehr als

220 Mio. DM. Damit ist dies die siebtgrößte Beratungsorganisation der Welt", heißt es in dem FAZ-Artikel weiter.

Doch das ist erst der Anfang. Denn nun gilt es, die beiden Organisationen bis hinunter in jedes Büro zusammenzuführen. Dabei geht es zunächst auch um kulturelle Fragen: Die beiden Netzwerke waren recht unterschiedlich, erinnert sich Ulrich Dade: „Die Hever Group war eher so etwas wie ein Old Boys' Network, zusammengehalten vor allem auch durch persönliche Beziehungen. Amrop dagegen war schon sehr professionell. Aber das hat sich toll ergänzt: Die etwas lockerere Hever-Kultur hat die etwas steifere Amrop-Kultur aufgelockert", sagt Dade. Zwei dunkelblaue Schwingen – intern „Skier genannt" – als neues, gemeinsames Logo, sollen den neuen Schwung symbolisieren und die neue Gemeinschaft der beiden Netzwerke bildlich darstellen. Der neue Claim lautet „Global Executive Search".

Das Management Board, die zentrale Steuerungsinstanz, besteht im ersten halben Jahr aus Amrop- und Hever-Partnern in gleicher Verteilung, jeweils ein Amrop- und ein Hever-Chairman stehen der neuen Organisation vor. Gemeinsam entscheiden sie, wie die Organisation künftig gesteuert werden soll: Die Assembly, die jährliche Vollversammlung, wählt elf Boardmitglieder, jeweils auf drei Jahre, sowie einen Chairman, der an ihrer Spitze steht. Sie sollen alle Regionen vertreten, in denen die Organisation aktiv ist. Ein Executive Committee, bestehend aus Chairman und drei Vice-Chairmen für Asien, die USA und Europa/Naher Osten sowie einem Finanzbeauftragten, kümmern sich um die laufenden Geschäfte, in einem Büro in Brüssel laufen alle Fäden zusammen.

Zu den Aufgaben des Boards und des Chairmans gehören Entscheidungen über die strategische Ausrichtung, die Positionierung im Markt, über Marketing und interne Weiterbildung. Außerdem entscheiden Board und Chairman als Schiedsrichter, ob alle Mitglieder die Qualitätsstandards einhalten, zu denen sie sich verpflichtet haben.

„Unser Grundsatz ist eine hohe Selbständigkeit der einzelnen Firmen. Da wir aber alle unter einer gemeinsamen Marke auftreten, müssen wir sicherstellen, dass alle die gleiche Qualität garantieren können", sagt Dade. So müssen die Amrop-Partner in ihrem jeweiligen Land zu den Top Ten der Executive-Search-Firmen gehören. Alle müssen festangestellte Researcher beschäftigen, also Mitarbeiter, die geeignete Kandidaten herausfiltern. Alle müssen sich beschränken auf die Suche und Vermittlung von Führungskräften der ersten und zweiten Führungsebene. Und alle müssen nachweisen, dass sie interne Nachwuchsförderung und Nachfolgeregelungen haben, die eine Kontinuität im Unternehmen gewährleisten.

„Einige Firmen konnten oder wollten diese Anforderungen nicht erfüllen und sind nach dem Zusammenschluss von Amrop und Hever ausgeschieden", sagt Ulrich Dade. Seit 2005 überprüft ein ehemaliger Partner, lange dabei und erfahren, jährlich fünf Mitgliedsfirmen in einwöchigen Audits. Nicht nur die großen Fragen wie die Marktposition werden abgefragt, sondern auch Alltägliches: Wie werden Suchaufträge abgewickelt, wie Kandidaten angesprochen, wie die Klienten informiert? Entspricht die Honorarstruktur den Amrop-Gepflogenheiten? Halten sich alle an die Vorgaben für Dokumente und Corporate Identity? Finden sich Schwächen, bekommt das Unternehmen eine Frist von vier Monaten, um nachzubessern. „Die Marke hat einen sehr hohen Wert, den wir nur durch die Überprüfung der Qualitätsstandards schützen können", sagt Ulrich Dade. Um die Marke noch weiter zu stärken, trifft man 2010 die Entscheidung, den Markenauftritt noch stärker zu vereinheitlichen. Aus „The Amrop Hever Group" wird „The Amrop Group", alle Firmen weltweit tragen nun „Amrop" am Anfang ihres Namens, verwenden das neue Logo, den Nexus.

Mindestens 10 bis 15 % der weltweiten Besetzungsprojekte werden inzwischen international abgewickelt, sagen die Amrop-Statistiken. In einzelnen Ländern kann der Anteil deutlich höher liegen: „Es gibt Länder wie Dänemark oder Österreich, in denen viele Firmen sitzen, die internationale Niederlassungen haben. Dann wird der Key Account aus Dänemark oder Österreich betreut, die einzelnen Suchaufträge aber von den Firmen in den jeweiligen Ländern übernommen", erklärt Stefan Koop. Und nicht nur bei konkreten Aufträgen arbeitet Amrop länderübergreifend zusammen: Practice Groups, in denen sich die Spezialisten für bestimmte Branchen wie Life Sciences, Energie oder Tourismus austauschen, gibt es nicht nur in einzelnen Staaten, sondern auch global. Seit Kurzem ermöglicht ihnen ein neues Intranet, sich noch enger zu vernetzen: „Unsere interne Plattform ‚Andi' – Amrop New Database International – kann man sich wie ein soziales Netzwerk vorstellen. Die Daten aller Berater und Researcher sind dort hinterlegt, die Practice Groups haben ihre eigenen Plattformen darin, außerdem kann man sich mit kurzen Nachrichten schnell und unkompliziert auf dem Laufenden halten", sagt Stefan Koop.

Auch Fortbildungen – die Amrop Academy – werden künftig vermehrt per Internet stattfinden. So ging es kürzlich darum, den globalen Partnern mehr Kenntnisse über alternative Energien – Clean oder Green Energy – zu vermitteln, um dieses Geschäftsfeld konzentrierter und global zu entwickeln:

Wie funktioniert die Branche? Welche Bedürfnisse gibt es? Was muss man wissen, um akquisitorisch tätig zu werden? Auf diese Weise gelang es, einen Rahmenvertrag mit einem großen internationalen Unternehmen abzuschließen. Dieses entschied sich nach einer Reise durch 18 verschiedene Länder für Amrop – weil alle Partner miteinander vernetzt waren, hatten alle den gleichen Wissensstand und konnten so den Klienten überzeugen.

Nur virtuelle Kontakte reichen allerdings nicht. „Unser Geschäft ist in hohem Maße personenbezogen. Ich muss die internationalen Partner, mit denen ich zusammenarbeite, persönlich kennen, wissen, dass ich ihnen vertrauen kann, wenn ich meine Klienten an sie weiterreiche", sagt Stefan Koop. Zusätzlich zu den jährlichen Assembly-Versammlungen gibt es deshalb nun Kontinentaltreffen, auf denen Europäer, Amerikaner oder Asiaten noch einmal Möglichkeiten zur Vernetzung haben. Und nicht nur die Berater, sondern auch die Researcher treffen sich einmal jährlich, um engere Kontakte zu knüpfen. Den Nutzen spürte Stefan Koop vor Kurzem bei einem Projekt für eine Hamburger Reederei, für den ein Geschäftsführer gesucht wurde. Researcher in allen europäischen Ländern mit großen Häfen wurden in die Suche einbezogen: Norwegen, Schweden, Dänemark, Finnland, die Niederlande, Italien, Spanien – weil sich die Researcher kannten, klappte die Kommunikation bestens.

„Wir arbeiten inzwischen so professionell zusammen, dass ich auch bei derzeit 57 Staaten, in denen wir inzwischen vertreten sind, noch keine Grenze sehe", sagt Amrop-Chairman Ulrich Dade. Gerade plant das Management-Board eine Greenfield-Investition in Angola. Dort gab es Nachfrage nach Beratern, nun prüft man, ob sich dort ein Partner am Markt etablieren kann. In Vietnam hat das bereits funktioniert. Was Amrop da noch von einem global integrierten Unternehmen unterscheidet? „Wir haben keinen Chef in New York sitzen", sagt Stefan Koop, „und das ist auch gut so." „Unsere Struktur ermöglicht es, viel flexibler auf die Kunden einzugehen, auf die Bedürfnisse", sagt Ulrich Dade. „Und ich glaube, dass wir durch das unternehmerische Denken unserer Berater auch eine andere Qualität bieten. Wir haben Partner, die nicht einfach Teil einer uniformierten Gesellschaft sein wollen, Berater, die sich persönlich sehr engagieren." Ein bisschen anders will man dann doch bleiben. Bunter. Vielfältiger. Und individueller.

Außer Kontrolle – Warum Deutschland eine neue Generation von Aufsichts- und Beiräten braucht

Dieter Hofmann

Chaostage bei der deutschen Industrie-Ikone ThyssenKrupp: Erst wirft der Aufsichtsrat die Hälfte des Vorstandes hinaus, knapp eine Woche später, am 10. Dezember 2012, gibt Konzern-Chef Heinrich Hiesinger mit zerknirschter Mine bekannt, dass das Unternehmen im abgelaufenen Geschäftsjahr einen Rekordverlust von fünf Milliarden Euro eingefahren hat. Mehr als die Hälfte des Eigenkapitals ist vernichtet, die Dividende fällt aus, die 150.000 Beschäftigten bangen um ihre Arbeitsplätze – das einst so ertragreiche Unternehmen ringt ums Überleben.

Elf Milliarden Euro müssen auf Stahlwerke in Brasilien und in den USA abgeschrieben werden. Die beiden Projekte waren von Anfang an falsch geplant und dann noch schlecht umgesetzt. Doch das Desaster bei ThyssenKrupp hat nicht nur eine ökonomische Dimension. Vielmehr hat das Führungspersonal in Essen auch gegen die Grundsätze einer ordnungsgemäßen Corporate Governance verstoßen. Es gab Korruptionsaffären und es wurden illegale Kartelle gebildet – bei Rolltreppen und Aufzügen, genau so wie bei Schienen und Weichen. Inzwischen steht fest, dass die Deutsche Bahn von Thyssen-Krupp Schadensersatz für die Kartellabsprachen auf dem Schienenmarkt erhält. Nicht bestätigten Presseberichten zufolge muss der Stahlkonzern rund 150 Millionen Euro zahlen - und damit deutlich weniger, als die Bahn ursprünglich verlangt hatte. Hinzu kommt eine Kartellstrafe von über 100 Millionen Euro.

Damit nicht genug. Stück für Stück dringt an die Öffentlichkeit, dass sich einer der drei gefeuerten Vorstände – ausgerechnet jener, der für Compliance verantwortlich war – sich nicht sonderlich um die Einhaltung von Gesetzen und Richtlinien scherte. Man wirft ihm insbesondere vor, dass er eine aufwändige Reise, die

D. Hofmann (✉)
Hofmann Consultants GmbH, THE SQUAIRE 15, Am Flughafen,
60549 Frankfurt am Main, Deutschland
E-Mail: info@hofmann-consultants.com

offenkundig auch privaten Charakter hatte, vollständig als Dienstreise abgerechnet hat. Die Staatsanwaltschaft ermittelt gegen ihn wegen des Anfangsverdachtes der Untreue.

Nun übt sich ThyssenKrupp-Vormann Hiesinger in Vergangenheitsbewältigung. „Unsere Führungskultur hat an vielen Stellen versagt", gesteht Hiesinger ein. Blinde Loyalität und Seilschaften seien wichtiger als der unternehmerische Erfolg gewesen, Fehlentwicklungen habe man lieber verschwiegen als korrigiert.

Hiesinger sind keine Vorwürfe zu machen, er lenkt den Konzern erst seit Anfang 2011. Was aber ist mit dem Aufsichtsrat, und insbesondere mit dessen Vorsitzendem Gerhard Cromme? Seit 2001 hatte Cromme das Kontrollgremium geleitet. Keiner hat in diesen langen Jahren die Führungskultur von ThyssenKrupp so nachhaltig geprägt wie er. Cromme lebte dem Spitzenpersonal an der Ruhr genau jene Verhaltensweisen vor, die Hiesinger zurecht anprangerte: Das Mauscheln in Hinterzimmern, das Aushandeln möglichst gesichtswahrender Kompromisse und das Wegducken vor Verantwortung.

Cromme hatte 2008 den Bau des Stahlwerkes in Brasilien abgenickt, obwohl es damals schon Warnsignale gab. Er hatte der Errichtung der Fabrik in den USA zugestimmt. Und er hatte anscheinend all die kriminellen Machenschaften nicht gesehen, die den Konzern jetzt einholen. Wer indes erwartet hatte, dass der Oberkontrolleur die Konsequenzen zieht und zurücktritt, der hatte sich getäuscht. Erst als ihm der zwischenzeitlich verstorbene Konzernpatriarch Berthold Beitz im März 2013 das Vertrauen entzog, nahm der Chefkontrolleur endlich seinen Hut.

Der Fall ThyssenKrupp ist besonders spektakulär, aber keine Ausnahme. Auch bei anderen schwankenden oder bereits gefallenen Unternehmen wie Metro, Arcandor oder Praktiker stellt sich die Frage: Warum haben die Kontrolleure nicht oder erst viel zu spät eingegriffen? Sind die Räte wirklich moralisch integer und fachlich kompetent? Und: Nach welchen Kriterien wurden die Herren (und die ganz wenigen Frauen, die es bislang in den Gremien gibt) eigentlich ausgewählt? Die Antwort: Bei der Berufung der Räte herrscht vielerorts Willkür und Gschaftlhuberei. Nicht anders verhält es sich mit Beiräten, die oftmals Familienunternehmen begleiten. Auch dort zählen persönliche Beziehungen nicht selten mehr als Fachwissen, sind Ja-Sager eher willkommen als konstruktive Kritiker.

Gut geführte Unternehmen betreiben einen hohen Aufwand bei der Besetzung von Führungspositionen. Detaillierte Profile werden gezeichnet, Headhunter eingeschaltet und eingehende Prüfverfahren installiert. Wo bleibt diese Akribie bei der Auswahl von Aufsichts- und Beiräten? Als wichtigste Kontroll- und Korrekturinstanz spielen sie doch mindestens eine so bedeutende Rolle wie der Vorstand oder die Geschäftsführung, die sie bestellen, überwachen und beraten sollen.

Um die Frage zu klären, warum die Gremien im allgemeinen mit wenig Sorgfalt besetzt werden, muss man sich vor Augen halten, wie der Nominierungsprozess in einer Aktiengesellschaft abläuft: Steht eine Nachfolgeregelung an, treffen normalerweise Aufsichtsräte und Vorstände hinter verschlossenen Türen eine Vorauswahl. Dabei sind nicht wenige Vorstände an möglichst bequemen Ratsmitgliedern interessiert, die ihnen nicht all zu sehr auf die Finger schauen und nicht auf Veränderungen pochen. Ein Aufsichtsratsmitglied andererseits, das seinen Posten einem Nachfolger übergibt, will nicht, dass der Neue seine Amtsführung im Nachhinein kritisiert oder gar Fehlentscheidungen aufdeckt. Und so kommt es, dass der Hauptversammlung oftmals diejenigen Kandidaten vorgeschlagen werden, mit denen sowohl der Vorstand als auch die Kontrolleure seit Jahren verbunden sind.

Man kennt sich, also tut man sich auch nichts – nur so ist die Ämterhäufung bei einer winzigen Elite von Aufsichtsräten zu erklären: Nach einer Auswertung der 2011er Geschäftsberichte von Dax-30-Konzernen durch die Deutsche Schutzvereinigung für Wertpapierbesitz (DSW) verfügten die zehn mächtigsten Kontrolleure in Deutschland über 26 Aufsichtsratsmandate in 16 Unternehmen. Nicht mitgezählt sind die zahlreichen Aufsichtsratssitze in Unternehmen, die nicht im Dax-30 notiert sind. Der ehemalige Bayer-Chef Manfred Schneider war laut dieser Studie der am besten beschäftigte Aufpasser: Er leitete die Gremien von Bayer, Linde und RWE. Gerhard Cromme schaffte es immerhin auf Platz drei des Rankings. Er saß an der Spitze der Aufsichtsräte von ThyssenKrupp und Siemens, zudem gehörte er den Kontrollgremien des Medienriesen Axel Springer und des französischen Industriekonzerns Compagnie de Saint Gobain an.

DSW-Vizepräsident Klaus Nieding kritisiert diese Ämterkonzentration: „Ich kann nur dringend an die Unternehmen appellieren, bei der Kandidatenkür nicht in alte Muster zu verfallen und den besten Golfkumpel für eine vakant werdende Aufsichtsratsposition vorzuschlagen", so der Experte. Laut Nieding soll bei der Wahl eines Aufsichtsrats die berufliche Expertise, die Managementerfahrung und auch eine gewisse Internationalität der Kandidaten entscheiden. Darüber hinaus sei auch darauf zu achten, dass sich „die Kompetenzbereiche der Kontrolleurinnen und Kontrolleure" ergänzen.

Hehre Worte, doch sie finden wenig Gehör. Und dies, obwohl die Anforderungen an Aufsichtsräte deutlich gestiegen sind: Der freiwillige Corporate Governance-Kodex hat ihnen ein engeres Korsett angelegt und verlangt mehr Effizienz von den Mitgliedern.

Obendrein hat der Gesetzgeber die Rahmenbedingungen verschärft. So fordert zum Beispiel das Bilanzrechtsmodernisierungsgesetz seit Beginn 2010 klare Kompetenzen im Aufsichtsrat – vor allem einen unabhängigen Experten, der über besondere Kenntnisse bei Abschlussprüfung und Rechnungslegung verfügt. Fehlt dieses Fachwissen im Kreis der Kontrolleure, kann sich das Kreditranking des Unternehmens verschlechtern und die Finanzierung verteuern. Auch die Pflichten der Aufsichtsräte und die sich daraus ergebenden Haftungsregeln hat der Staat neu definiert. Bei Verstößen drohen rechtliche Konsequenzen bis hin zu hohen Schadensersatzforderungen.

Die Ansprüche sind gewachsen, das Niveau der Räte aber wird ihnen kaum gerecht. Die Realität sieht oft erschütternd aus:

- Manche Räte sind intellektuell überfordert. Man muss ihnen selbst einfache Sachverhalte erklären und vor jeder Entscheidung langatmige Diskussionen führen. Ein Missstand, der gerade bei Familienunternehmen anzutreffen ist, bei denen die Nachkommen der Gründer dem Beirat angehören. Sie haben den Sitz im Kontrollgremium sozusagen geerbt, ohne dass jemand nach ihrem Sachverstand fragt. „Gerade im für Deutschland so wichtigen Mittelstandssektor stellen wir fest, das die Kontrollorgane von Unternehmen nicht ausreichend qualifiziert sind", beklagt der CDU-Bundestagsabgeordnete Michael Fuchs.
- Es gibt durchaus Räte, die vor allem den Titel und das Geld im Blick haben, das ihnen der Kontrolleursposten bringt. Dabei muss gesagt werden, dass die Honorierung in einem kleineren Beirat nicht gerade üppig ausfällt: Da gibt sich einer schon mal mit ein paar zehntausend Euro im Jahr zufrieden. Wem allerdings der Einzug in das Kontrollgremium eines Dax-Konzerns gelungen ist, der wird weitaus besser bezahlt. Ein einfaches Dax-Aufsichtsratsmandat wurde 2011 mit durchschnittlich 98.000 € honoriert, der Vorsitzende kam im Schnitt auf 298.000 €. Gerhard Cromme ließ sich mit solchen Beträgen allerdings nicht abspeisen. Sein Engagement bei ThyssenKrupp und Siemens brachten ihm 2011 rund eine Millionen Euro ein. Er lag damit auf der Liste der Spitzenverdiener auf Platz zwei, ganz dicht hinter VW-Chefaufseher Ferdinand Piech.
- Ein großes Ärgernis sind jene Räte, die immer wieder zu spät zu den Sitzungen erscheinen und dann auch noch früher gehen müssen, um ihr Flugzeug oder den Zug zu erreichen. Auf den Sitzungsunterlagen dieser Vielbeschäftigten kleben nicht selten blassgelbe Aufkleber – beschriftet von der Hand eines Assistenten, der das Unternehmen nur vom Papier her kennt. Besonders häufig tritt dieses Phänomen bei prominenten Konzernführern oder renommierten Hochschullehrern auf. Die verfügen zwar über die entsprechende Kompetenz, haben aber so viele Ämter angesammelt, dass ihnen für die einzelnen Mandate nicht genügend Zeit bleibt.
- Nicht wenige Unternehmen leiden unter einem Generationsproblem. Die Top-Manager sind gerade mal Mitte 40, die Aufsichts- oder Beiräte aber 20 Jahre älter. In der Zeitspanne, die Manager und Kontrolleure trennt, hat sich die Wirtschaft jedoch radikal gewandelt. Viele der 60- oder gar 70-Jährigen haben die Veränderungen nicht richtig verarbeitet, sie sind weder fähig noch bereit, sich mit neuen technischen oder gesellschaftlichen Strömungen auseinander zu setzen und daraus die richtigen Schlüsse für ihre Arbeit zu ziehen.

Schlecht vorbereitet, keine Fachkompetenz, zu wenig Zeit – wenn in einem Aufsichtsrat auch nur ein einziges Mitglied patzt, kann es das ganze Gremium lähmen. Daher darf die Berufung der Räte nicht dem Zufall überlassen werden, sondern sie muss sich – eigentlich eine Banalität – exakt an den Anforderungen des Unternehmens und seiner Gesellschafter orientieren.

Natürlich gibt es in Deutschland auch hervorragend besetzte Aufsichtsgremien. Genau gesagt: Die Negativbeispiele sind nicht die Regel, sondern eher die Ausnahme. Dennoch ließe sich die Schlagkraft vieler Organe entscheidend steigern, wenn bei der Kandidatenauswahl nicht immer wieder Fehler gemacht würden.

Apropos Fehler: Seit dem Zusammenbruch der US-Investmentbank Lehman Brothers im Herbst 2008 ist immer wieder – und völlig zu recht – die Rede vom Missmanagement und der Gier der Banker. Hingegen wird die Rolle der Aufseher in der Kreditwirtschaft meist nur am Rande thematisiert. Das Zentrum für Europäische Wirtschaftsforschung (ZEW) ist da eine Ausnahme: „Die Aufsichtsräte der Banken haben ihre Kontrollfunktion in den zurückliegenden Jahren schlecht erfüllt und tragen Mitschuld an der Finanzmarktkrise", schrieben die Mannheimer Wissenschaftler in einer 2010 veröffentlichten Studie.

„Der Gesetzgeber sollte unbedingt die Aufsichtsratsstrukturen bei Banken verbessern", schreibt das ZEW weiter. „Vordringlich sollten höhere Anforderungen an die Qualifikation und Erfahrung gestellt, die Zahl der von einem Aufsichtsratsmitglied ausgeübten Mandate begrenzt und die Informationsrechte des Aufsichtsrates gegenüber dem Vorstand gestärkt werden". Bleibt die Frage: Ist der Ruf nach dem Staat und immer detaillierteren Verordnungen wirklich der einzige Ausweg? Es gebietet doch der gesunde Menschenverstand, bei der Kandidatenauswahl unter anderem darauf zu achten, dass das künftige Ratsmitglied die Branche gut kennt, in dem die zu kontrollierende Firma tätig ist.

Unternehmensaufsicht ist kein Ehrenamt. Gefordert sind Menschen mit sozialer Kompetenz, die auch mit Konflikten umgehen und Teams moderieren können. Der Kontrolleur darf nicht den besseren Vorstand spielen, sondern er soll das Management im Idealfall als beratender Coach begleiten. Eine zentrale Rolle spielt hierbei das Persönlichkeitsprofil. Bei einem Familienunternehmen sind beispielsweise andere Charaktere gefragt als bei einem Großkonzern. Immer aber gilt: Nur ein Aufsichtsrat, der zur Unternehmenskultur passt, ist ein guter Ratgeber.

Die Kunst der Räte besteht darin, eine Balance herzustellen – ein ausgewogenes Verhältnis von Vertrauen und Kontrolle zu schaffen. Wer diese Fertigkeit besitzt und zugleich auch noch ein Mindestmaß an Anstand mitbringt, der ist gefeit vor Ränkespielen und Missmanagement. Solche Kontrolleure müssen auch keine Chaostage durchstehen.

Von der Stellenanzeige zur Kopfjagd

Tiemo Kracht und Jürgen Siebert

Es begann in Berlin. Am 23. Dezember 1977 wurde die Kienbaum Berlin GmbH gegründet, und am 1. Januar 1978 startete Jochen Kienbaum als Personalberater. In einer Zeit, als Berlin noch durch eine Hunderte Kilometer lange Mauer eingeschlossen war, bezeichneten nahezu alle unternehmerischen Kreise die Gründung einer Personalberatung als abenteuerlich. Kienbaum aber hatte den richtigen Riecher und nutzte auch die positive Stimmung in der Stadt, die der neue Regierende Bürgermeister Richard von Weizsäcker erzeugte. Seitdem sind nicht nur die politischen Protagonisten andere, auch das Geschäft der Personalberatung bei Kienbaum hat sich deutlich gewandelt. Wo früher die Anzeige stand, gibt es heute Kombinationsaufträge oder Direktansprache.

Die geschäftliche Basis der Kienbaum Personalberatung ist von jeher sehr stark durch eine enge Kooperation mit dem deutschen Mittelstand geprägt. Dabei handelt es sich bei diesen Kunden um wirtschaftlich äußerst erfolgreiche Unternehmen in den unterschiedlichsten Regionen der Bundesrepublik – „Hidden Champions" – die im Gegensatz zu vielen Großunternehmen und Konzernen keinen vergleichbaren Bekanntheitsgrad hatten und haben oder noch keine starke Arbeitgebermarke aufbauen konnten. Sie haben sich – dem vorherrschenden Personalgewinnungsverfahren folgend – über Kienbaum und seinen Anzeigenansatz auf die Suche begeben und über die Marke „Kienbaum" Fach- und Führungskräfte angesprochen. Dieses Verfahren hat sich bewährt und zeigt bis heute große Wirkung.

Dr. T. Kracht (✉)
Kienbaum Executive Consultants GmbH, Hohe Bleichen 19,
20354 Hamburg, Deutschland
E-Mail: contact@kienbaum.de

J. Siebert
Kienbaum Executive Consultants GmbH, Stadttor 1,
40219 Düsseldorf, Deutschland
E-Mail: contact@kienbaum.de

Allerdings nimmt das Anzeigengeschäft heute nur noch einen kleinen Prozentsatz am gesamten Geschäftsvolumen der Kienbaum Executive Consultants GmbH ein. Mit einer starken Ausweitung der Datenbankbasis über die vielfältigen Anzeigenprozesse und dem Wunsch nach einer aktiven Marktbearbeitung auf Klientenseite wurden zunehmend sogenannte Kombinationssuchen angeboten, die die herkömmliche Anzeigenschaltung mit der persönlich-vertraulichen Direktansprache von Kandidaten in den für den Auftraggeber interessanten Wettbewerbsunternehmen verknüpften. Damit wurden der passive und der aktive Suchansatz im Kundeninteresse miteinander verbunden. Im Rahmen der traditionell intensiven Kooperation von Kienbaum mit dem öffentlichen Sektor konnte zudem teilweise nicht auf den reinen Direct Search umgestellt werden, da hier bis heute die öffentliche Ausschreibung von Positionen weithin Standard ist.

Daneben erfolgten durch drei übergeordnete Entwicklungen tiefgreifende Veränderungen im Wirtschaftsgeschehen, die sich auch im Geschäftsmodell von Kienbaum niederschlugen: Globalisierung, demografischer Wandel und New Economy, also die Revolutionierung der Kommunikation durch das Internet. Wie der Begriff New Economy nahelegt, wurden neue ökonomische Verhältnisse geschaffen, die auch die geschäftsstrategische Ausrichtung der Kienbaum-Unternehmensgruppe stark beeinflusst haben.

Die Globalisierung forderte die Geschäftsmodelle in allen Branchen heraus. Kapitalstrukturen, Produktwelten, Transaktionsbeziehungen und vor allem sicher geglaubte Absatzmärkte wurden plötzlich infrage gestellt. Diese Entwicklungen hatten insbesondere eine starke Internationalisierung des Mittelstandes zur Folge, mit dem Kienbaum seit 1945 in enger Geschäftsbeziehung stand. Damit wurde auch die Internationalisierung der Kienbaum-Unternehmensgruppe stark vorangetrieben – zum einem durch die Schaffung westeuropäischer Präsenzen, zum anderen durch die Eröffnung von Büros in Zentral- und Osteuropa, wo Kienbaum bereits vor den britischen und US-Wettbewerbern vertreten war. Es folgte sodann auch der Sprung nach Asien über die Standorte Singapur, Bangkok, Shanghai und aktuell auch Tokio sowie die Präsenz in Südamerika. Heute umfasst das internationale Netzwerk insgesamt 27 Auslandsstandorte, sodass Kienbaum seine Kunden in alle relevanten Märkte hinein begleiten kann.

Hier geht es um internationale Suchaufträge, die in Verbindung mit dem Kienbaum International Department in Deutschland als „Schnittstelle" die Kandidatenauswahl in mehreren Ländern oder die Suche von Führungspersonal an einem Auslandsstandort für nationale oder internationale Auftraggeber ermöglichen. Zudem generieren die Kienbaum-Auslandsbüros auch ein tragfähiges nationales Eigengeschäft, das in Kombination mit den Transferkontakten eine solide Basis bietet. Die internationalen Suchprozesse sind mit dem klassischen Anzeigengeschäft aufgrund des fehlenden Markenbekanntheitsgrades in den einzelnen Ländern nicht vereinbar. Daher wurde auch über das wachsende Auslandsgeschäft die systematische Direktsuche von Kandidaten und damit die Hinwendung zum Executive Search stark gefördert. In den genannten Zusammenhängen konnte nur über sorgsam definierte Zielfirmenlisten die persönlich-vertrauliche Direktansprache von Kandidaten erfolgen. Es ging und geht darum, in den Zielmärkten aktiv und gezielt auf bestimmte Kandidaten zuzugehen und diese handverlesenen Führungskräfte für den Auftraggeber zu gewinnen.

Der demografische Wandel wird Deutschland in den kommenden Jahren mit voller Härte treffen, wenn die Baby Boomer – die geburtenstarken Jahrgänge – in Ruhestand gehen und der Pillenknick stärker zu spüren ist. Die Nachfrage nach akademisch qualifizierten Fach- und Führungskräften wird in einer Zeit sprunghaft zunehmen, in der gleichzeitig die Absolventenzahlen an den Hochschulen dramatisch einbrechen werden. Damit steuern viele westliche Industrienationen und „Wissensgesellschaften" auf eine massive Verknappung von Personalressourcen zu. Die Vorboten dieser Entwicklung waren bereits in den 90er Jahren zu spüren. Kienbaum traf mit den Anzeigen nicht mehr einen „übersprudelnden Personalmarkt", sondern verzeichnete in den Projektprozessen rückläufige Quantitäten und Qualitäten von Bewerbern. Auch vor diesem Hintergrund wurden häufig die Kombinationssuchen vereinbart, um den Besetzungsprozess neben dem Anzeigenaufkommen durch Kandidatenvorschläge aus der ergänzenden Direktansprache anzureichern. Dieser Trend hat sich seit Ende der 90er Jahre kontinuierlich verstärkt, sodass heute selbst akademisch grundierte Fachpositionen über das Verfahren der Direktsuche besetzt werden. Hinzu kommt, dass heutzutage Kandidaten auf allen Führungsebenen die persönliche Ansprache bezüglich etwaiger Karriereoptionen gewohnt sind und im engen Kontakt mit Personalberatungsunternehmen stehen.

Mit der New Economy und dem Boom der internetbasierten Geschäftsmodelle wurde ein neues Zeitalter eingeläutet. Seither ist eine weitreichende Veränderung des Informations- und Leseverhaltens zu beobachten, wodurch die printbasierte Kommunikation an Bedeutung verloren hat. Mit dem damit einhergehenden Boom von Online-Jobbörsen, Netzwerken und Jobportalen wurde die klassische Print-Anzeige in der Tages-, Wochen- und/oder Fachpresse zunächst branchenbezogen (IT/Telco/New Media) und sodann auf breiterer Front infrage gestellt. Kienbaum hat darauf nicht nur mit der Schaffung eines eigenen Jobportals reagiert, das heute von vielen Fach- und Führungskräften als bevorzugtes Informationsmedium im Rahmen der strategischen Karriereplanung genutzt wird. Von den weit über 1.000 Suchprozessen pro Jahr wurden sehr viele über diese Plattform elektronischer „Anzeigenschaltung" transparent und für den breiteren Personalmarkt zugänglich gemacht.

Der Verlust der Reichweite von klassischen Print-Stellenanzeigen führte dazu, dass sich Executive Search auch bei der Suche nach mittleren Managern als Methode durchsetzte. Heute steht fest, dass sich das Anzeigengeschäft in einem dauerhaften Schrumpfungsprozess befindet und – wenn überhaupt – durch elektronische Varianten, insbesondere jedoch durch den klassischen Direct Search abgelöst werden wird. Die Jahrzehnte währende Marktführerschaft der Kienbaum Gruppe in der deutschen Personalberatung war jedoch darauf zurückzuführen, dass die Organisation stets auf Wachstum und auf Wachstumsmärkte ausgerichtet war und das Geschäftsmodell stetig angepasst hat. Da, wo es gewünscht, gewollt oder verfahrenstechnisch vorgeschrieben war, wurde das Anzeigengeschäft weiter kultiviert, aber zudem elektronisch unterlegt. Das Unternehmen wurde sodann konsequent immer stärker auf Executive Search in allen Führungsebenen ausgerichtet.

Diese klare Weichenstellung in der Unternehmenspolitik korrelierte zudem mit veränderten Rekrutierungsmechanismen auf Auftraggeberseite und veränderten Erwartungshaltungen an eine strategische Geschäftspartnerschaft mit der mandatierten Personalberatung. Im Zuge von Lean-Management-Strukturen nahm das relative Gewicht einer Fach- und Führungskraft im Gesamtgefüge der sich verschlankenden Organisation zu, sodass die Qualitätsstandards in der Führungskräftegewinnung stiegen. Auch nahmen und nehmen die Personalabteilungen verstärke strategische und steuernde Funktionen wahr, sodass die Führungskräfte-Akquisition bis zur Bereitstellung eines profilkonformen Kandidatenkreises an beauftragte Executive-Search-Unternehmen (Preferred Provider) übertragen wird. Die Unternehmen setzten auf sorgsam vorselektierte und professionell evaluierte Kandidaten (Management-Diagnostik), die das Ergebnis einer systematischen Marktrecherche und Direktsuche sind. Sie konnten und wollten sich nicht auf die Zufallsauswahl eines Anzeigenprozesses verlassen.

Die Entwicklung hin zum Executive Search vollzog sich auch mit der wachsenden Zahl an Top-Besetzungen in allen Branchen. Im Gesamtspektrum des Mittelstandes hat Kienbaum von jeher Positionen auf der ersten und zweiten Führungsebene – Geschäftsführung/Vorstand, Bereichsleitung – besetzt. Mit den sich intensivierenden Geschäftsbeziehungen zu den Großunternehmen und Konzernen auf den ersten Ebenen bzw. im gehobenen mittleren Management hat sich der Trend hin zu den systematischen Direktsuchen ebenfalls nachhaltig verstärkt. Es ging auch hier um eine weitreichende Marktpenetration und eine „Best in Class Presentation", die nur über die aktive Marktbearbeitung darstellbar war, auch im Schulterschluss mit den Auslandsniederlassungen.

Am Ende dieses stringenten Entwicklungsprozesses stand eine entsprechend ausgerichtete Unternehmensstruktur mit den Kienbaum Consultants International als Holding-Ebene und den drei operativen Beratungsgesellschaften. Neben den Kienbaum Management Consultants als Strategie-, Prozess- und Human-Resources-Beratung gibt es die Kienbaum Communications GmbH und die Kienbaum *Executive Consultants* als Executive-Search-Unternehmen mit 14 Inlandsbüros, 27 Auslandsniederlassungen und neun Practice Groups (Branchenzentren).

Der umsichtig gestaltete Entwicklungsprozess der Kienbaum-Personalberatung zur Kienbaum Executive Consultants GmbH wurde von einer zielgerichteten Personalpolitik begleitet. Namhafte Berater- und Führungspersönlichkeiten aus den klassischen Executive-Search-Unternehmen sowie aus einigen branchenfokussierten mittelständischen Beratungen haben in den vergangenen Jahren zu Kienbaum gefunden und ihre Lust daran entdeckt, eine global agierende deutsche Marke im Executive Search „mitzugestalten".

Damit konnte Kienbaum seine Branchenkompetenz weiter nachhaltig steigern. Die starke Regionalpräsenz des Unternehmens erleichtert die Durchdringung des stark dezentralen bundesdeutschen Beratungsmarktes. Mit der Verbindung von Direktsuche, Anzeigensuche und Kombinationssuche sowie dem Jobportal kann man allen Kunden- und Kandidatenbedürfnissen gerecht werden. Der Geschäftsansatz der Kienbaum Gruppe in der Personalberatung bleibt somit ganzheitlich. Kienbaum will auf allen Unternehmensebenen Problemlösungen organisieren und überzeugende Besetzungserfolge gewährleisten. Es gibt nicht das Bestreben, als „reinrassiges" Executive-Search-Unternehmen nur die arrivierten Führungskräfte auf dem Personalkarussell hin und her zu schieben. Daraus entsteht kein ausreichender Mehrwert für den Klienten, schon gar keine Personalinnovation. Kienbaum lernt durch diese Vorgehensweise die Führungskräfte von morgen, die Kandidaten mit dem „Marschallstab im Tornister", früher kennen. Insofern bleibt Kienbaum in seinem Geschäftsmodell einzigartig aufgestellt.

Vom Executive Onboarding bis zum Accelerated Transition

Wolfgang Walter

Stellen Sie sich vor, Sie haben eine erfolgreiche Karriere in einem großen Konzern hinter sich gebracht, viele Siege errungen, wenige Niederlagen erlitten. Auch schwierige, neue Herausforderungen haben Sie gut bewältigt. Gestärkt mit diesen Erfahrungen und dem entsprechenden Selbstbewusstsein geht es irgendwann in Ihrer Karriere nicht mehr so richtig weiter, wie Sie es sich wünschen. Sie entscheiden sich deshalb für einen Wechsel.

Die aufnehmende Organisation hat ihre Herausforderungen – sicher –, aber das müsste zu schaffen sein; das Gespräch mit dem CEO war nicht ganz so gut, aber die anderen Gespräche sind perfekt verlaufen.

Und Sie sind ja nicht zum Kuscheln in die Firma gekommen, sondern um einen guten Job zu machen. Sie beginnen ohne große Unterbrechungen … (war ja wichtig, so früh wie möglich bei dem Neuen anzufangen). Die Branche ist ähnlich, die Größenordnung eine andere, aber Sie sind ja seit über zehn Jahren von Ihrem Arbeitgeber flexible Reaktionsmuster gewohnt.

Es beginnt alles damit, dass die Assistentin, die schon lange im Unternehmen ist, nun doch nicht für Sie arbeitet und erst eine neue gesucht werden muss. Dann bemerken Sie, dass die Wahl des Firmenwagens wohl doch ein bisschen forsch ist angesichts der grauen und schwarzen „7-er" und „S-Klasse" Flotte der anderen Vorstandskollegen. Sie wundern sich, dass auf Ihre freundliche Antritts-Mail mit der Bitte, Ihnen Infos zu schicken, kaum jemand geantwortet hat. Aber in der ersten Vorstandssitzung schlägt es Ihnen fast den Boden aus: Da wurde in epischer Breite Konsenssoße produziert, anstatt auf den Punkt zu kommen. Gott sei Dank haben Sie ja – obwohl es nicht in Ihren Bereich fällt – so gute IT Kenntnisse, dass Sie den älteren, blassen CIO kurz mal aufzeigen konnten, wie unsinnig dessen Lö-

---

Dr. W. Walter (✉)
Heidrick & Struggles Deutschland, Kennedydamm 24,
40476 Düsseldorf, Deutschland
E-Mail: wwalter@heidrick.com

D. Hofmann, G. Bergert (Hrsg.), *Headhunter*,
DOI 10.1007/978-3-658-02456-7_14, © Springer Fachmedien Wiesbaden 2014

sungsvorschlag war. Die Zustimmung der jungen Kollegen haben Sie gerne wahrgenommen; die Ablehnung der Älteren hat Sie nicht gewundert, die Missgestimmtheit des CEOs haben Sie geflissentlich ignoriert. Allianzen werden überschätzt und so sparen Sie sich die Zeit, Ihr neues Organisationskonzept für Ihren Bereich auch sicherheitshalber mit den Kollegen abzustimmen. Komisch war dann nur die Präsentation während der nächsten Vorstandssitzung: Denn trotz einer eleganten Slide-Show (man war ja schließlich lange genug in der Strategieberatung tätig) stellte sich kaum Feedback ein. Also: ran an den CEO, dessen Commitment einholen, Schritte absegnen und Vollgas! Doch der ist einer, der „laufen lässt", einen „an der langen Leine führt".

Zu spät merken Sie, dass 90 % des operativen Geschäfts von anderen Vorständen gemanagt werden und dass der CEO sich auf eine freundlich-strategisch eingreifende Positionierung zurücklehnt. Zu spät merken Sie, dass der alte CIO eine sehr enge Beziehung zum CEO hat, zu spät realisieren Sie, dass die neue Organisationsstruktur so viel Unruhe mit den Gewerkschaften produzieren wird, wie man im Moment überhaupt nicht gebrauchen kann, man aufgrund von übergreifenden Ideen aber auf deren Kooperation angewiesen ist.

An diesem Punkt beginnt der Anfang vom Ende: Stärken wie Durchsetzungskraft und Entschiedenheit werden in einer anderen Struktur Schwächen, da Sie hier mit Organisationsintelligenz und Empathie gepaart sein müssten. Sie verstehen die Welt nicht mehr, als der Aufsichtsrat ein Gespräch mit Ihnen sucht, weil Sie verbuddelte Leichen des Vorgängers verantwortlicherweise ausgraben. Sie glaubten noch, sich auf ein Lob einstellen zu können. Umso überraschter empfinden Sie sein mickriges Abfindungsangebot. Sie fallen aus allen Wolken. Versuchen, das Rad noch einmal zurückzudrehen, sprechen von ersten Erfolgen, aber das Boot hat schon abgelegt – und zwar ohne Sie.

Ein Einzelfall?

Mitnichten! Circa 35 % der neu angestellten Manager sind nach 18 Monaten wieder draußen. Dies ist aufgrund einer mangelnden Fehlertoleranzkultur in Deutschland noch dramatischer als in anderen Ländern[1]. Aber hier in Deutschland wird doch nicht so schnell gefeuert! Hire and Fire das ist doch typisch USA! Mitnichten. Nach einer aktuellen Studie ist die Vorstandsverweildauer in keinem anderen Land so kurz wie bei uns.[2] Nach einer Untersuchung von Heidrick & Struggles ist die Gruppe der Vorstände in Dax-Konzernen nach zwei Jahren zu zweidrittel neu. Wobei besonders interessant ist, dass die Menschen, die Dax-Vorstandspositionen

---

[1] Lucier, Chack/Schuyt, Rob/Spiegel, Eric: „CEO Succession 2002: Deliver or Depart", RHR International Company: „Hitting the ground running: accelerating executive integration".
[2] Studie von Booz & Company.

verlassen, selten in ein anderes Dax-Unternehmen gehen. Was sind die Gründe und was kann man tun?[3]

Ein Hauptgrund für das Scheitern ist die negative Seite von effizientem Erfolgsglauben. „Ich schaffe das schon!" … „Je größer die Herausforderung, desto besser." … „Ich weiß, dass ich nicht alle Voraussetzungen mitbringe, aber ich bin ja ein Kämpfer!" … „Das kriege ich schon hin" … „Ich wachse mit den Aufgaben."

Nichts gegen ein ausgeprägtes Selbstbewusstsein; nichts gegen positives, optimistisches Denken, aber es ist ein Erfolgsmuster wirklich erfolgreicher Manager, dass sie eine sehr präzise Selbsteinschätzung haben und sich Aufgaben suchen, die sie auch gut bewältigen können, weil sie im Kern ihrer Kompetenzen liegen. „Wer nicht wagt, der nicht gewinnt" – das stimmt oft –, aber in Bewerbungsprozessen geht häufig der Sinn für die Realität verloren. Der Klient stellt sich sorgfältig beschönigend dar und fokussiert auf das, was funktioniert – nicht auf die Herausforderungen. Der Kandidat verhält sich ebenso und ignoriert alle Indikatoren, die auf größere Schwierigkeiten schließen lassen – und dann ist man plötzlich da und kommt Stück für Stück in der Wirklichkeit an, einiges ist schlechter als erwartet, anderes ist O.K., aber es lauert eine weitere Gefahr, die darin besteht, dass man versucht, die bisherigen Bewirkungsmuster in der neuen Funktion genauso zu nutzen wie in der alten Struktur. Das greift aber nicht immer: In der einen Organisation sind E-Mails die normale Ansprache aller Mitarbeiter, in anderen geht es nur über persönliche Gespräche oder Voice-Mail.

Was ist hier zu tun?

Die beste Versicherung gegen Fehlbesetzungen sind professionelle, sich der Objektivität nähernde Rekrutierungsprozesse. Es gibt Untersuchungen, die eindeutig darauf hinweisen, dass Unternehmen, die einen hohen Aufwand bei der Rekrutierung ihrer Mitarbeiter betreiben, eine höhere Marktkapitalisierung erzielen.[4]

Wenn der oder die Richtige gefunden wurde, muss er noch in das Unternehmen integriert werden, dies muss nicht mit einer 35-prozentigen Abbrecherquote geschehen, wie die Bank of America es eindeutig konstruktiv aufgezeichnet hat, der es gelungen ist, durch die Einführung eines Executive-Onboarding-Programms die „Ausfallquote" auf zwölf Prozent zu senken.[5]

---

[3] Walter, Wolfgang: Gut durchgemischt. In: Die Welt, 2009.
[4] Gmür, M./Schwerdt, B.: The contribution of HRM to Organizational Performance: A Metaanalysis of international Research 1985–2003. In: Zeitschrift für Personalforschung, 19 (3), 221–251.
[5] Cogner, Jay A./Fishel Brian: Accelerating Leadership Performance at the Top – Lessons from Bank of America's Executive Onboarding Process", URL.: https:// bestpracticeinstitute.org/members/articles/brian-jay1.html (25.03.2010)

Thema	Pre-Period	First 100 days	Follow-up Period
	▫ Mentale Vorbereitung ▫ Persönliche Infrastruktur ▫ Informationssammlung	▫ Komplettierung der Informationssammlung ▫ Beziehungsaufbau ▫ Erste Erfolge	▫ Beziehungsmanagement ▫ Messbarer Erfolg ▫ Emotionale Integration
Prozess	▫ Coachinggespräche ▫ Strukturierte Interviews ▫ Debriefing	▫ Coach als Sparringspartner ▫ Entwicklung von effizienten Handlungsstrategien ▫ Feedback durch Coach ▫ Unterstützung im Teamaufbau	▫ Analyse der Netzwerkbildung ▫ Aktive Begleitung im finalen Team Building Prozess ▫ Bewusstmachende Coachinggespräche zur Entwicklung von Handlungsalternativen
Ergebnis	▫ Optimal informiertes und vorbereitetes Placement	▫ Das Placement hat die wichtigsten Beziehungen konstruktiv entwickelt, seinen Team Building Prozess gestartet und zeigt erste Erfolge	▫ Das Placement ist emotional und intellektuell als Führer der Organisation integriert, das Alignment zwischen Strategie, Organisation und Human Capital erreicht und sein Führungsteam stabil

Abb. 1 Beispiel für ein Executive-Onboarding-Programm

Eine echte Fehlbesetzung wird ein solches Programm nicht ausbügeln können, aber die richtigen Kandidaten kommen schneller zum Fliegen. Apropos Fliegen: Nicht ohne Grund üben selbst sehr erfahrene Piloten lange, bevor sie in ein neues Flugzeugmodell steigen, am Simulator, anstatt die Tickets bei dem noch nicht sicheren Pilot für die Hälfte zu verkaufen.

Wie kann ein externes Executive-Onboarding-Programm aussehen?

Aus Abb. 1 wird deutlich, dass jede der unterschiedlichen Phasen spezifische Anforderungen an die neue Führungskraft stellt und dass diesen auf eine adaptive Weise begegnet wird. Dabei ist es wichtig, eine konstruktive Balance zwischen den aktuellen, individuell auftretenden Themen einerseits und den strukturellen Themen des Programms andererseits zu gewährleisten.

Das Executive-Onboarding-Programm ist ein Erfolg und trotzdem stellte sich zu Beginn 2009 die Frage, ob man es nicht, angesichts der anstehenden wirtschaftlichen Herausforderungen, noch schneller, besser machen könnte.

Nach einer Analyse aller bisherigen Executive-Onboarding-Prozesse wurde von mir ein neues Programm entwickelt: Accelerated Transition.

Das Accelerated-Transition-Programm

Die Analyse der Erfolge bzw. des Scheiterns von Onboarding-Programmen ergibt zwei Hauptdimensionen:

Systemverständnis und Systembewirkungskompetenz Systemverständnis bedeutet ein komplettes Verstehen von Facetten der Herausforderung, die das Unternehmen einem neuen Placement abverlangt.

Klingt einfach – ist es aber nicht!

Denn es gibt hier eine gepflegte Sprachlosigkeit aufseiten des Unternehmens. Der „Neue" soll erst mal reinkommen, sich zurechtfinden, bevor man ihn mit den echten, detaillierten Anforderungen konfrontiert. Selbst wenn diese Phase vorbei ist, sind viele Unternehmen (Vorgesetzte) nicht in der Lage, klar und deutlich zu artikulieren, was sie denn wollen. Den „Bereich" verbessern; neue Akzente setzen, das Ganze nach vorne bringen, aber was heißt das, verbessern? In welchen Dimensionen, mit welchen Mitteln, zu welchen Zeitpunkten, mit welchen Schritten? Oft ist es vielleicht das Unvermögen der einstellenden Führungskraft, diese Dimension zu artikulieren.

Oder ist es möglicherweise nicht auch eine gewissen Form negativer Machtanwendung, die hier zum Tragen kommt, frei nach dem Motto: „Mal sehen, wie gut er (vor allem im Vergleich zu mir) wirklich ist."?

Wenn man die Häufigkeit des Scheiterns sieht und die Kosten (nicht nur die finanziellen, auch die mentalen), dann könnte einen der Gedanke beschleichen, dass es in gewissem Sinne eine Lust am Scheitern des anderen gibt.

Wie eingangs erwähnt, ist der Kandidat aber auch „nicht viel besser" – es verwundern einen manchmal schon der Mut und der Glaube an die eigenen Kompetenzen bei der Übernahme neuer Aufgaben.[6] Aber selbst wenn man eine realistische Einschätzung der Probleme und seiner eigenen Kompetenzen hat und die beiden Dimensionen übereinstimmen, stehen sich viele neue Placements selbst im Wege. Sie hören einfach nicht zu, oder nur dann, wenn das Angeforderte zu Ihren Interessen zählt. Wenn Sie mich, Wolfgang Walter, einstellen würden, würde ich immer Coaching heraushören, auch wenn Sie 80 % andere Aufgaben in den Fokus stellen würden, weil Coaching das ist, was ich mag und kann.

Diese Faktoren stehen einem erfolgreichen Wechsel vehement entgegen. Das Ganze lebt von der Spannung, einerseits offen und um Verständnis bemüht zu sein und auf der anderen Seite seinen Weg auch mit einer gewissen Entschiedenheit gehen zu können. Die meisten Manager entscheiden sich zugunsten der letzteren Dimension. Hier hilft – nach unserer Überzeugung – nur Klarheit.

Der zweite, wesentliche Faktor ist die Systemkompetenz. Was das bedeutet, kann man an der Veröffentlichung meines Kollegen Thomas Kell in der Harward Business Revue von 2005 deutlich erkennen. Dieser Untersuchung nach hat die Unternehmensprägung im Kompetenzfeld des Managers eine höhere Kraft als die

---

[6] Kell, Thomas; Culture matters most. In: Harvard Business Review, 2005.

Abb. 2 Der Acccelerated-Transition-Prozess

der Ausbildung, des Geschlechts und der Nationalität. Im Klartext bedeutet das, dass ich mit meiner Kollegin in New York, die Maschinenbau studiert hat, mehr Kongruenz in meiner Management-Kompetenz habe als mit einem rheinländischen Psychologen, der bei der Konkurrenz in Düsseldorf nebenan im Büro sitzt.

Dabei geht es nicht um softe, kulturell wertgeprägte Faktoren, sondern lediglich von Kompetenzausprägungen.[7] Die These ist also eindeutig und klar, dass die Art zu managen von Unternehmen zu Unternehmen sehr unterschiedlich sein kann.

Ja ... ja ... wir sind alle Menschen und im Grunde gleich ..., aber eben nur im Grunde. Und dieser Unterschied ist es, der erfolgsverwöhnten Managern an entscheidender Stelle den Hals brechen kann.

Das neue Placement muss sich nicht nur sehr gut vorstellen können, was man von ihm will (wohin soll das Space-Ship gesteuert werden?), sondern auch, wie der Manager es steuern soll (auf welche Knöpfe muss man drücken, damit es sich in die richtige Richtung bewegt?).

Bei dieser Aufgaben bieten wir uns mit dem Accelerated-Transition-Programm als Übersetzungshelfer an.

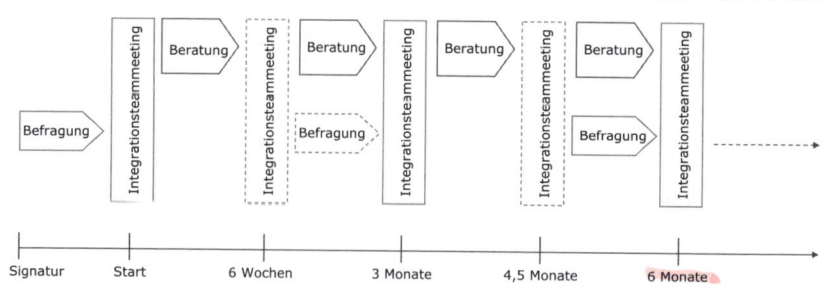

Im Folgenden wird der Accelerated-Transition-Prozess im Detail beschrieben:

Wie in Abb. 2 ersichtlich, sind es drei Interventionsformen, die den Prozess kennzeichnen.

Befragung Diese Informationssammlung dient der Präzisierung des Verständnisses, was die neue Führungskraft erreichen soll und wie in diesem System geführt wird. Zu diesem Zweck stellt man in einem semi-strukturierten Fragebogen in einem persönlichen Gespräch von ein- bis zwei Stunden Dauer Fragen zu obigen Themenbereichen. Hierbei gehen wir in der Regel von den harten, quantitativen Faktoren (Was ist der Business Case, was sind die Erfolgsfaktoren, warum wurde er

---

[7] Kell, Thomas: Die Kunst der Führung, Gabler, Wiesbaden 2005.

eingestellt, was soll er erreichen?) zu den weichen Faktoren (Wie würden Sie Ihre Kultur beschreiben, was sind die „dos" and „dont's" in Ihrer Organisation, wie verhalten sich Manager, die besonders erfolgreich sind in Ihrem Umfeld?).

Besonders wichtig ist dabei die Operationalisierung der Erwartung und als zweiter Schritt, die Operationalisierung der Erwartung in Verknüpfung mit den entsprechenden Zeitschritten. Bis wann soll er was erreicht haben, um dadurch eine Art Messkalibrierung zu erreichen, die als Grundlage für die nachfolgenden Leistungstands-Erhebungen wesentlich ist?

Erstes Integrationsteam-Meeting In den Integrationsteam-Meetings trifft sich das Integrationsteam, bestehend aus dem neuen Placement, seinem Chef, dem verantwortlichen HR-Manager und, falls vorhanden, einem Mentor. Diese Gruppe wird unterstützt durch den Accelerated Transition Consultant. Dieser trägt zu Beginn des Meetings die Ergebnisse seiner Befragung vor und schafft damit eine gemeinsame, verbindliche Struktur für das Erwartungsmanagement gegenüber dem neuen Placement.

Neben den weichen Stilfaktoren, die auch im Detail diskutiert werden, sind zusätzlich die Fragen der angemessenen Ressourcen zur Zielerreichung, die das Unternehmen zur Verfügung stellen wird, Thema des Teammeetings. Am Schluss des ersten Integrationsteam-Meetings wird eine klare Vereinbarung über all diese Themen getroffen und diese werden protokolliert und dokumentiert.

Beratungsgespräch Der Accelerated Transition Consultant und die neu im Unternehmen platzierte Führungskraft haben in den Beratungsgesprächen die Möglichkeit, in einem vertraulichen, individuellen Austausch die Herausforderungen der Situation in den beruflich, persönlichen Dimensionen zu diskutieren. Hier geht es darum, mit dem Berater als Sounding-Board die Herausforderungen und das Verständnis dieser Herausforderungen zu konkretisieren und die Möglichkeiten der Zielerreichung zu thematisieren. Falls sich in diesen Gesprächen Muster herauskristallisieren, die der weiteren Entwicklung des neuen Placements hinderlich sind, werden auch diese vom Accelerated Transition Consultant thematisiert und, soweit der Rahmen dieser Gespräche das ermöglicht, aufgelöst.

Weitere Integrationsteam-Meetings Wie oben erwähnt, finden dann weitere Integrationsteam-Meetings persönlich oder telefonisch statt. Bei den telefonischen Conference Calls geht es darum, möglichst schnell einen Abgleich mit den Anforderungen zu finden. In den persönlichen Meetings werden in der Regel die folgenden Themen besprochen:

- Wie ist die Leistung der neuen Führungskraft?
- In welchem Bereich ist sie erfolgreich?
- In welchen Bereichen gibt es Raum für Verbesserungen?
- Wie ist es ihr gelungen, sich mit der Organisation zu verbinden?
- Ist es ihr gelungen, eine gewisse Visibilität zu erzeugen?
- Hat sie alle wirklich wichtigen Menschen in der Organisation kennengelernt?
- Was kann die Organisation tun, um die Leistung der neuen Führungskraft zu unterstützen?
- Was verhindert im Moment ihren Erfolg?

Weiterführende Informationssammlung Nicht nur vor dem ersten Integrationsteam-Meeting, sondern auch vor dem Drei-Monats-Meeting und dem Sechs-Monats-Meeting gibt es eine Phase der Informationssammlung – vor dem dreimonatigen telefonisch, vor dem sechsmonatigen persönlich. Diese Befragungen werden mit derselben Gruppe durchgeführt, die zu Beginn befragt wurde, und man stellt dieser Gruppe im Prinzip die immer wiederkehrende Frage: Wie ist der Leistungsstand und wie hat die neue Führungskraft sich in ihrem Führungsverhalten in die Organisation integriert?

Letztes Integrationsteam-Meeting Das letzte Integrationsteam-Meeting ist von besonderer Bedeutung, denn es erlaubt eine nachhaltige Rückschau auf die Performance der ersten sechs Monate, gestützt durch die oben erwähnte Face-to-Face-Befragung. Des Weiteren bietet sich hier die Möglichkeit einer genauen Definition der Erwartung für die nächsten sechs Monate, die bis zum Abschluss des ersten Beschäftigungsjahres, wie im Bereich Executive Onboarding erwähnt, eine besonders kritische Phase ist.

Zusammenfassung und Bewertung

Wie eingangs geschildert, ist das Problem der Integration neuer Führungskräfte für diese Führungskräfte und die Unternehmen von entscheidender Bedeutung. Leider ist die gängige Praxis mit sehr hohen finanziellen, persönlichen und mentalen Kosten verbunden.

Es gibt Programme, die in der Lage sind, diese schwierige Situation unterstützend zu meistern. Das kann mit Hilfe von externen Consultants geschehen, aufgrund der Objektivität und Neutralität hat das bestimmte Vorteile. Das kann aber auch in wesentlichen Teilen durch das Unternehmen selbst geleistet werden, ideal ist die Kombination von „state of the art On-boarding-Prozessen" des Unternehmens mit externer Unterstützung.

Unsere Feedbacks auf die ersten abgeschlossenen Accelerated-Transition-Prozesse sind durchweg positiv und scheinen einen noch größeren Bewirkungsgrad zu haben als das klassische Executive On-boarding. Allerdings erfordern sie eine Kultur, in der man offen über Leistungen reden kann. Dadurch entsteht die Paradoxie, dass die Unternehmen, die es wahrscheinlich am nötigsten bräuchten, diesen Prozess nur schwierig installieren können. Dann kann vielleicht ein Executive Onboarding mit einer weniger invasiven Variante gute Unterstützung leisten.

Auch im Sinne der Corporate Social Responsibility sind Unternehmen gut beraten, sich diesen Herausforderungen konstruktiv zu stellen.

Die Aufforderung gilt aber auch an die „wechselnden" Führungskräfte, die, im Sinne einer positiven Selbstführung den eigenen Bewerbungs- und Integrationsprozess mit der gleichen Sorgfalt und Wertschätzung gestalten sollten, wie sie ihre Unternehmensführungsaufgaben wahrnehmen.

Management Appraisals als Hebel für Führungskräfteentwicklung

Christoph Aldering und Jens Hohensee

Da sitzen wir nun einem Klienten gegenüber und werden mit uns wohlbekannten Fragen konfrontiert. Es entwickelt sich in etwa der folgende Dialog:

Klient: „Was verstehen Sie denn eigentlich genau unter einem Management Appraisal?"

Berater: „Eine differenzierte Kompetenz- und Potenzialanalyse, also eine professionelle Evaluierung der Fähigkeiten und Verhaltensweisen von Führungskräften, der eine strukturierte und validierte Methodik zugrunde liegt und die Konsistenz und Vergleichbarkeit der Resultate gewährleistet."

Klient: „Und welcher Nutzen ist damit für uns verbunden?"

Berater: „Appraisals bieten eine strukturierte Übersicht über vorhandene Management-Kompetenzen und -Potenziale und helfen, die Frage zu beantworten, inwiefern Führungskräfte in Schlüsselfunktionen den heutigen und zukünftigen Anforderungen entsprechen."

Klient: „Warum sollten wir diese Investition tätigen?"

Berater: „Personalentscheidungen zählen zu den erfolgskritischsten und wichtigsten Entscheidungsprozessen in Ihrem Unternehmen. Insbesondere im Rahmen von Auswahlprozessen gilt es, das Risiko einer fehlerhaften Entscheidung zu minimieren. Unsere Instrumente und methodischen Standards helfen Ihnen dabei, Fehler bei einer solchen Auswahl möglichst auszuschließen. Dies gilt sowohl für Auswahlprozesse im Hinblick auf externe Kandidaten als auch für interne Führungskräfte, die beispiels-

---

C. Aldering (✉)
Kienbaum Management Consultants GmbH, Ahlefelder Straße 47,
51645 Gummersbach, Deutschland
E-Mail: contact@kienbaum.de

J. Hohensee
The Boston Consulting Group, Chilehaus A, Fischertwiete 2,
20095 Hamburg, Deutschland
E-Mail: hamburg@bcg.com

weise vor einer Beförderung stehen. Diagnostik kann das Risiko falscher Entscheidungen und dadurch entstehender Folgekosten nachhaltig minimieren und somit zum Unternehmenserfolg beitragen. Mindestens genauso wichtig ist jedoch, dass ein Management Audit immer eine Investition mit einem bemerkenswerten ROI darstellt!"

Klient: *"Im Zusammenhang mit welchen Frage- und Aufgabenstellungen bietet es sich denn an, ein solches Appraisal durchzuführen?"*

Berater: *"Typische Anwendungsbeispiele für ein Appraisal sind eine Fusion oder Übernahme, eine interne Reorganisation, ein neuer Vorstandsvorsitzender, der die Qualität seines Managements bewerten lassen möchte, oder, ganz klassisch, die Managemententwicklung und -förderung."*

Klient: *"Und was passiert da eigentlich genau?"*

Berater: *"Im Abgleich mit den Zielen, Strategien, Werten und auch der Kultur eines Unternehmens sowie der Funktion des Einzelnen wird eine neutrale Bestandsaufnahme vorgenommen, auf deren Basis konkrete Entscheidungen zur Führungsstruktur und zur Managemententwicklung getroffen werden können."*

Klient: *"Was ist denn eigentlich der Unterschied zwischen einem Audit und einem Appraisal?"*

Berater: *"Letztlich gibt es keinen, jedoch ist der Begriff ‚Audit' im internationalen Sprachgebrauch doppelt besetzt, weshalb sich die Verwendung des Terminus ‚Appraisal' empfiehlt."*

Nachdem schließlich Inhalte, Anwendungsfelder, Methodik und Ergebnisse eines solchen Appraisals dargelegt sind, werden weitere Fragen, die symptomatisch sind für die Sichtweise von Vorständen zum Thema „Eignungsdiagnostik", gestellt: „Aber jetzt mal im Ernst, meine Herren, wie wollen Sie denn eigentlich in nur einem Tag unsere Leute beurteilen, die wir teilweise über zwanzig Jahre kennen?"

Unsere Antwort: „Natürlich kennen Sie Ihre Führungskräfte in Bezug auf die Aufgabenerfüllung und Zielerreichung. Aber wissen Sie auch, warum sie ihre Ziele erreicht oder auch einmal nicht erreicht haben? Was ist auf individuelle Kompetenzen zurückzuführen, wofür gibt es andere Gründe? Was schlummert noch an entwickelbaren Potenzialen in ihnen? Wer würde ggf. besser auf eine andere Position passen? Wo stehen die Führungskräfte im Abgleich mit externen Wettbewerbern? Und für welche Position gäbe bzw. gibt es im Bewerbermarkt ggf. bessere Kandidaten? Wie steht es um die Relation von Kompetenz und Vergütung? Dies ebenfalls im Abgleich mit externen Benchmarks. Und: Inwiefern deckeln berechtigte oder unberechtigte Vorurteile auch neue Sichten auf altbekannte Manager in der Organisation? Inwiefern decken sich die vorliegenden internen Einschätzungen mit neutral-unvoreingenommenen externen Bewertungen? Lassen sich durch differenzierte Feedbacks (und ggf. anschließende Development-Aktivitäten) Leistungsreserven heben, die in unserem kompetitiven Umfeld Wettbewerbsvorteile mit sich bringen?"

Das Versprechen, zu all diesen Fragen Antworten zu liefern, überzeugt unsere beiden Vorstände und sie erteilen den Auftrag.

Vorher wird noch über die Empfehlung diskutiert, dass es im Sinne eines Vorbildcharakters und der Motivation der teilnehmenden Führungskräfte überaus hilfreich wäre, wenn der Vorstand „mit gutem Beispiel" voranginge und – im Sinne von „feedback as breakfast for champions" – selbst am Verfahren teilnimmt. Die Antwort fällt gleichermaßen symptomatisch und bekannt aus: „Nein, ich glaube nicht, dass dies notwendig ist. Wir vom Vorstand kennen unsere Stärken und Schwächen, so glauben wir, ziemlich gut und müssen uns einer solchen Prüfung nicht unterziehen."

Das Wort „Prüfung" erscheint in diesem Kontext alles andere als angemessen: Ein Appraisal ist nicht mehr und nicht weniger als eine Evaluierung durch i. d. R. zwei externe, professionelle HR-Consultants und vor allem ein Investment in die berufliche Weiterentwicklung des Managers. Es zeigt sich regelmäßig, dass diejenigen Appraisals, bei denen die Vorstände zuerst „ins Rennen" gingen, die höchste Akzeptanz und nachhaltigste Wirkung entfalten. Gerade weil vonseiten des Top-Managements signalisiert wird: dies ist kein von oben oktroyiertes Verfahren, sondern ein vom Vorstand initiierter und partizipativ begleiteter Prozess, gehen die Führungskräfte mit deutlich weniger Vorbehalten und Ängsten in ein Appraisal, öffnen sich den Beratern noch stärker und tragen somit zu einer noch deutlicheren Ausprägung der Ergebnisse bei.

Die in den vergangenen Jahren verstärkt geführte Diskussion um die wachsenden Anforderungen an Vorstände und Aufsichtsräte – nicht zuletzt im Rahmen der Festlegungen des Corporate Covernance Codex – hat sicherlich dazu beigetragen, dass im Hinblick auf die Teilnahme dieser Top-Entscheider an Management Appraisals ein Prozess des Umdenkens begonnen hat, der sich – so unsere Prognose – in den kommenden Jahren weiter fortsetzen und intensivieren wird.

Glaubt man darüber hinaus einschlägigen Studien und zieht eigene Appraisal-Analysen der vergangenen Jahre zurate, so wird sich die Bedeutung von sogenannten „Soft Skills" – ketzerisch gefragt: Was ist an den folgenden Kompetenzen eigentlich „weich"? – wie Führungsqualität, Integrationsfähigkeit, visionäre Kraft, Talent Management auch für Vorstände weiter erhöhen. Es reicht eben nicht mehr aus, einschlägige Erfahrungen im operativen Geschäft vorweisen zu können, Auslandserfahrungen gemacht und gegebenenfalls eine Zusatzausbildung in strategischer Unternehmensführung absolviert zu haben – alles richtig und alles wichtig. Die vorgenannten Fähigkeiten sind jedoch mindestens genauso bedeutend und unabdingbar für eine erfolgreiche Arbeit als Führungskraft. Sie bilden letztlich nur die Spitze des Eisbergs eines „Konvoluts" von Kompetenzen, die für die Leitung eines Unternehmens, einer Gruppe oder einer Abteilung erforderlich sind, und die eben nicht im Lebenslauf stehen. Wenn sie dort neben dem klassischen Curriculum Vitae zusätzlich aufgeführt sind, gilt zunächst einmal der Grundsatz: „Papier ist geduldig". Während man die berufliche Laufbahn beispielsweise durch das Beifügen von Zeugnissen untermauern kann – immer eingedenk der bekannten Tatsache, dass man Zeugnisse überaus kritisch lesen muss und ein Großteil vom Mitarbeiter eigenständig entworfen worden ist, lassen sich Kompetenzen und Verhaltensmuster viel differenzierter durch ein Management Appraisal eruieren.

Dieser Dualismus aus Prognose einerseits – mehr Vorstände werden sich in Zukunft evaluieren lassen – und empirischem Befund andererseits – sogenannte Soft Skills nehmen, nachdem dies jahrelang gepredigt wurde, nun faktisch überproportional schnell an Bedeutung zu – wird das Thema Management Appraisals auf der Agenda der Unternehmen weiter nach oben befördern. Anders herum formuliert: Ein Unternehmen, das glaubt, die Entwicklung der wichtigsten Ressource, nämlich der Mitarbeiter und Führungskräfte, mit Bordmitteln aus eigener Kraft schultern zu können, wird dem Risiko der erwähnten Fehlentscheidungen deutlich stärker erliegen als der Wettbewerber, der sein Management und seine Mitarbeiter mit Hilfe externer, professioneller Unterstützung evaluieren und sich Empfehlungen im Hinblick auf Personalentwicklungs- und besetzungsmaßnahmen geben lässt. Zugespitzt ausgedrückt: Wer nicht weiß, welche Kompetenzen in seinen Führungskräften stecken, wird sie entweder falsch oder gar nicht entwickeln und sie bald verlieren.

In unserem Beispiel kommt es nach Durchführung der Appraisals zur Präsentation der Ergebnisse, abermals vor den beiden Vorständen. Hier werden gleichermaßen pointiert-prägnant und dennoch in die Tiefe gehend Stärken und Entwicklungsfelder der einzelnen Teilnehmer dargestellt. Durchaus erstaunt endet dies häufig mit der Frage, wie denn so differenzierte Einschätzungen in vergleichsweise so kurzer Zeit möglich sind. Hierzu im Folgenden einige vertiefende Einsichten in den Werkzeugkoffer „Management Appraisal".

Um also ein bisschen „Licht ins Dunkel" zu bringen, sollen die typischen Prozessschritte eines Appraisals im Folgenden kurz dargestellt werden:

Zunächst einmal ist es wesentlich, die *(1) Zielsetzung*, die mit einem Management Appraisal verbunden ist, *klar* zu *definieren* und auch abzustimmen.

Es ist auf jeden Fall ratsam, auch den teilnehmenden Führungskräften „reinen Wein" einzuschenken. Wenn es sich um ein management-development-orientiertes Projekt handelt, muss von Anfang an klargemacht werden, dass nicht Umbesetzungen/Reallokationen oder auch gravierende Personalveränderungen damit verbunden sind. Jeder Führungskraft, die zu einem Management Appraisal eingeladen wird, stehen diverse Informationsmöglichkeiten zur Verfügung, um schnell festzustellen, dass es bei einem solchen Projekt immer auch um einen internen und auch externen Vergleich auf der Grundlage definierter Anforderungen geht, gegebenenfalls auch unter Berücksichtigung ebenen- oder branchenspezifischer, sogenannter „Benchmarks". Befürchtungen und Ängste der teilnehmenden Führungskräfte sind also sehr ernst zu nehmen, und gerade vor diesem Hintergrund gilt es, zu Beginn die Zielsetzung und Ausrichtung des Verfahrens abzustimmen.

Daran anschließend ist eine (2) *Definition* des *dem Verfahren zugrunde liegenden* Bewertungsrasters, des Anforderungsprofils bzw. des sogenannten *Kompetenzmodells* notwendig. Entweder gibt es ein bereits im Unternehmen etabliertes Kompetenzmodell, gegebenenfalls wird es auch im Rahmen des Appraisals mit eingeführt (quasi als „Dreh- und Angelpunkt" für darauf aufbauende Personal- und Management-Development-Aktivitäten) oder – zum Beispiel aus Zeitgründen – es wird auf ein generisches Standard-Kompetenzmodell zurückgegriffen (wenn zum Beispiel kurzfristig – im Rahmen von Post-Merger- oder Integrationsprojekten – eine Gruppe von Führungskräften hinsichtlich ihrer Zukunftsfähigkeit beurteilt werden soll und/oder das externe Benchmarking eine herausragende Bedeutsamkeit hat). Idealerweise werden sowohl die aus übergeordneten, strategischen Überlegungen resultierenden Anforderungen (vgl. Vision, Mission und Values eines Unternehmens) als auch für bestimmte Job-Families/-Classes relevante Anforderungen bei der Definition des Anforderungsprofils berücksichtigt.

Das Ausmaß, in dem etablierte Standard-Beurteilungsdimensionen sich im Kompetenzmodell wiederfinden, hat Auswirkungen auf die Benchmarkfähigkeit der Ergebnisse, aber dazu weiter unten mehr.

Orientiert an den Ergebnissen der Anforderungsanalyse gilt es sodann, die geeigneten (3) *Beurteilungsinstrumente* für das eigentliche Management Appraisal *zusammenzustellen* bzw. anzupassen oder auch neu zu entwickeln. Denn hier gilt, wie auch an anderer Stelle, kein „one fits all". Es liegt auf der Hand, dass nicht jede erfolgsentscheidende Fähigkeit und Fertigkeit über ein und dasselbe Beurteilungsinstrument (zum Beispiel über ein (*teil-*)*strukturiertes Interview*) valide, das heißt treffsicher und differenziert beobachtet und beurteilt werden kann. Analytisch-konzeptionelle und insbesondere Fähigkeiten im strategischen Bereich lassen sich zum Beispiel – auch und insbesondere bei einer anspruchsvollen Klientel im Top-Management – akzeptiert durch entsprechend konzipierte Fallstudien (neudeutsch: *Business Cases*) beobachtbar machen. Im Rahmen solcher Aufgabenstellungen erhalten die Teilnehmer im Management Appraisal zum Beispiel den Auftrag, sich in einer kurzen definierten Zeit auf der Grundlage von zur Verfügung gestellten, schriftlichen Materialien einen Überblick über eine Unternehmenssituation zu verschaffen: „Stellen Sie sich einmal vor, Sie sind der neue Finanzvorstand in dem im Folgenden dargestellten Unternehmen, immer auf der Grundlage der Ihnen an die Hand gegebenen Materialien!" (Der Teilnehmer erhält hierzu 30 bis 40 Seiten

Informationen, die – zum Beispiel an den vier Perspektiven einer Balanced Scorecard – Informationen zur finanziellen Situation, zum Markt, zu den zugeordneten Führungskräften und Mitarbeitern, aber auch zu relevanten (Kern-)Prozessen enthalten.) „Analysieren Sie diese Informationen bitte in den kommenden 45 min und geben Sie uns dann eine Einschätzung, wo das Unternehmen steht. Außerdem interessiert uns, was Sie in dieser Rolle und Funktion als Erstes und dann mittel- bis langfristig tun würden!" Es ist wahrscheinlich leicht vorstellbar, dass auf diese Art und Weise dann im Anschluss wiederum die „Brücke" in die Realität geschlagen werden kann, um in Bezug auf die zu beurteilende Führungskraft Erfahrungswerte, Zugänge und Perspektiven im Umgang mit klassischen Kernprozessen von Management und Führung kennenzulernen.

Gegebenenfalls kann (muss jedoch nicht) auch der Einsatz von *weiteren Arbeitsproben* und Rollenübungen im zwischenmenschlich-kommunikativen Bereich zum Einsatz kommen. Was spricht dagegen, auch auf einer Top-Ebene die Teilnehmer zu bitten, zum Beispiel infolge der Fallstudienbearbeitung, sich auf ein Analystengespräch oder eine Analystenkonferenz, im Rahmen derer das soeben analysierte Unternehmen dargestellt, vertreten oder auch verkauft werden muss, vorzubereiten und dies dann konkret durchzuführen. Allzu oft ist es auch auf der Top-Ebene so, dass analytisch-kognitiv vieles gewusst und eigentlich alles immer richtig gemacht wird. Versucht man sich dann in der Quasi-Realität eines Management Appraisals davon zu überzeugen, wie es denn um die tatsächlichen Kompetenzen, die individuellen Vorgehensweisen und Verhaltensmuster bestellt ist, erlebt man häufig ein „blaues Wunder".

Weitere Instrumente bzw. Module, die zum Einsatz kommen und die dann zusätzliche Perspektiven offerieren, sind – altbekannt – der Rückgriff auf *externe, aber auch interne Referenzen*. Gerade in management-development-orientierten Appraisal-Projekten empfiehlt sich die Einbindung von *360-Grad-Feedback-Instrumenten*. Die hiermit verbundene Selbsteinschätzung – orientiert am zuvor definierten Kompetenzmodell – bietet eine gute Möglichkeit, zum Beispiel im eigentlichen Management Appraisal, das Selbst- und das Fremdbild miteinander zu vergleichen und dabei Unterschiede, aber auch Übereinstimmung mit dem Teilnehmer zu diskutieren. Die ergänzende Berücksichtigung auch der aus einer übergeordneten Perspektive vorgenommenen Einschätzung durch den Vorgesetzten, das Einholen von Kollegen-Feedbacks, von Mitarbeitern, gegebenenfalls auch von externen Kunden bzw. Partnern, bietet weitere Perspektiven, die helfen, die Sichten auf die zu beurteilende Person, die gegebenenfalls auch unterschiedlichen „Wirklichkeiten" differenziert zu erfassen.

Bei der (4) *Durchführung des Management Appraisals* an sich gilt es, eine gute Relation von (zeitlichem) Aufwand und angestrebter Ergebnisqualität herzustellen. Man findet durchaus Anbieter, die ein Appraisal auf ein ca. zweistündiges, mehr oder weniger strukturiertes Interview reduzieren. Natürlich sind in diesem Kontext durchaus differenzierende Beschreibungen und auch erste Kompetenzeinschätzungen möglich. Es sollte aber bereits an dieser Stelle deutlich geworden sein, dass weitere Instrumente und Module die Genauigkeit (in diesem Sinne die „prognostische Güte") erhöhen. Auch wenn zum Beispiel eintägige, klassische „Einzel-Assessments", die aus fünf bis sieben oft aufeinander aufbauen oder in einem ganzheitlichen integrierten Szenario bestehen, die größte Vorhersage-Genauigkeit beinhalten, so findet sich in der Realität ein mittlerweile mehrheitlich akzeptiertes Vorgehen, welches sich auf ein ca. halbtägiges Zeitinvest je zu beurteilender Führungskraft reduziert (zu den hiermit verbundenen Return-on-Investment-Betrachtungen: siehe unten).

Wichtig ist auf jeden Fall, dass die Teilnehmer bereits am Ende des eigentlichen Management Appraisals ein erstes, gerne dann zunächst relatives, also auf individuelle Stärken und Schwächen (an anderer Stelle: Erfolgsfaktoren und Entwicklungsfelder) reduziertes Feedback bekommen. Der individuelle Umgang mit Feedback kann dann durchaus noch einmal ein Indikator sein für die gerade für High Potentials wesentliche Lern- und Entwicklungsbereitschaft. Diese lässt sich gut einschätzen orientiert am Umgang mit einem differenzierten Feedback bzw. am Umgang mit Rückmeldungen zur Wahrnehmung der eigenen Person.

Üblicherweise werden also je Kandidat ca. vier bis fünf Stunden für die reine Durchführung angesetzt. Vor diesem Hintergrund können dann je Beobachterteam zwei Führungskräfte pro Tag in Bezug auf die definierten Anforderungen beobachtet und bewertet werden. Es ist durchaus möglich und je nach Projekt auch sinnvoll, dass die Verfahren im „mixed Team" durchgeführt werden, welches aus einem externen Berater und einem internen HR-Professional besteht. Dadurch können die interne und die externe Perspektive kombiniert und mögliche Schnittstellen-Thematiken relativiert werden.

Nach Durchführung der eigentlichen Appraisals werden die (5) *Ergebnisse ausgewertet und aufbereitet.*

Zum einen werden *individuelle Ergebnisberichte/-gutachten* erstellt, die sinnvollerweise neben quantitativen Auswertungen (Ergebnisprofile auf der Basis der definierten Kompetenzkriterien oder -kataloge) auch qualitative, erläuternde textliche Beschreibungen enthalten. Sehr hilfreich sind dann – durchaus bewusst holzschnittartige – Gegenüberstellungen von Stärken und Schwächen. Wesentlich sind auf jeden Fall konkrete *Hinweise für die weitere Managemententwicklung.* Dabei empfiehlt sich eine Unterscheidung von Maßnahmen, die selbstgesteuert und individuell initiiert und durchgeführt werden können (zum Beispiel Fokussierung auf spezifizierte Fach- oder Management-Literatur), Teilnahme an Qualifizierungsmaßnahmen, ggf. Coachings- oder Mentorenprogramme. Häufig resultieren diesbezügliche Reflexionen darin, den Vorgesetzten „in die Pflicht" zu nehmen. Wichtig, und je nach Projekt-Zielsetzung wesentlich, sind außerdem transparente Rückmeldungen in Bezug auf die Positionierung im Abgleich mit internen oder auch externen *Benchmarks*. Dies ist für die Teilnehmer erfahrungsgemäß eine wesentliche und sozusagen heiß begehrte Information: „Wo stehe ich im Vergleich zu anderen in Bezug auf meine Kompetenzen, ggf. auch im Abgleich mit internen Gradings oder der faktischen Gehaltsstruktur?"

Auf der Grundlage der individuellen Auswertung werden sodann *aggregierte Gesamtberichte und Ergebnisdarstellungen* erstellt. Sehr etabliert, aber auch von zentraler Bedeutung ist sicherlich ein *Kompetenz-Portfolio,* im Rahmen dessen die aggregierte Kompetenzausprägung (auf der X-Achse) einer Potenzialeinschätzung (auf der Y-Achse) gegenübergestellt wird. Interessant ist in dem Kontext nicht nur zu erfahren, wer denn diejenigen Führungskräfte sind, die in Bezug auf ihr Können/ihre Kompetenzen deutlich herausragen und gleichzeitig auch Potenzial „für mehr" haben, sondern auch diejenigen zu identifizieren und dann in der Ergebnispräsentation kritisch zu reflektieren, die eine hoch ausgeprägte Kompetenz haben, jedoch wenig Potenzial für mehr, oder auch umgekehrt, diejenigen, die offensichtlich noch nicht am Ende ihrer Entwicklung angekommen sind, aber besonders viel Potenzial haben.

Unternehmen tun gut daran, sich zu überlegen, wie viele der jeweiligen Kategorien sie denn brauchen, um ihr internes Nachfolge- und Talent-Management zu gestalten.

In dem Kontext kann es sinnvoll sein, nicht nur die individuelle, personenorientierte Kompetenzausprägung zu bewerten, sondern diese auch in Relation zu setzen zur strategischen Bedeutsamkeit der Position: Sind insbesondere die strategisch bedeutsamen Positionen mit den kompetentesten Mitarbeitern besetzt?

Aggregierte Gesamtauswertungen erlauben, weiter zu identifizieren, in Bezug auf welche Kompetenzen die Führungsmannschaft über insgesamt eher herausragende Stärken oder auch bemerkenswerte Schwächen verfügt. Ebenfalls auf der aggregierten Ebene gilt es, Hinweise zu Management-Development-Maßnahmen sowie – und das ist auf der Grundlage der differenzierten Analyse verständlicherweise leicht möglich – sehr konkrete Hinweise zur Gestaltung eines zukunftsorientierten Management-Development-Programms abzuleiten.

Eine Antwort noch zu den Kosten, oder sollte man nicht besser sagen, zu den Investitionen: Ja, mit Management Appraisals sind auf den ersten Blick nicht unerhebliche Investitionen verbunden. Und in dem Kontext empfiehlt sich nicht nur, die vor dem Hintergrund des notwendigen Kompetenz- und des Erfahrungshintergrundes typischerweise eher überdurchschnittlich honorierten Berater zu sehen, sondern auch die mit der Durchführung verbundenen Opportunitätskosten. Eine direkte und indirekte Kosten umfassende Investition von zum Beispiel 10 000 € je Teilnehmer sollte sich unter der Annahme einer durchschnittlichen Wertschöpfungsbeitrag von 500 000 € je beurteilter Führungskraft und einer infolge der Development-Aktivität optimierten Produktivität von nur fünf Prozent in kürzester Zeit amortisieren.

Was macht Management-Appraisals erfolgreich?

Wichtig ist auf jeden Fall ein sauberer und von Anfang an konkret abgestimmter Informations- und Kommunikationsprozess, der getreu der Devise „Information plus Partizipation ist eine wesentliche Voraussetzung für Akzeptanz" aufgestellt ist. Vor dem Hintergrund spricht zum Beispiel nicht nur viel dafür, die Führungskräfte im Rahmen geeigneter Informationsmedien und -kanäle ausführlich über die Zielsetzung und die Inhalte eines Management Appraisals zu informieren (inklusive persönlicher Kontaktaufnahme im Vorfeld durch die Berater, Hotline, persönliche Ansprache durch den Vorgesetzten etc.), sondern auch viel dafür, sie zum Beispiel in die Entwicklung des Kompetenzmodells der Anforderungsprofile in angemessener Weise einzubinden.

Sodann ist auch die Frage des Bewertungsrasters bzw. -maßstabs eine wesentliche: Wird dem Verfahren ein Standard-Kompetenzmodell zugrunde gelegt (mit der theoretischen Möglichkeit, auch auf quantitativer Ebene mit externen Benchmarks abzugleichen), oder orientiert man sich eher an einem unternehmensspezifischen Anforderungsprofil oder an einer Kombination aus beidem. Mit jeder Variante sind unterschiedliche Vor- und Nachteile verbunden.

Ganz wichtig ist, dass von vornherein auch die Verwendung der Ergebnisse, die Einbindung in das interne Talent Management geklärt sind. Allzu oft ist es in der Vergangenheit passiert, dass die Ergebnisse von Audits – durchaus als Herrschaftswissen – abschließend als „Schrank-Ware" des Vorstands verschwanden.

Ein Vorstand, der sich vor seine Führungsmannschaft stellt und sich selbst als feedback-interessierte und damit am Audit teilnehmende Führungskraft platziert, erhöht nicht nur die Glaubwürdigkeit für das Verfahren, er erntet in besonderer Weise Respekt und damit Akzeptanz.

Oftmals begnügt man sich damit, auf die Erfahrung vom senioren, sicherlich branchenorientierten, graumelierten Berater zu setzen. Führungs-, Managementund Branchenkompetenz sind definitiv wesentliche Voraussetzungen, um Kompetenzen einschätzen zu können. Sie allein genügen jedoch nicht: Um wirklich valide, belastbare, differenzierte Ergebnisse zu produzieren, ist es unbedingt notwendig, auch die entsprechende Methodenkompetenz sicherzustellen. Und in dem Kontext gilt es, die Augen auch vor den Erkenntnissen der aktuellen sozialwissenschaftlichen Forschung nicht zu verschließen. Methodenvielfalt, die bewusste Berücksichtigung eines multiperspektivischen Ansatzes und ein multimethodaler Zugang stellen nun einmal wesentliche Erfolgsfaktoren dar.

Dem, was sich am Anfang dieses Artikels über den nachgestellten Dialog möglicherweise so einfach anhörte, liegt also neben einem großen Erfahrungshintergrund auch eine sehr elaborierte Methodenkompetenz zugrunde.

Die anfänglich geäußerte, durchaus verständliche Skepsis ist somit am Ende des Appraisals einer Zufriedenheit über die Qualität der Methodik und der Ergebnisse gewichen.

Leadership Consulting

Hans H. Hinterhuber

Exzellente Führung – Die wichtigste Triebkraft für den Unternehmenserfolg

> Jede Einrichtung ist der verlängerte Schatten
> des Mannes oder der Frau an der Spitze.
> Ralph Waldo Emerson

Unternehmen sichern unter schwierigsten Rahmenbedingungen und in Märkten, deren Attraktivität dramatisch zurückgegangen ist, ihr Überleben und können erfolgreich in die Zukunft geführt werden, wenn fünf Voraussetzungen gegeben sind (Abb. 1 und 2):

- eine exzellente Führung,
- eine gute Strategie,
- taktische Maßnahmen mit rasch spürbaren Wirkungen,
- die richtigen Mitarbeiter und
- Glück.

Diese fünf Voraussetzungen sind wichtiger als die wirtschaftlichen Rahmenbedingungen und die Attraktivität der Märkte, in denen die Unternehmen operieren; persönliche Erfahrungen, Interviews mit herausragenden Unternehmern und Führungskräften sowie unser Forschungsprojekt zu Best Practices zeigen, dass diese fünf Voraussetzungen zu etwa 80 % den nachhaltigen Erfolg eines Unternehmens

---

Prof. Dr. H. H. Hinterhuber (✉)
Hinterhuber & Partners, Falkstrasse 16,
6020 Innsbruck, Österreich
E-Mail: innsbruck@hinterhuber.com

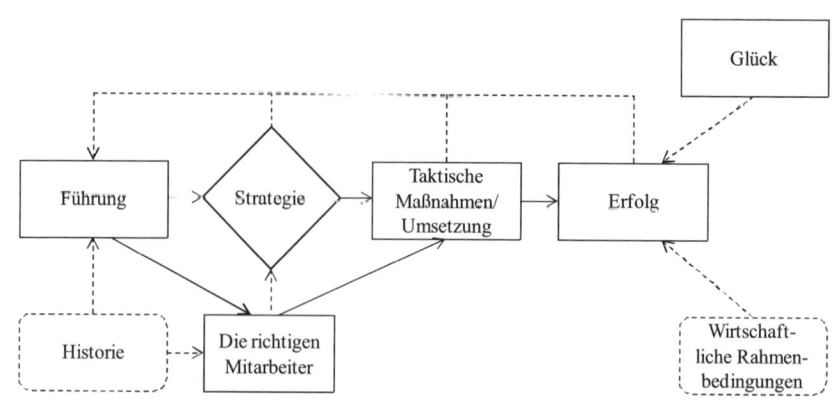

Abb. 1 Die Determinanten des unternehmerischen Erfolges. (Quelle: Hinterhuber Partners Studie, 2009)

Abb. 2 Leadership, Strategie, taktische Maßnahmen mit rasch spürbaren Wirkungen, die richtigen Mitarbeiter und Glück beeinflussen das Unternehmensergebnis mehr als andere Faktoren wie zum Beispiel Marktattraktivität

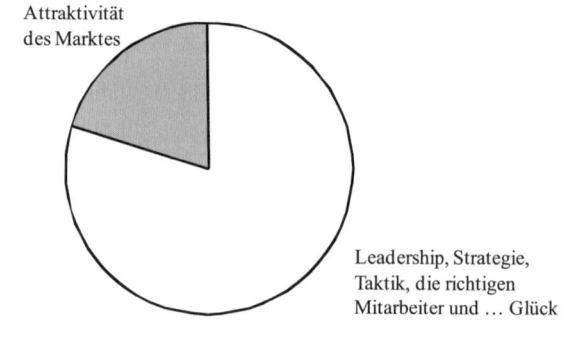

bestimmen, die wirtschaftlichen Rahmenbedingungen hingegen nur mit etwa 20 % zum nachhaltigen Erfolg beitragen.

Trennt sich ein Unternehmen von seinem CEO, so liegt das in der Regel an seiner Inkompetenz. Es ist deshalb nicht verwunderlich, wenn sich die Wirtschaftsergebnisse des Unternehmens nach der Trennung verbessern. Bennedsen/Pérez-Gonzáles/Wolfenzon haben in einer Longitudinalstudie dänischer Unternehmen zwischen 1992 und 2003 untersucht, wie sich der Tod des CEO auf den Gewinn des Unternehmens auswirkt. Es zeigt sich, dass das Wirtschaftsergebnis eines Unternehmens mit dem Tod des CEO sinkt. Der Tod eines Familienmitglieds des CEO führt ebenfalls zu einem Rückgang des Gewinns des Unternehmens, da dieser zwangsläufig dadurch von seiner Führungsverantwortung abgelenkt wird. Die Studie zeigt somit unter anderem, dass der Tod des CEO oder eines seiner Familienmitglieder negative Folgen für das Unternehmen hat. Der Tod eines Mitgliedes des

Abb. 3 Leadership und Strategie: In schwierigen Zeiten wichtig. (Quelle: Hinterhuber & Partners Studie)

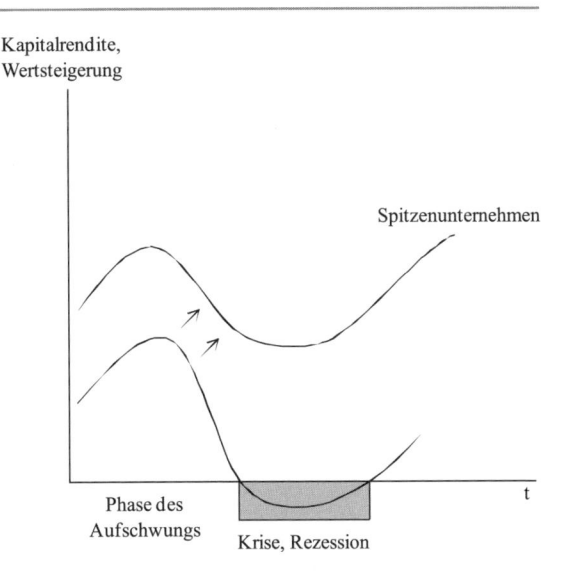

Führungsteams hat dagegen keine nennenswerten Auswirkungen auf den Erfolg des Unternehmens.

Baruch Lev, Professor an der Stern School of Business, New York University, weist in einer groß angelegten Longitudinalstudie nach, dass die „managerial ability" die wichtigste Triebkraft für den nachhaltigen Erfolg eines Unternehmens ist. Er zeigt auf der Basis von Bilanzdaten börsennotierter US-Unternehmen, dass langfristig überdurchschnittliche Ergebnisse auf das Wirken des CEO und seines Führungsteams zurückzuführen sind. Je schwieriger die wirtschaftlichen Rahmenbedingungen sind, desto wichtiger ist somit eine exzellente Führung des Unternehmens (Abb. 3). Grund für das Scheitern ist aber häufig nicht nur inkompetente Führung, sondern auch unethische Führung.

Case Study Leadership Consulting

Ein süddeutsches Medizintechnik-Unternehmen war umstrukturiert worden. Im Zuge der Umstrukturierung hatte man etwa ein Zehntel der rund 1.000 Stellen gestrichen. Der Geschäftsführer und Eigentümer, ein innovativer Querdenker und hemdsärmeliger Unternehmer, der fast täglich die Werke an den beiden Standorten besucht, erkennt die zunehmende Unsicherheit und Frustration, die unter der Belegschaft herrscht. Es wird ihm klar, dass die Hauptgründe für diese kritische

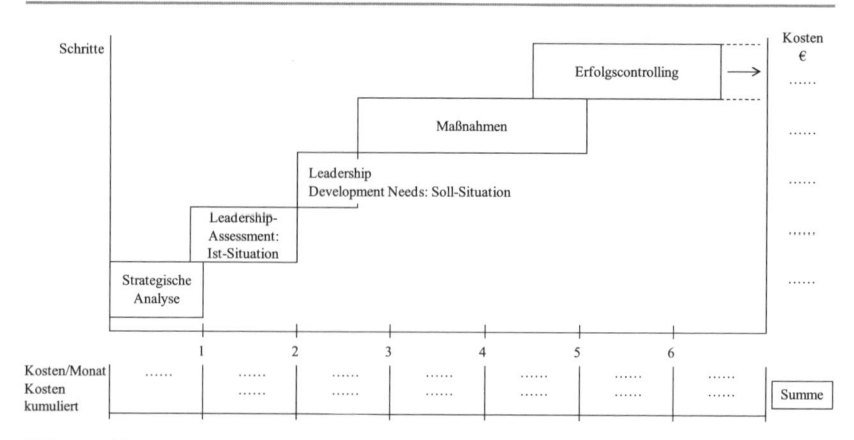

Abb. 4 Ablauf- und Kostenschema von Leadership Consulting

Situation seines Unternehmens die mangelnde Zusammenarbeit und die Defizite im Führungsverhalten der leitenden Mitarbeiter in den Bereichen Forschung und Entwicklung, Konstruktion, Produktion, Marketing sowie Vertrieb, Service und Wartung sind. Es sind, so seine Erkenntnis, nicht nur die ungenügende Führungseffektivität seiner leitenden Mitarbeiter, sondern wohl auch eigene Führungsschwächen schuld an der abnehmenden Produktivität und Innovationskraft seines Unternehmens. Die leitenden Mitarbeiter lassen durchblicken, dass dem Unternehmen sowohl eine klare Strategie wie auch die notwendige Struktur und operative Flexibilität fehlen, die eine Zusammenarbeit erschweren. Nur eine Änderung im Führungsverhalten, so das Ergebnis einer dramatischen Sitzung, von oben nach unten und auf allen Verantwortungsebenen könne das nachhaltige Überleben des Unternehmens sichern. Es müssen, so wie in der Vergangenheit, wieder die Energien aller Mitarbeiter mobilisiert und auf das Wohl der Kunden und des Unternehmens ausgerichtet werden. Der Unternehmer wendet sich an Hinterhuber & Partners.

Diese gehen wie folgt vor (Abb. 4):

- Strategisches Audit des Unternehmens (Abb. 5). Dadurch verschaffen sich Hinterhuber & Partners einen Einblick in die Ziele der Business Unit und des Unternehmens.
- Leadership Assessment: Ist-Situation. Ermittlung des Führungsverhaltens eines jeden Vorgesetzten mit Hilfe gezielter Fragen.
- Leadership Development Needs: Soll-Situation, gemeinsam mit dem Unternehmer.

Leadership Consulting

Strategisches Audit eines Unternehmens/einer Business Unit	
Gegenwärtige Situation	Wie war die Performance des Unternehmens in den vergangenen Jahren in Bezug auf Wertsteigerung, Markanteil und Profitabilität?
	Wie lauten Vision, Kernauftrag, Ziele, Strategien und Aktionspläne?
	Kernkompetenz?
Corporate Governance	Zusammensetzung der Gesellschaftsorgane?
	Eigentümerstruktur?
	Top-Management: Zusammensetzung, Stärken/Schwächen, Führungssystem, Charakteristiken
Umweltanalyse (SWOT)	
Unternehmensanalyse (SWOT)	
Ausblick	Ziele
	Strategien
	Ressourcen
	Organisation
Umsetzungssystem	
Controllingsystem	

Abb. 5 Strategisches Audit eines Unternehmens/einer Business Unit als Ausgangspunkt für Leadership Consulting

- Durchführung der entsprechenden Leadership-Beratungsmaßnahmen nach Clusterung der Führungsdefizite.
- Erfolgscontrolling.

Ergebnis der Leadership-Beratung:

- Bei 40 % der Führungskräfte werden signifikante Verhaltensänderungen in der Führung der Mitarbeiter festgestellt.
- 30 % der Führungskräfte haben ihr Verhalten kritisch reflektiert, graduelle Verhaltensänderung,
- 20 % der Führungskräfte haben ihren Wissens- und Erfahrungsstand über Leadership verbessert,
- 10 % der Führungskräfte waren beratungsresistent.

Das Unternehmen hat nach Ablauf eines Jahres sein früheres Leistungsniveau erreicht und beschäftigt wiederum 1.000 Mitarbeiter.

"Was eine Einheit bilden soll, muss der Art nach verschieden sein."
Aristoteles

Leadership

- Entdecken neuer Möglichkeiten
  +
  die Fähigkeit, diese umzusetzen oder umsetzen zu lassen

- Die Mitarbeiter inspirieren und in die Lage versetzen, sich begeistert für gemeinsame Ziele und Aufgaben einzusetzen

- Bahnbrechende Innovationen

- Kreatives Lösen von Problemen/ Optimieren von etwas Bestehendem

- Bewertung/exzellente Umsetzung einer Möglichkeit
- Inkrementale Innovationen

Management

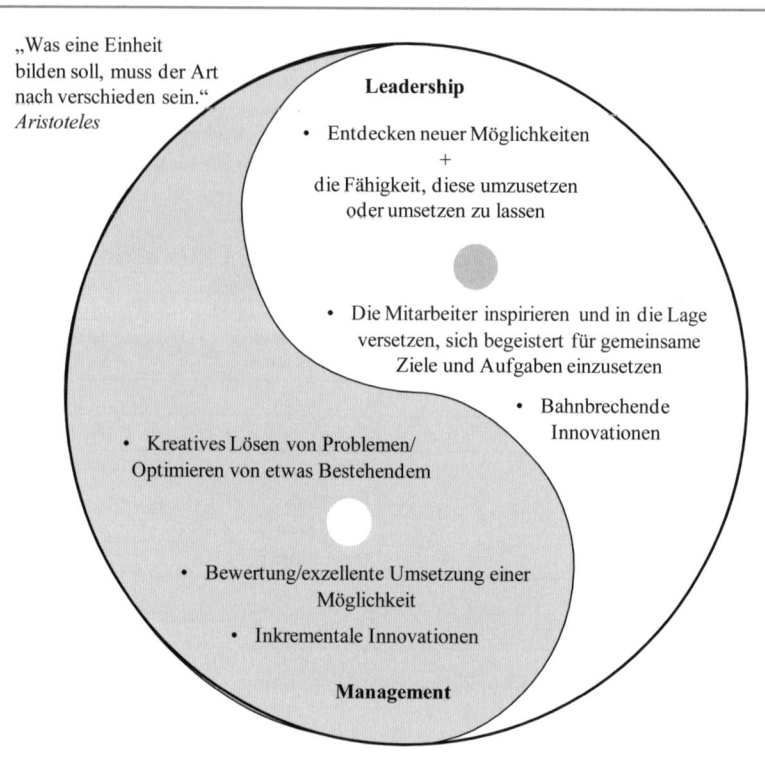

Abb. 6 Führung = Management plus Leadership

Die beiden Seiten von Führung – Leadership und Management

> Companies are overmanaged and underled.
> Warren Bennis

Führen ist eine Kombination aus Leadership und Management, die von der Situation abhängt, in der geführt wird (Abb. 6).
Leadership heißt:

- eine Richtung vorgeben, die sinnvoll ist,
- neue Möglichkeiten erschließen und umsetzen oder umsetzen lassen,

Leadership Consulting

- Mitarbeiterinnen und Mitarbeiter im positiven Sinne für das Erreichen von Zielen beeinflussen, die im gemeinsamen Interesse sind,
- authentisch sein, das heißt ein Charakter, der Vertrauen einflößt.

Management dagegen bedeutet:

- Probleme auf kreative Weise lösen,
- Bestehendes optimieren,
- Planen, Organisieren, Kontrollieren, Koordinieren und dergleichen mehr,
- authentisch sein, das heißt ein Charakter, der Vertrauen einflößt.

Management ist mehr ein technokratischer Ansatz, für den es eine Vielzahl von Methoden, Instrumenten und Einstellungen gibt, mit denen eine Einrichtung ihren Kunden einen Mehrwert bieten und ihr Überleben sichern kann. Management lässt sich deshalb leichter erlernen als Leadership. Leadership ist subtiler, denn es geht darum:

- Möglichkeiten zu entdecken und umzusetzen, die andere nicht gesehen haben, und
- Mitarbeiterinnen und Mitarbeiter zu bewegen, kreativ ihre Energie in den Dienst gemeinsamer Aufgaben zu stellen.

Dazu gehört, wie erwähnt, ein Charakter, der Vertrauen einflößt. Leadership ist deshalb eine Kombination aus Charakter, Wissen und Tun. Das Ziel von Leadership ist Exzellenz in allem, was wir tun (Abb. 7). Exzellenz ist in allen Tätigkeiten und Verhaltensweisen erreichbar und seien sie noch so unscheinbar: auf persönlicher Ebene, wie wir ein Gespräch führen und Einsichten weitergeben; auf organisationaler Ebene, wie wir eine Sitzung oder ein Team leiten, eine Strategie entwickeln und umsetzen; auf operativer Ebene, wie wir ein Design gestalten; auf Ressourcenebene, wie wir mit den knappen Ressourcen umgehen.

Leadership wirkt in der Gegenwart, sie wird von der Geschichte des Unternehmens, seinen Kernkompetenzen und Werten bestimmt und verlangt die Vorwegnahme der Zukunft, das heißt der Bedürfnisse der Kunden, Erwartungen der Mitarbeiter und anderen Stakeholdern sowie der Aktionen und Reaktionen der Konkurrenten.

Management ist dem kognitiven Bereich des Planens, Organisierens, Optimierens, Kontrollierens und dergleichen mehr zuzurechnen. Management ist auf Umsetzung und Performance ausgelegt. Der kognitive Bereich ist Führungskräften wohlbekannt. Die gesamte Aus- und Weiterbildung ist auf Meisterschaft in diesem

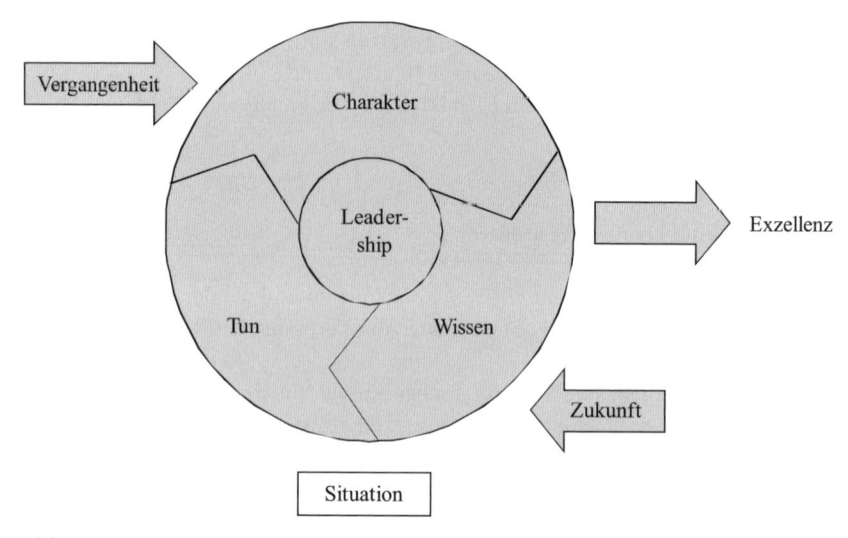

Abb. 7 Leadership = Charakter plus Wissen plus Tun. (Quelle: in Anlehnung an: The U.S. Army Leadership Field Manual, 2004)

Bereich ausgerichtet. Veränderungsprozesse in Organisationen spielen sich jedoch überwiegend in einem anderen Bereich – dem emotionalen Bereich – ab. Der emotionale Bereich ist gekennzeichnet durch: Intuition, Unzufriedenheit, häufig auch Ärger mit dem Status quo, Unmut mit den Konkurrenten, Stress und dergleichen mehr. Dazu sind Menschen mit unternehmerischen Fähigkeiten notwendig, mit einem Gespür für die innere Unruhe im Umgang mit bestehenden Problemlösungen, für neue Marktentwicklungen und Kundenbedürfnisse, für Chancen und Bedrohungen. Bei Veränderungsprozessen, wenn eine neue Pionierphase der Organisation eingeleitet werden soll, ist in erster Linie der emotionale Bereich gefordert, der allerdings durch die Vernunft geleitet werden muss. Leadership betrifft deshalb mehr den emotionalen, Management mehr den kognitiven Bereich.

Führende brauchen je nach Situation einmal mehr Leadership-, ein anderes Mal mehr Management-Fähigkeiten. Leadership und Management bilden eine Einheit; sie ergänzen sich wie Yin und Yang, keines ist ohne das andere möglich. Der deutsche Begriff Führung umfasst Leadership und Management.

In schwierigen Zeiten ist Leadership mehr als Management. Leadership führt zu bahnbrechenden Innovationen und schafft dadurch neue Arbeitsplätze. Wer wie ein Unternehmer Dinge grundlegend ändern will, um dadurch zum allgemeinen Wohlstand beizutragen, muss die Mitarbeiter dazu bringen, dass sie wie Eigentümer denken.

Unternehmen sind „overmanaged" und „underled"

> Das ist das Haupthindernis, dass wir
> zu schnell mit uns zufrieden sind.
> Seneca

Hinterhuber & Partners haben einen Fragenkatalog entwickelt, mit dem festgestellt werden kann, ob eine Führungskraft mehr ein Leader/Unternehmer oder mehr ein Manager ist. Wer die Fragen 1, 8, 9, 10, 12, 13, 14, 17 und 18 mit „4" oder mit „5" (Stimme nicht zu) und die Fragen 2, 3, 4, 5, 6, 7, 11, 15, 16, 19 und 20 mit „1" oder mit „2" (Stimme zu) beantwortet, ist mehr ein Leader/Unternehmer. Nach unseren Erfahrungen im Umgang mit diesem Fragebogen sind in der Regel mehr als 70 % der befragten Führungskräfte mehr Manager als Leader/Unternehmer. Dies bestätigt, dass Unternehmen „overmanaged" sind.

Jeder kann in einer Führungsposition ein Unternehmer sein, auch wenn er kein Unternehmen besitzt und nicht sein eigenes Kapital riskiert.

Grundsätzlich zur Unterscheidung ist zu sagen, dass „Manager" eine Funktion bezeichnet und ein Funktionstitel ist. „Leadership" oder „Unternehmertum" dagegen ist eine Lebensform oder ein Lebensstil, den man erlernen kann, wenn man es will und die Situation es erfordert.

Erfolgreiche Unternehmen zeichnen sich dadurch aus, das mindestens 70 % der Führungskräfte strategisch denken und unternehmerisch handeln (Tab. 1).

Leadership-Beratung als Prozess – die sechs Schritte der erfolgsbegleitenden Leadership Beratung

> Jemand kann auf dem richtigen Weg,
> aber nicht der richtige Mensch für den Weg sein.
> Chinesischer Spruch

Leadership Consulting ist erfolgsbegleitende Beratung. Erfolgsbegleitendes Consulting ist ein Prozess, in dem der Berater mithelfen muss, um eine messbare Steigerung des Unternehmenserfolges zu bewirken.

Unsere Erfahrungen zeigen, dass erfolgsbegleitende Beratung ein Vorgehen in sechs Schritten verlangt (Abb. 8).

1. Authentizität, Wissen und Erfahrung des Beraters Leadership-Berater werden in 80 % der Fälle deshalb eingesetzt, weil bestimmte Fähigkeiten im Unternehmen nicht vorhanden sind. Leadership Consulting gehört in der Regel nicht zur Kernkompetenz eines Unternehmens.

Tab. 1 Fragebogen 1: Leadership/Unternehmertum vs. Management

	Stimme zu — Stimme nicht zu
1. Ich sehe meine Aufgabe mehr darin, Probleme kreativ zu lösen und Bestehendes zu optimieren als neue Möglichkeiten zu erschließen	1 2 3 4 5
2. Führen heißt für mich, ganzheitlich denken, Sinn bieten und sich in allen Entscheidungen das „big picture" vor Augen halten	1 2 3 4 5
3. Führen ist ein Prozess, in dem sich die beteiligen Personen gegenseitig beeinflussen	1 2 3 4 5
4. Ich ermutige die Mitarbeiter, kreativ und innovativ zu sein, sich für die Gestaltung der Zukunft herausfordern zu lassen und dafür Verantwortung zu tragen	1 2 3 4 5
5. Die Mitarbeiter vertrauen mir, stehen hinter mir und versuchen, mir nachzueifern	1 2 3 4 5
6. Ich vermittle hohe Erwartungen an die Mitarbeiter, wobei ich „lehrbare" Gesichtspunkte, Geschichten und emotionale Appelle verwende	1 2 3 4 5
7. Ich inspiriere und ermutige meine Mitarbeiter, das Risiko einzugehen, neue Wege zu beschreiten, um herausfordernde Ziele zu erreichen	1 2 3 4 5
8. Ich sehe meine Aufgabe mehr darin, kurzfristige Ergebnisse zu erzielen als meine Mitarbeiter zu entwickeln	1 2 3 4 5
9. Die Mitarbeiter sind umso stärker motiviert, je besser sie bezahlt werden	1 2 3 4 5
10. Ich stelle Belohnungen zur Verfügung, die alle gleich belohnen, wenn die Mitarbeiter ihre Aufgaben erfüllen oder die notwendigen Anstrengungen zeigen	1 2 3 4 5
11. Der beste Weg, ein Team zu bilden, ist, herausfordernde, vielleicht sogar verrückte Ziele zu setzen, die unter Zeitdruck erreicht werden müssen	1 2 3 4 5
12. Meine größte Freude ist, Prozesse zu optimieren und zu sehen, dass sie funktionieren	1 2 3 4 5
13. Ich verwende mehr Zeit, Energie und Aufmerksamkeit für meine schwächeren Mitarbeiter als für meine besten, die sich um sich selbst kümmern	1 2 3 4 5
14. Es ist besser, nichts über das Leben und die persönlichen Bedürfnisse und Interessen der Mitarbeiter zu wissen	1 2 3 4 5

Tab. 1 Fortsetzung

	Stimme zu Stimme nicht zu
15. Ich liebe es, mich mit Menschen zu umgeben, die in dem, was sie machen, besser und klüger sind als ich selbst	1 2 3 4 5
16. Ich versuche immer zu lernen, was andere Menschen bewegt und was sie in Schwung hält	1 2 3 4 5
17. Es wird zu viel über Vision und Kernauftrag gesprochen, sodass es besser ist, wenn die Mitarbeiter einfach ihre Arbeit machen und die Frage der Werte nicht angesprochen wird	1 2 3 4 5
18. Es ist meine Aufgabe, alles zu wissen, was in meinem Bereich vor sich geht	1 2 3 4 5
19. Ich achte sehr genau, wie, wo und mit wem ich meine Zeit verwende, denn meine Prioritäten werden von den Mitarbeitern beobachtet und befolgt	1 2 3 4 5
20. Ich bemühe mich und arbeite hart an mir, Menschen zu verstehen, die sich sehr von mir unterscheiden	1 2 3 4 5

Leadership Consulting ist, wie nachfolgend gezeigt wird, ein Prozess und kein befristetes Event. Wenn Leadership Consulting eine Veränderung im Führungsverhalten der Führungskräfte bewirken und Objektivität in die Probleme des Unternehmens bringen soll, dann sollte der Leadership-Berater längerfristig mit dem Unternehmen zusammenarbeiten. Dies auch deshalb, weil sich die Situationen, in denen geführt wird, laufend ändern.

Die Unternehmensleitung hat nur in seltenen Fällen Zugang zu den Informationen, die sie benötigt, um die Leadership-Fähigkeiten ihrer Führungskräfte zu beurteilen. Zeitmangel und organisatorische Trägheit sind häufig die Ursachen dieses Problems. Der Leadership-Berater beschleunigt den Veränderungsprozess.

Die Wahl des richtigen Beraters ist der entscheidende Faktor für den Erfolg von erfolgsbegleitendem Leadership Consulting. Die Unterschiede zwischen den Beratern ergeben sich in der Praxis weniger aus seinem Wissen und aus seiner Erfahrung als mehr aus seinem Charakter, das heißt ob er authentisch ist und die Werte lebt, die er predigt. Von einem guten Berater muss erwartet werden, dass er:

- eng und vertrauensvoll mit der Unternehmensspitze zusammenarbeitet,
- gemeinsam mit ihr über den Dingen steht,

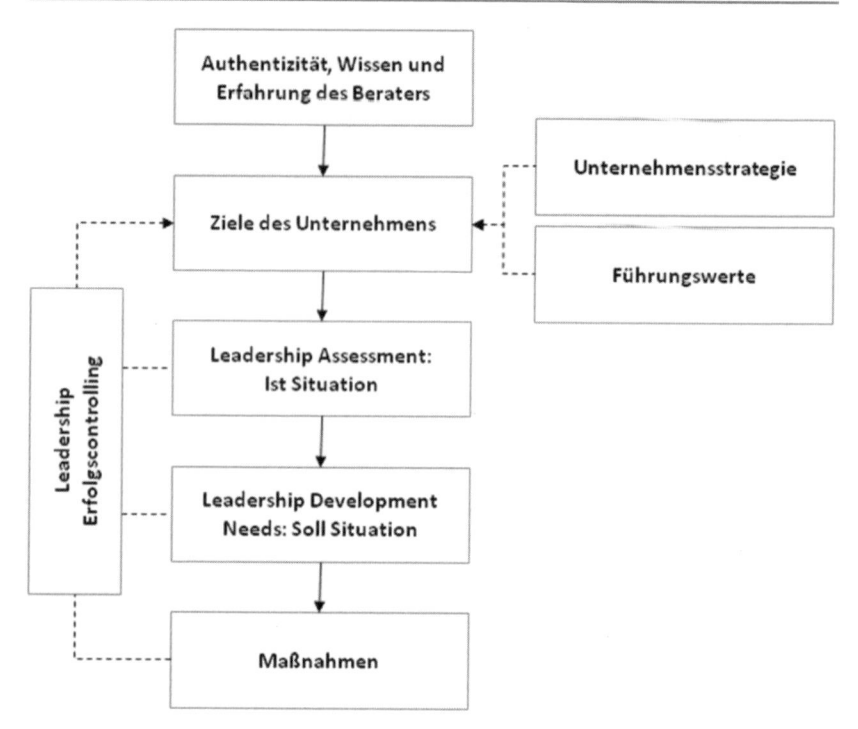

```
        ┌─────────────────────────┐
        │ Authentizität, Wissen und│
        │   Erfahrung des Beraters │
        └────────────┬────────────┘
                     ▼
        ┌─────────────────────────┐         ┌──────────────────────┐
   ┌───▶│  Ziele des Unternehmens │◀──┬─────│ Unternehmensstrategie│
   │    └────────────┬────────────┘   │     └──────────────────────┘
   │                 ▼                │     ┌──────────────────────┐
   │    ┌─────────────────────────┐   └─────│    Führungswerte     │
   │    │   Leadership Assessment:│         └──────────────────────┘
   │    │       Ist Situation     │
   │    └────────────┬────────────┘
   │                 ▼
   │    ┌─────────────────────────┐
   │    │   Leadership Development│
   │    │  Needs: Soll Situation  │
   │    └────────────┬────────────┘
   │                 ▼
   │    ┌─────────────────────────┐
   └────│       Maßnahmen         │
        └─────────────────────────┘
```

Abb. 8 Die sechs Schritte der erfolgsbegleitenden Leadership-Beratung

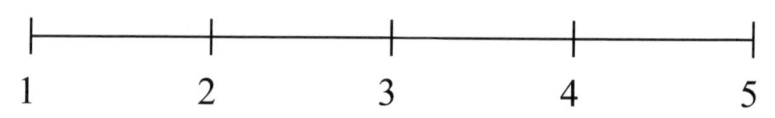

```
├────────┼────────┼────────┼────────┤
1        2        3        4        5
```

Abb. 9 Vorgehensweise zur Beurteilung des erfolgsbegleitenden Consultants. Dem, der nicht alle Fragen mit „1" oder mit „2" beantworten kann, sollte keine Leadership-Beratung übertragen werden

- alle Möglichkeiten und Risiken des Leadership Consultings mit der Unternehmensspitze erwägt,
- gemeinsam mit ihr zu einer Entscheidung kommt.

Abbildung 9 bewährt sich nach den Erfahrungen von Hinterhuber & Partners, um den richtigen erfolgsbegleitenden Berater zu finden.

2. Die Ziele der Business Unit/des Unternehmens Die entscheidenden Fragen für die Zukunft jeden Unternehmens lauten:

- Welche Führungskräfte brauchen wir a) für kurzfristige Produktivitätssteigerungen und b) für das nachhaltige und profitable Wachstum des Unternehmens?
- Woher kommen sie?
- Wie sollen sie auf ihre heutige und zukünftige Führungsverantwortung vorbereitet werden?
- Wie kommunizieren wir die Reputation unseres Unternehmens so nach außen, dass klar wird, dass die Qualität unseres Führungsteams ein Schlüsselfaktor für den zukünftigen Erfolg ist?

Zur Beantwortung dieser Fragen müssen vor Beginn des Leadership Consultings die konkreten Ziele definiert werden, die die Business Unit oder das Unternehmen verfolgt. Die Ziele ergeben sich aus der Unternehmensstrategie, dem Kernauftrag, den die Business Unit verfolgt, und den Führungswerten des Unternehmens. Die Wertsteigerung ist nicht das Ziel, sondern das Ergebnis unternehmerischen Handelns: Wenn es gelingt, die Kunden zu begeistern, ihnen einen Mehrwert zu bieten, wenn dahinter engagierte Führungskräfte und Mitarbeiter stehen, die auf eine effiziente Infrastruktur bauen können, dann steigert das Unternehmen nachhaltig seinen Wert.

3. Leadership-Assessment: Ist-Situation Leadership Consulting beginnt mit einer Analyse der Ist-Situation des Unternehmens. Die genaue Analyse der Ausgangssituation ist die Grundlage jeder Veränderung. Abbildung 10 zeigt ein Beispiel, wie Hinterhuber & Partners ein Leadership-Assessment für eine Führungsposition im Unternehmen durchführen. Es werden die Eigenschaften und Fähigkeiten aufgelistet, die von einer Führungspersönlichkeit erwartet werden, wenn sie ihrer Führungsverantwortung nachkommen soll. Die Vorgesetzten beurteilen a) die Wichtigkeit der einzelnen Charakteristiken und b) wie zufrieden sie mit den jeweiligen Leistungen der beurteilten Personen sind.

Eine fundierte Ist-Analyse setzt voraus, dass keine Wertung enthalten ist. Aufgabe des Beraters ist es, sachbezogen die richtigen offenen Fragen zu stellen und die Charakteristiken zu begründen, die an eine effiziente Führung gestellt werden. Die Unternehmensleitung muss die Wichtigkeit der einzelnen Charakteristiken bestimmen und ihre darauf bezogene Zufriedenheit mit dem Stelleninhaber zum Ausdruck bringen.

Wichtigkeit		Geben Sie bitte die Wichtigkeit der folgenden Themen für Ihr Unternehmen/Business Unit an. Kreuzen Sie bitte hierzu den entsprechenden Wert links an. Markieren Sie danach auf der Skala rechts, wie zufrieden Sie mit dem entsprechenden Thema sind.	Zufriedenheit	
sehr wichtig	völlig unwichtig		sehr zufrieden	sehr unzufrieden
1 2 3 4 5		Sieht, was zu tun ist/denkt und handelt unternehmerisch	1 2 3 4 5	
1 2 3 4 5		Denkt ganzheitlich/strategisch	1 2 3 4 5	
1 2 3 4 5		Versteht die Kräfte und Bedingungen, die in einer gegebenen Situation eine Rolle spielen/erkennt und nutzt das Situationspotenzial	1 2 3 4 5	
1 2 3 4 5		Schafft eine innovationsfreundliche Organisation/ organisatorische Fähigkeiten	1 2 3 4 5	
1 2 3 4 5		Beeinflusst das Verhalten anderer im positiven Sinn so, dass sie sich engagiert für die Kunden einsetzen/Teamfähigkeit	1 2 3 4 5	
1 2 3 4 5		Hat den Mut, Maßnahmen zu ergreifen, die die Dinge besser machen/aktionsorientiert	1 2 3 4 5	
1 2 3 4 5		Lebt die Werte, die er predigt/Authentizität	1 2 3 4 5	
1 2 3 4 5		Entwickelt seine Mitarbeiter	1 2 3 4 5	
1 2 3 4 5		Liefert Ergebnisse	1 2 3 4 5	
1 2 3 4 5		Selbstvertrauen	1 2 3 4 5	
1 2 3 4 5		Zwischenmenschliche Fähigkeiten	1 2 3 4 5	
1 2 3 4 5		Kundenorientierung	1 2 3 4 5	
1 2 3 4 5		Problemlösungsfähigkeiten	1 2 3 4 5	
1 2 3 4 5		...	1 2 3 4 5	
1 2 3 4 5		...	1 2 3 4 5	
1 2 3 4 5		...	1 2 3 4 5	

Abb. 10 Leadership-Assessment: Ist-Situation

Leadership Consulting

4. Leadership-Development Needs: Die Soll-Situation Für die Führungscharakteristiken, die in Abb. 10 als wichtig beurteilt werden, die von der Führungskraft jedoch nicht in zufriedenstellender Weise erfüllt werden, werden im Detail die Leadership-Development Needs bestimmt. Abbildung 11 zeigt beispielhaft, wie dabei vorgegangen wird.

5. Maßnahmen Der Erfolg des Leadership Consultings misst sich an der Umsetzung. Der Berater hat die Aufgabe, die Maßnahmen vorzuschlagen, die notwendig sind, um die Leadership-Development Needs abzudecken. Der Grundsatz, an dem sich alle Maßnahmen auszurichten haben, lautet: *Die Entwicklung der Mitarbeiter ist eine Kernverantwortung eines jeden Vorgesetzten im Unternehmen.* Die Unternehmensleitung muss jeden Vorgesetzten verantwortlich dafür machen, wie er seine Mitarbeiter einsetzt und entwickelt. Jeder Vorgesetzte ist dafür in gleicher Weise verantwortlich, wie er für die Erreichung finanzieller Ziele verantwortlich ist. Maßnahmenprogramme beinhalten:

Consulting:

- Programme für strategische Positionen/für Projekte
- Programme für die Entwicklung spezifischer Fähigkeiten
- …

Entwicklung:

- Individuelle Entwicklungsprogramme
- Organisationale Entwicklungsprogramme
- Programme zur Identifizierung von Talenten
- Mentoring-Programme
- …

Inventarisierung von Talenten:

- „Das Unternehmen besitzt Talente, die Business Units leihen sie sich aus."
- Beurteilung der Beförderungsfähigkeit von Führungskräften
- Expertennetzwerke
- Top-Management Scanning
- …

Kompetenzen	Leistungskriterien	1: Herausragende Stärke 5: Signifikante Entwicklungsnotwendigkeit
Sieht, was zu tun ist/denkt und handelt unternehmerisch	Bringt sich initiativ in die strategischen Absichten der Unternehmensleitung ein.	1 2 3 4 5
	Setzt sich und erreicht herausfordernde Ziele.	1 2 3 4 5
	Hat den Mut und das Selbstvertrauen, für seine Werte einzustehen.	1 2 3 4 5
	Übernimmt die Verantwortung für eigene Fehler.	1 2 3 4 5
	Antizipiert die Veränderungen und sieht sie als Chance. …	1 2 3 4 5
Denkt ganzheitlich/ strategisch	Denkt voraus, hat das große Bild vor Augen.	1 2 3 4 5
	Hat ein Gespür, wohin der Markt geht und was die Kunden wirklich wollen.	1 2 3 4 5
	Ist ein Stratege.	1 2 3 4 5
	Setzt und vereinbart herausfordernde Ziele.	1 2 3 4 5
	Führt vor jeder strategischen Entscheidung ein Risk Assessment durch.	1 2 3 4 5
	Handlungen und Verhalten stimmen mit den Worten überein. …	1 2 3 4 5
Versteht die Kräfte und Bedingungen, die in einer gegebenen Situation eine Rolle spielen/ erkennt und nutzt das Situationspotenzial	Trifft die Entscheidungen aus der Sicht der übergeordneten Entscheidungsebene.	1 2 3 4 5
	Hat Einsicht in den größeren gesellschaftlichen, umweltlichen, kompetitiven und technischen Rahmen, der Einfluss auf die Entscheidungen des Unternehmens hat.	1 2 3 4 5
	Erkennt die „tragenden Faktoren" einer Situation und lässt sich in seinen Entscheidungen von ihnen tragen.	1 2 3 4 5
	Analysiert sorgfältig die Risiken seiner Entscheidungen aus der Sicht des Gesamtunternehmens. …	1 2 3 4 5
Hat den Mut, Maßnahmen zu ergreifen, die die Dinge besser machen	Ist unzufrieden mit dem „status quo".	1 2 3 4 5
	Hat keine Angst, dass seine Vorschläge nicht angenommen werden.	1 2 3 4 5
	Nutzt Schnelligkeit als Wettbewerbsvorteil.	1 2 3 4 5
	Bringt Fakten und rationale Argumente ein, um andere zu überzeugen.	1 2 3 4 5
	Ermutigt Mitarbeiter und Teams, unternehmerisch zu handeln und kalkulierte Risiken einzugehen. …	1 2 3 4 5

Abb. 11 Leadership Development Needs (Beispiel)

Leadership Consulting

Individueller Veränderungsprozess

| Unzufriedenheit mit status quo:
• Frustration
• Wellbeing am Arbeitsplatz
• Sorge um das Wellbeing anderer
• ... | → | Überprüfung der eigenen Lebensplanung:
• Persönliche Vision und Ziele
• Überlegungen von Alternativen
• Umweltänderung
• ... | → | Griffbereite Grundsätze: z.B.:
• Plus est en vouz
• Sage NEIN zu unbilligen Zumutungen
• Sei selbstbestimmt
• Blicke auf die Dinge von oben
• ... | → | Internalisierung der Verhaltensänderung |

Organisationaler Veränderungsprozess

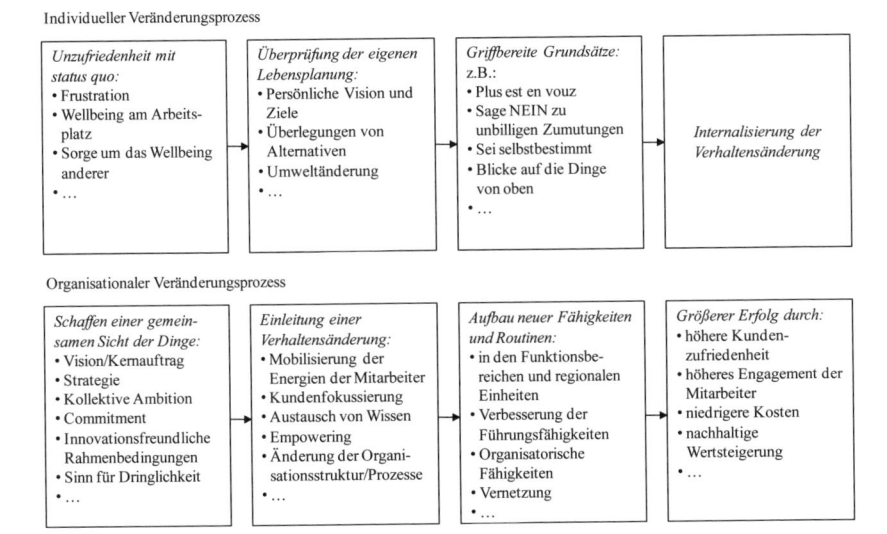

| Schaffen einer gemeinsamen Sicht der Dinge:
• Vision/Kernauftrag
• Strategie
• Kollektive Ambition
• Commitment
• Innovationsfreundliche Rahmenbedingungen
• Sinn für Dringlichkeit
• ... | → | Einleitung einer Verhaltensänderung:
• Mobilisierung der Energien der Mitarbeiter
• Kundenfokussierung
• Austausch von Wissen
• Empowering
• Änderung der Organisationsstruktur/Prozesse
• ... | → | Aufbau neuer Fähigkeiten und Routinen:
• in den Funktionsbereichen und regionalen Einheiten
• Verbesserung der Führungsfähigkeiten
• Organisatorische Fähigkeiten
• Vernetzung
• ... | → | Größerer Erfolg durch:
• höhere Kundenzufriedenheit
• höheres Engagement der Mitarbeiter
• niedrigere Kosten
• nachhaltige Wertsteigerung
• ... |

Abb. 12 Die beiden Dimensionen der Veränderungsprozesse

Führungskräfte-Beurteilung:

- Leistung, Ziele, Werte
- Beförderungsfähigkeit
- Trennung von Underperformern
- ...

Abbildung 12 zeigt die beiden Dimensionen des Veränderungsprozesses: Der individuelle Veränderungsprozess muss mit dem organisationalen Veränderungsprozess Hand in Hand gehen, wenn Leadership Consulting zum nachhaltigen Erfolg führen soll (Abb. 13).

6. Das Erfolgscontrolling Grundlage der Erfolgsmessung ist zum einen die Einhaltung des Zeit- und Kostenplans, zum anderen der Beitrag des Leadership Consulting zur Wertsteigerung des Unternehmens. Ersteres ist einfach, Letzteres schwierig, weil der Erfolg von Leadership Consulting nicht nur von den Fähigkeiten und Einstellungen der Führungskräfte abhängt, sondern auch und vor allem von der Situation, in der gehandelt wird. Der Leadership Consultant kann Führungskräfte nicht intelligenter oder kreativer machen. Er kann jedoch Führungskräfte inspirieren und Anregungen geben, wie sie ihre analytischen, unternehmerischen und sozialen Fähigkeiten wirksamer einsetzen. Zum Erfolgscontrolling eignen sich

Individueller Veränderungsprozess		
(+)	Persönliche, opportunistische Entwicklung	Soll-Zustand: Führen mit strategischen Absichten
(−)	Verschwendung von Zeit und Ressourcen	Kurzfristiger, organisationaler Erfolg
	(−)	(+) Organisationaler Veränderungsprozess

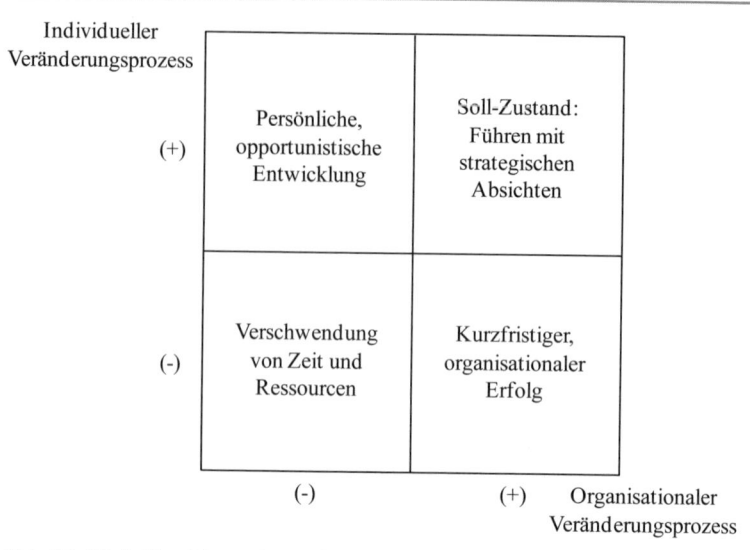

Abb. 13 Die beiden Dimensionen des Veränderungsprozesses

die Fragen von Buckingham und Coffman. Leadership Consulting ist dann erfolgreich, wenn in jedem Bereich mehr als 70 % der Mitarbeiter dieser Fragen mit „1" oder „2" beantworten.

Nach unserer Erfahrung weist ein Programm zur Entwicklung von Leadership ein befriedigendes Effektivitätsniveau aus, wenn die folgenden Ergebnisse erzielt werden (Abb. 14):

1. Bei zehn bis 20 % der Teilnehmer ein besseres Verständnis für und ein höheres Bewusstsein über Leadership, aber noch keine Verhaltensänderung.
2. Bei 30 bis 40 % der Teilnehmer ein vertieftes Wissen über Leadership, moderate Verhaltensänderung.
3. Bei 30 % der Teilnehmer eine kritische Reflexion ihres Führungsverhaltens, graduelle Verhaltensänderungen.
4. Signifikante Verhaltensänderungen bei 20 % der Teilnehmer.

Dies setzt voraus, dass Leadership Consulting nicht als einmaliges Ereignis, sondern, wie eingangs dargestellt, als Prozess verstanden wird. Wird Leadership Consulting jedoch als Prozess aufgefasst, dann wird erwartet, dass sich jede Führungskraft vor Beginn des Programms mit den Personen im Unternehmen trifft, die in das Problem involviert sind – der Vorgesetzte, Mitarbeiter, Führungskräfte auf

Abb. 14 Erfahrungswerte für den Erfolg von Leadership Consulting

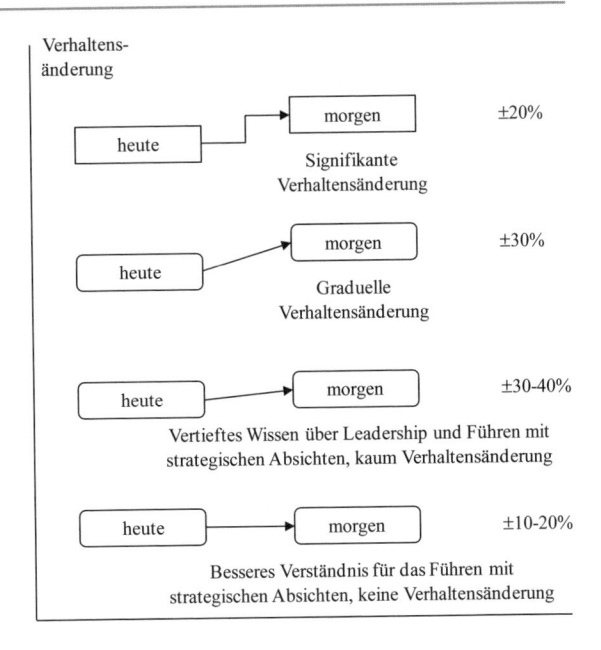

```
Verhaltens-
änderung

   heute  ────►  morgen          ±20%
                Signifikante
                Verhaltensänderung

   heute  ────►  morgen          ±30%
                Graduelle
                Verhaltensänderung

   heute  ────►  morgen          ±30-40%
                Vertieftes Wissen über Leadership und Führen mit
                strategischen Absichten, kaum Verhaltensänderung

   heute  ────►  morgen          ±10-20%
                Besseres Verständnis für das Führen mit
                strategischen Absichten, keine Verhaltensänderung
```

derselben Verantwortungsebene, Kunden. Führungskräfte treffen auf den Leadership-Consultant mit konkreten Vorstellungen über die Themen, die einer Lösung zugeführt werden müssen, über die Fragen, die auf eine Beantwortung warten und dergleichen mehr.

Leadership Consulting als Prozess setzt des Weiteren voraus, dass das, was man gelernt hat, im Unternehmen auch weitergegeben wird – ein Grund mehr, Leadership Consulting ernst zu nehmen.

Versteht man Leadership Consulting als Prozess, lassen sich die Ergebnisse nicht im Vorhinein bestimmen. Die spezifischen Themen, die die Führungskräfte einbringen, ändern sich in der Interaktion mit dem Leadership Consultant und den anderen involvierten Führungskräften. Leadership Consulting muss deshalb genügend Zeit für kritische Reflexion, für Diskussionen, für das wechselseitige Lernen, für das Erschließen von neuen Möglichkeiten, für kreatives Problemlösen, für Aktionspläne und für die Umsetzung der neuen Ideen offen lassen.

Nach Abschluss der Leadership-Beratung sollen Möglichkeiten für kontinuierliches Lernen, für den Austausch von positiven wie negativen Erfahrungen in der Umsetzung der Beartungserfahrungen klar werden, die Leadership Consulting eine zukünftige Eigendynamik verleihen. Der Leadership-Berater kann gemeinsam

Abb. 15 Beurteilungsmodell für Führungskräfte. (Quelle: GE)

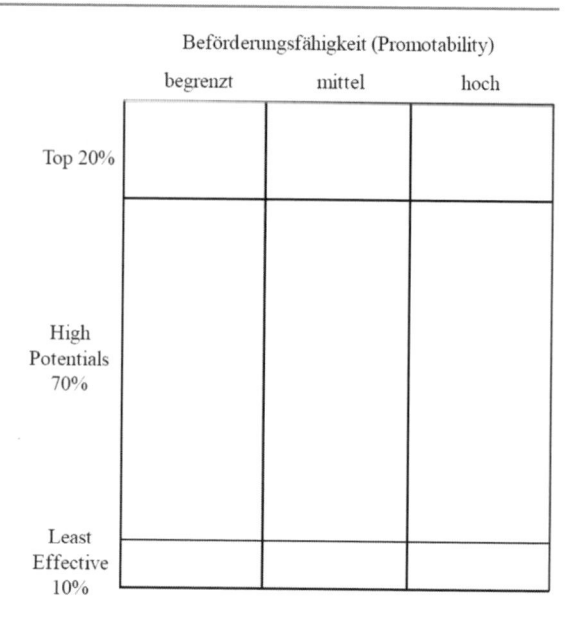

	Beförderungsfähigkeit (Promotability)		
	begrenzt	mittel	hoch
Top 20%			
High Potentials 70%			
Least Effective 10%			

mit der Unternehmensleitung das in Abb. 15 vorgestellte Modell benutzen, um die Beförderungsfähigkeit der Führungskräfte festzustellen.

Leadership als Kernkompetenz des Unternehmens – die Leadership Company

A leader who does not produce leaders,
is not a good leader.
Ram Charan

Jedes erfolgreiche Unternehmen hat eine oder mehrere Kernkompetenzen – gebündelte Fähigkeiten Einstellungen, Prozesse, Technologien und dergleichen mehr – mit denen es sich im Wettbewerb von den Konkurrenten differenziert und den Kunden einen Mehrwert bietet. Die Kernkompetenz hält den Wertsteigerungsprozess des Unternehmens in Gang. Langfristig überdurchschnittlich Erfolg haben die Unternehmen, die wie zum Beispiel die Swatch Group, General Electric oder viele „Hidden Champions" effiziente Leadership auf allen Führungsebenen praktizieren und zu einer Kernkompetenz des Unternehmens machen. Leadership/

unternehmerisches Verhalten wird von oben nach gelebt und vorgelebt – und auch entsprechend belohnt. Die Führungskräfte werden unter anderem daran gemessen, wie viele ihrer Mitarbeitenden sie selbst zu Führenden mit unternehmerischer Einstellung entwickelt haben. Wie eingangs erwähnt: Wer keine Führenden mit unternehmerischer Einstellung hervorgebracht hat, ist keine Führungskraft.

Wir bezeichnen ein Unternehmen, das Leadership als Kernkompetenz betrachtet und Leadership auf allen Verantwortungsebenen fördert und belohnt, als Leadership Company. Leadership Companies gibt es wenige, sie werden jedoch zunehmend wichtiger, wenn neue Möglichkeiten erschlossen und wenn schlecht kalkulierte Risiken abgewendet werden sollen. Die Leadership-Beratung kann dazu beitragen, mehr Führungskräfte als bisher zu unternehmerisch denkenden und handelnden Führungskräften zu machen.

Zusammenfassung

> Wir müssen die Art, wie wir denken, ändern.
> Ellen Kulman

Eine exzellente Führung, eine gute Strategie, die richtigen Mitarbeiter, taktische Maßnahmen mit rasch spürbaren Wirkungen und Glück bestimmen zu etwa 80 % den Erfolg eines Unternehmens. Die wirtschaftlichen Rahmenbedingungen tragen mit etwa 20 % zum Unternehmenserfolg bei. Führung umfasst Leadership und Management.

Management ist mehr das kreative Lösen von Problemen und das Optimieren von etwas, das bereits besteht. Es führt in der Regel zu inkrementellen Innovationen. Leadership, dagegen, ist mehr Offenheit für neue Möglichkeiten und die Fähigkeit, daraus Nutzen für das Unternehmen zu ziehen. Es geht darum, Mitarbeiter zu inspirieren und in die Lage zu versetzen, strategisch zu denken und unternehmerisch zu handeln. Der Grad an Leadership-Fähigkeiten in einem Unternehmen kann gemessen werden. In erfolgreichen Unternehmen denken und handeln mehr als 70 % der Führungskräfte unternehmerisch und beweisen somit Leadership. Leadership führt zu bahnbrechenden Innovationen. Management lässt sich leichter erlernen als Leadership. Management Consulting beruht auf Techniken und Instrumenten wie zum Beispiel Portfolio-Planung, Budgetierung, Kostenrechnung, Projektmanagement und dergleichen mehr, die sich relativ leicht vermitteln lassen. Leadership Consulting ist viel subtiler, denn es geht darum, dazu beizutragen, Möglichkeiten zu entdecken und umzusetzen, die andere nicht gesehen haben, und die Mitarbeitenden zu bewegen, kreativ ihre Energie zum Wohl der nachhaltigen

Entwicklung des Unternehmens einzusetzen. Leadership schafft neue Arbeitsplätze, Management baut Arbeitsplätze ab. Führende brauchen beides, Leadership- und Managementfähigkeiten.

Leadership Development ist eine Verantwortung, die von der Organisation und vom Individuum getragen werden muss. Leadership Consulting unterstützt und beschleunigt die organisationale Führungskräfteentwicklung und die Entwicklung der notwendigen individuellen Führungsfähigkeiten. Das Unternehmen kann aus der Leadership-Beratung Nutzen ziehen, wenn die folgenden Voraussetzungen gegeben sind:

1. Der richtige Leadership-Berater. Der erste Schritt besteht darin, die richtige Person zu finden. Die Ausführungen zeigen, wie man diese erkennt.
2. Ziele der Business Unit/des Unternehmens. Es geht hierbei zum einen um die Analyse der Unternehmensstrategie und des Kernauftrages des Unternehmens oder der Business Unit, zum anderen der im Unternehmen von oben nach unten gelebten und vorgelebten Führungswerte.
3. Leadership-Assessment: Ist-Situation. Die Analyse der Ausgangssituation ist die Grundlage jeder Veränderung. Es werden Tools vorgestellt, wie die Ist-Analyse vorgenommen werden kann.
4. Leadership-Need Assessment: Soll-Situation. Ist klar, in welche Richtung sich das Unternehmen entwickeln will – offensiv, defensiv oder Rückzug –, muss das Unternehmen gemeinsam mit dem Leadership Consultant die konkreten Ziele bestimmen. Hierzu müssen auch qualitative Ziele messbar gemacht werden.
5. Die Umsetzung. Der Erfolg von Leadership Consulting misst sich an Verhaltensänderungen. Alle Maßnahmen orientieren sich an der strategischen Ausrichtung und an der zukünftigen Organisationsstruktur des Unternehmens.
6. Das Erfolgscontrolling. Dieses setzt voraus, dass Leadership Consulting als Prozess und nicht als einmaliges Event verstanden wird.
7. Der Leadership-Berater muss den Mut haben, die Führenden auf Möglichkeiten, Probleme, Missstände und Abweichungen aufmerksam zu machen, ohne dass er gleich um die Weiterführung seines Mandats fürchten muss. Die Unternehmensleitung muss bereit sein, die Sicht und die Ergebnisse der Leadership-Beratung kritisch zu reflektieren und nach eigenen Überlegungen die entsprechenden Entscheidungen zu treffen.

Literatur

Hinterhuber HH (2007) Leadership. Strategisches Denken systematisch schulen von Sokrates bis heute, 4 Aufl. Frankfurt am Main

Hinterhuber HH (2010) Die 5 Gebote für exzellente Führung. Wie Ihr Unternehmen in guten und in schlechten Zeiten zu den Gewinnern zählt. Frankfurt am Main

Hinterhuber HH, Krauthammer E (2005) Leadership – mehr als Management, 4 Aufl. Wiesbaden

Krauthammer E, Hinterhuber HH (2001) Wie werde ich mit einem guten Berater die Nr. 1 im Markt? In: Siegwart H, Mahari J (Hrsg) Management Consulting. Zürich, S. 263–278

Interim Management in Deutschland

Norbert Eisenberg

Den Bedarf an Interims-Lösungen für die Besetzung von Führungspositionen hat es schon immer gegeben, selbst in der griechischen Mythologie gibt es hierfür Beispiele. Erst der sich beschleunigende Wandel in der Wirtschaft nach den stabilen Nach Weltkrieg zwei Jahrzehnten führte dazu, dass sich diese Dienstleistung habitualisierte. Nicht zufällig spielten die Niederlande die Vorreiterrolle, war man bei unseren Nachbarn doch schon früh für flexible Arbeitsverhältnisse aufgeschlossen und entsprach dieser Ansatz dem pragmatischen Kaufmannsdenken. Die ersten Unternehmen, die Anfang der 80er Jahre Interim Management anboten, wurden von Unternehmensberatungen und Wirtschaftsprüfungsgesellschaften gegründet.

Bald nach dem Start in den Niederlanden entwickelte sich das Interim Management auch in Großbritannien, nach Frankreich folgte dann Deutschland.

Hier standen von Anfang an zwei Konzepte nebeneinander, eine Entwicklung, die in veränderter Form bis heute anhält:

- Interim Management als Vermittlungsleistung zwischen Aufträgen suchenden Managern und Klienten. Das erste Unternehmen, das dieses Geschäftsmodell in Deutschland realisiert hat, war ursprünglich auf die Vermittlung von Beratern spezialisiert und dehnte seine Tätigkeit auf das Interim Management aus.
- Interim Management als professionelle Management-Dienstleistung. Dieses Geschäftsmodell wurde aus den Niederlanden übernommen. Hierbei versteht sich die Interim-Management-Firma als für die Durchführung des Managementauftrages inhaltlich verantwortlicher Dienstleister, wobei die Manager dort angestellt oder freiberuflich tätig sein können.

N. Eisenberg (✉)
Boyden Interim Management, Eisenberg & Schuhbauer GmbH, Brienner Straße 11, 80333 München, Deutschland
E-Mail: info@boydeninterim.de

Die Geschäftsentwicklung verlief in Deutschland zunächst sehr zögerlich, Klienten waren vor allem ausländische Unternehmen, die Probleme bei ihren deutschen Tochterunternehmen lösen wollten.

Das Metier erreichte einen breiten Durchbruch im Zuge der deutschen Wiedervereinigung: Eine neue Situation erforderte auch neue Dienstleistungen, denn Managementpositionen waren kurzfristig und zu einem guten Teil auch nur auf Zeit zu besetzen, gefordert waren Manager, die nachhaltige Veränderungen bewirken konnten.

Die inzwischen etablierten Interim-Management-Dienstleister spielten hierbei allerdings nur eine sehr beschränkte Rolle, ca. zehn Prozent der Aufträge wurden über sie abgewickelt. Im Wesentlichen erfolgte der Einsatz über die „Treuhand" direkt, der auch große Unternehmen Mitarbeiter auf Zeit zur Verfügung stellten, über investierende Unternehmen und beteiligte Unternehmensberatungen sowie Banken. Viele Manager ließen sich von der Aufbruchstimmung anstecken und bewarben sich auch direkt für Positionen, wo sie Bedarf sahen.

Die deutsche Wiedervereinigung leitete auch einen Wandel im Sozialprestige des Interim Managers ein. Erachteten Manager vor dieser Zeit einen Wechsel von einer Dauerstelle in das Interim Management oft als sozialen Abstieg, führte das Gefühl, jetzt etwas „für das Vaterland" zu tun, zu einer deutlichen Aufwertung. Das betrifft sowohl die Selbsteinschätzung der Manager wie auch deren Fremdeinschätzung.

Ein Beispiel aus dieser Zeit mag die Einsatzmöglichkeiten von Interim Management verdeutlichen:

Im Frühjahr 1990 wurde ich von einer auf Finanzdienstleistungen spezialisierten Unternehmensberatung auf einen möglichen Interim Management Einsatz bei einem Klienten angesprochen. Die Berater hatten ein Konzept erarbeitet, die hauseigene Bank eines großen deutschen Automobilherstellers vom reinen Absatzfinanzierer zu einem Finanzdienstleister zu entwickeln, der neben der Finanzierung von Autokäufen auch als Direktbank fungiert und das Händlernetz finanziert. Hierfür waren nicht nur die entsprechenden Produkte vom Giro-, Festgeldkonto über Kreditkarte bis zum Depot zu entwickeln, vor allem musste die Bank in ihren Strukturen – das Absatzfinanzierungsgeschäft ist schließlich ein reines „Batch"-Geschäft – Systemen und der Qualifizierung des Personals verändert werden. Darüber hinaus war für die erweiterte Tätigkeit auch ein Management mit der notwendigen Banklizenz erforderlich. Durch die deutsche Wiedervereinigung kam gleichzeitig die Aufgabe der Erweiterung des Tätigkeitsgebiets der Bank in die neuen Bundesländer hinzu.

Nach einer Evaluierung der vorhandenen Führung der Bank wurde der Auftrag erteilt, den Geschäftsführungsvorsitz sowie die Position des für neue Geschäftsgebiete zuständigen Geschäftsleitungsmitglieds interimistisch zu besetzen, hinzu kamen verschiedene Projektmanagementthemen.

Das größte Thema war, die Bank von der Leistungsfähigkeit ihrer Systeme her auf die neuen Herausforderungen einzustellen, ein Projekt von mehreren Jahren Dauer, das dem Geschäftsführungsvorsitzenden zugeordnet wurde. Weitere wesentliche Aufgabenbereiche waren die Entwicklung der adäquaten Produkte, der Aufbau des Vertriebs und Marketings.

Besetzt wurde die Position des Geschäftsführungsvorsitzenden mit einem Manager, der eine Bank mit Tätigkeitsschwerpunkt im Privatkundenbereich erfolgreich geführt hatte mit fachlichem Schwerpunkt in den Funktionen Rechnungswesen, IT, Personal und Risikosteuerung. Dem Geschäftsleitungsmitglied Neue Geschäftsbereiche oblag vor allem der Aufbau der neuen Vertriebsstrukturen, darüber hinaus wirkte er bei der Produktentwicklung und dem Aufbau des Marketings mit.

Der Auftrag wurde nach etwa vier Jahren Dauer – in unterschiedlicher Managementbesetzung – erfolgreich beendet, die Bank ist heute eine wesentliche Ertragsquelle des Gesamtunternehmens.

Entscheidend für die richtige Managementbesetzung war ein klares Verständnis der Ausgangssituation, was durch die Vorarbeit der Unternehmensberatung deutlich erleichtert wurde. Hinzu kam eine Evaluierung des vorhandenen Managements, um festzustellen, welche zusätzlichen Fähigkeiten im Einzelnen auf der Führungsebene benötigt wurden.

An dieser Stelle möchte ich einen Punkt hervorheben, der hier für den Erfolg deutlich mitentscheidend war und dessen Vernachlässigung vor allem in etlichen Restrukturierungsfällen jüngerer Zeit zu deutlichen Ineffizienzen bei der Umsetzung von Restrukturierungskonzepten geführt hat:

Das Management muss in jedem Fall hinter dem umzusetzenden Konzept stehen. Hierfür ist es optimal, wenn Interim Manager zumindest in der Endphase der Erarbeitung eines Konzepts durch Unternehmensberater und Unternehmen eingebunden sind, sodass sie zum einen ihre eigene Sicht der Dinge einbringen können, zum anderen aber auch sehr genau den Hintergrund der Empfehlungen verstehen und diese mittragen können. Von dieser Einbindung profitiert zum einen die Umsetzbarkeit von Beratungsergebnissen, aber auch die Umsetzungsgeschwindigkeit. Ein Manager, der an der Konzepterarbeitung nicht beteiligt war, wird im anderen Fall zunächst eine eigene Bestandsaufnahme vornehmen, die durchaus zu anderen Ergebnissen führen kann und in jedem Fall einen deutlichen Zeitverlust bedeutet. Vor allem in Restrukturierungsfällen führen gegensätzliche Auffassungen von Berater und Management auch sehr leicht zum Vertrauensverlust der Finanzpartner des Unternehmens.

In dem geschilderten Fall gab es eine intensive Überleitungsphase von der Beratung zur Umsetzung, auch mit der Folge, dass in der Umsetzungsphase wenig Beratungsbegleitung benötigt wurde. Das Controlling des Auftrages durch das Interim-Management-Unternehmen war regelmäßig, auftretende Probleme konnten aber fast ausschließlich direkt zwischen Interim Management, Unternehmen und Gesellschafter gelöst werden.

Am geschilderten Beispiel sind auch die typischen Anlässe erkennbar, die Unternehmen zum Einsatz von Interim Management veranlassen:

- Die Dringlichkeit der Besetzung einer Führungsposition und
- die Notwendigkeit, im Unternehmen nicht vorhandene Fähigkeiten von außen zu gewinnen, vor allem auch dann, wenn diese nicht auf Dauer benötigt werden.

Im Beispiel ging es um die Neuausrichtung eines bestehenden Unternehmens und den Aufbau neuer Geschäftsfelder. Das sind typische Einsatzfelder von Interim Management, weitere Einsatzgebiete sind die folgenden:

- Die Restrukturierung von Unternehmen und Geschäftsbereichen: Dieses Feld ist gerade im Zuge der Finanzkrise zum wichtigsten Einsatzgebiet von Interim Management geworden. Dabei deckt Interim Management vor allem die operative Restrukturierung ab und ist insofern nicht nur in Restrukturierungsfällen einzusetzen, die durch unmittelbare Existenzbedrohung des Unternehmens oder Bereichs gekennzeichnet sind. Typische besetzte Funktionen sind die des Chief Restructuring Officer (CRO), aber auch CEO und CFO-Positionen sowie die Leitung von Funktionsbereichen wie zum Beispiel Einkauf oder Projektmanagementfunktionen spielen hier eine Rolle.
- Kauf und Verkauf von Unternehmen: Sowohl die Vorbereitung ganzer Unternehmen auf Verkauf oder auch Börseneinführung, die Herauslösung von Teilbereichen mit dem Ziel des Verkaufs oder umgekehrt das Management von Fusionen, der Integration von erworbenen Unternehmen oder Unternehmensteilen spielen hier eine wesentliche Rolle. In solchen Situationen erprobte Manager können sowohl für deutlich höhere Erlöse im Verkaufsfall wie auch für eine erfolgreiche Integration erworbener Einheiten sorgen. Inzwischen hat sich die Erkenntnis durchgesetzt, dass gerade nach getätigten Investitionen oft ein guter Teil des bezahlten Wertes durch Fehler in der Integration verloren geht. Private-Equity-Unternehmen bedienen sich des Instruments Interim Management, um für die Umsetzung der von ihnen intendierten Wertsteigerungsstrategie zu sorgen.

- Programm- und Projektmanagement: Der Einsatzbereich reicht hier von der Einführung neuer IT-Lösungen über die Einführung neuer Produktionsstrukturen, Produktionsverlagerungen bis zur Durchführung von Outsourcing-Projekten.
- Klassische Personalbeschaffungsprobleme: Gerade im Zusammenspiel mit Executive Search spielt hier die Überbrückung von Vakanzen eine Rolle. Dabei sind die Fälle seltener, in denen Interim Management zum Einsatz kommt, weil im Wege der Direktansprache ein Manager nicht schnell genug gefunden werden kann oder dieser nicht schnell genug für die Wahrnehmung der Aufgabe zur Verfügung steht. Vielmehr erfordert oft eine Übergangssituation, zum Beispiel bei der Lösung von Nachfolgethemen in Familienunternehmen, zunächst den Einsatz eines Managers mit anderem Profil, als man es einer Dauerbesetzung zugrunde legen kann oder will. Daneben kann Interim Management auch die Antwort auf besondere Kapazitätsanforderungen in den verschiedenen Funktionsbereichen eines Unternehmens sein.
- Internationale Aufgaben: Hier geht es oft um Probleme (oder besondere Chancen) bei ausländischen Tochterunternehmen, dem Kauf oder der Umstrukturierung von Konzernunternehmen im Ausland oder die Veränderung internationaler Produktionsstrukturen. Dabei kann es manchmal auch sinnvoll sein, den Interim Manager nicht in der Auslandsfunktion tätig werden zu lassen, sondern einen Manager aus dem Unternehmen ins Ausland zu senden, die Vakanz im Inland aber durch einen Interim Manager zu überbrücken.

Allen diesen Einsatzbereichen ist gemeinsam, dass die Erfahrung des Managers im Umgang mit vergleichbaren Situationen wichtiger ist als die Erfahrung im Unternehmen selbst. Hierfür wird oft das Bild des Lotsen bemüht, der weniger mit dem Schiff, sehr wohl aber mit der schwierigen Passage vertraut ist, die es zu bewältigen gilt.

Dem Interim Manager kommt auch zugute, dass er im Unternehmen keine Vergangenheit und keine Zukunft hat, das heißt, er ist nicht durch vergangene Entscheidungen, möglicherweise sogar Fehler belastet und muss sich auch nicht seine eigene materielle Zukunft im Unternehmen sichern. Aufgrund dessen kann er neutral und im Wesentlichen rein sachbezogen handeln.

Zurück zur Entwicklung des Interim Managements: Nach dem Abebben der Flut von Aufgaben im Zuge der deutschen Wiedervereinigung setzte im Interim-Management-Markt zunächst eine Konsolidierungsphase ein, die vor allem die Anbieter betraf, die sich auf den ostdeutschen Markt konzentriert hatten. Eine erneute Boomphase wurde dann mit dem Start in die „New Economy" eingeleitet, wo eine Vielzahl von Aufgaben in den schnell wachsenden Unternehmen entstand und auch in den etablierten Unternehmen Fähigkeiten gebraucht wurden, die tatsächlich oder vermeintlich entstehenden Chancen zu nutzen – und anschließend, um mit den entstandenen Problemen fertig zu werden.

Auf der Anbieterseite haben sich zum einen eigenständige Interim-Management-Firmen entwickelt, die einem der beiden oben geschilderten Konzepten folgen, bei den reinen Vermittlern bis hin zum internetbasierten Geschäft.

Da Unternehmensberatungen von ihren Klienten verstärkt auf die Umsetzung ihrer Beratungsergebnisse angesprochen wurden, haben sich auch etliche Berater einen in der Regel kleinen Pool von Interim Managern zugelegt, die sie in ihren Projekten einsetzen. Dieser Ansatz war nur teilweise erfolgreich, hängt er doch davon ab, dass gerade der richtige Manager für ein Projekt zur Verfügung steht, Kooperationsansätze mit Interim-Management-Firmen haben sich hier grundsätzlich besser bewährt. Bereits in der Entstehungsphase des Interim Managements gab es vor allem im Ausland Joint Ventures zwischen Beratung und Executive Search, um Interim-Management-Dienstleistungen zu erbringen, ein Ansatz, der für die Zukunft durchaus Potenzial bietet.

Ein Sonderfall sind die ursprünglich aus den USA stammenden Restrukturierungsberatungen, die Beratung und Interim Management als einheitliche Dienstleistung anbieten und mit dem Auftauchen von auf Restrukturierungssituationen spezialisierten Finanzinvestoren nach Deutschland kamen. Auch dieser Ansatz leidet unter der oft nicht passgenauen Besetzung von Managementpositionen, wie in der Presse viel diskutierte Fälle (zum Beispiel Märklin) illustrieren.

Executive-Search-Unternehmen sind mit unterschiedlichem Erfolg in das Geschäftsfeld Interim Management gegangen, das Synergiepotenzial zwischen beiden Dienstleistungen ist sehr hoch, lösen sie doch grundsätzlich das gleiche Problem: den richtigen Manager auf die zu besetzende Position zu bringen, im einen Fall auf Dauer, im anderen Fall auf Zeit. Für den Klienten ist es gut, mit einem Ansprechpartner alle Besetzungsthemen von Führungspositionen lösen zu können und so auch immer den jeweils geeigneten Lösungsweg angeboten zu bekommen.

Gleichwohl unterscheiden sich beide Dienstleistungen in dem Punkt, dass der Executive-Search-Berater für die professionelle Auswahl steht, der Interim-Management-Dienstleister aber für die Lösung eines Management-Problems. Die Fähigkeit, „Content" zu bieten, muss sich der Interim-Management-Dienstleister entweder selbst erarbeiten oder in Kooperation darstellen.

Die weiteren Perspektiven für das Interim Management aus meiner Sicht

Heute besitzen erst 20 % aller Unternehmen Erfahrung im Einsatz von Interim Management. Das größte Interim-Management-Dienstleistungsunternehmen ist um den Faktor 40 kleiner als das größte Beratungsunternehmen in Deutschland, obwohl befragte Unternehmen deutlich machen, dass sie eher Umsetzungsprobleme zu lösen haben als Analyse- und Konzeptionsprobleme. Allein diese Zahlen, aber auch der Vergleich mit der Entwicklung von Interim Management in den Nachbarländern ergeben ein deutliches Wachstumspotenzial.

Ein Faktor, der die Entwicklung der Dienstleistung in der Vergangenheit behindert hat, sind Qualitätsprobleme, hervorgerufen zum einen durch freiberufliche Interim Manager, die sich für die Profession nicht wirklich eignen, und zum anderen Dienstleister mit dem reinen Vermittlungsansatz. Hier hat in den letzten Jahren ein deutlicher Wandel eingesetzt. Aufseiten der Manager ist Interim Management keine Verlegenheitslösung, wenn sich keine Aufgabe anderenorts bietet, sondern zunehmend eine attraktive Alternative zur Festanstellung, die Handlungsfreiheit und Unabhängigkeit bietet. Aufseiten der Anbieter etablieren sich Unternehmen, die ihre Leistungsprozesse auf hohe Qualität ausrichten. Um sich von den reinen Vermittlern abzuheben, hat sich in unseren Nachbarländern hier der Begriff des „Transition Management" statt des Interim Managements durchgesetzt.

Um professionelle und für Manager und Klienten transparente Prozesse geht es dabei vor allem:

- bei der Gewinnung von Managern für die Dienstleistung allgemein und für den einzelnen Auftrag,
- in der Auftragsstrukturierung und -Besetzung, die ein profundes Verständnis von Situation und Aufgabe voraussetzt,
- in der Begleitung des Auftrages, im laufenden Coaching des Interim Managers, der Steuerung des Auftrages, der Kommunikation und gegebenenfalls der Veränderung des Lösungsansatzes, auch unter Hinzuziehung anderer Dienstleister.

Es zeichnet sich der Trend ab, in geeigneten Situationen komplette Teams, auch in wechselnder Besetzung, einzusetzen und die Dienstleistung Interim mit anderen Beratungsleistungen wie Strategieberatung, M&A-Beratung, Rechtsberatung u. Ä. zu vernetzen.

Dabei werden sich die Geschäftsmodelle der Anbieter von Managementlösungen von Umsetzungsproblemen noch deutlicher als bisher von den reinen Vermittlern differenzieren. Insgesamt wird die Spezialisierung der Anbieter nach Segmenten, Branchen und Auftragsarten weiter zunehmen.

Es ist zu erwarten, dass der Einsatz von Interim Management in allen Größenklassen von Unternehmen zunehmen wird, bei den kleineren Unternehmen wird dies vor allem Restrukturierungsfälle betreffen, im mittleren Größenbereich sehr stark auch Private-Equity-finanzierte Unternehmen. Für Großunternehmen wird Interim Management ein ähnlich selbstverständliches Werkzeug werden, wie es heute die Unternehmensberatung ist – bis eine solche Institutionalisierung der Dienstleistung erreicht ist, werden allerdings noch einige Jahre vergehen. Wie auch vergangene Krisen leistet die globale Wirtschaftskrise infolge der Finanzkrise für die Dienstleistung deutliche Wachstumshilfe. In einer Welt ständiger Veränderungen werden Impulse und Know-how von außen noch wichtiger werden, wird eine Dienstleistung, die es bewirkt, dass knappe Fähigkeiten an den Platz ihrer höchsten Wirksamkeit kommen, an Bedeutung zunehmen.

Auf der Suche nach dem „richtigen" Headhunter

Peter A. Rapp

Das Telefon auf dem Schreibtisch klingelt. Am anderen Ende der Leitung meldet sich ein Headhunter mit der Standard-Frage: „Können Sie frei sprechen?"

Viele Karriere-Ratgeber in Zeitungen und Zeitschriften wählen diesen Einstieg, wenn es um das Thema Headhunter geht. Es folgen die üblichen Tipps, etwa: Üb' immer Treu und Redlichkeit. Das heißt zum Beispiel: Nicht flunkern, wenn Sie ein Headhunter nach Ihrem aktuellen Gehalt fragt, nicht bei der Darstellung der eigenen Leistungen übertreiben etc. etc.

Vergleichsweise wenig Raum widmen die Ratgeber der Frage, was ein Manager machen soll, damit er überhaupt auf dem Radarschirm eines Headhunters erscheint. Dabei kann man es eigentlich gar nicht oft genug sagen. Ein Manager sollte nicht erst warten, bis das Telefon klingelt. Er sollte selbst die Initiative ergreifen – und zwar am besten aus gesicherter Position, wenn er nicht gerade dringend einen neuen Job sucht.

Jeder, der an die Spitze will, sollte proaktiv und behutsam eine langjährige Beziehung zu zwei oder drei Consultants aufbauen, und zwar zu solchen Beratern, die die Branche gut kennen, in der man tätig ist – oder in die man wechseln möchte. Widerstehen Sie der Versuchung, Ihren Lebenslauf inflationär breit zu streuen.

Bereits hier scheitern jedoch selbst gestandene Führungskräfte – so wie jener 53-jährige Diplom-Ingenieur, dessen Bewerbungsunterlagen mir vor kurzem auf den Schreibtisch gelegt wurden. Der Mann hatte sein gesamtes Berufsleben in der Maschinenbaubranche gearbeitet – und war nun auf der Suche nach einem neuen Job. Er hatte seine kompletten Unterlagen ausgedruckt beziehungsweise kopiert, ein Foto auf seinen Lebenslauf geklebt und das umfangreiche Konvolut per Briefpost an mich geschickt.

P. A. Rapp (✉)
Hofmann Consultants GmbH, THE SQUAIRE 15, Am Flughafen,
60549 Frankfurt am Main, Deutschland
E-Mail: info@hofmann-consultants.com

Ich erhalte bis zu 250 Initiativ-Bewerbungen im Jahr, und ich freue mich über nahezu jedes Schreiben dieser Art – auch wenn es für die meisten nicht im selben Augenblick zu einer Zusammenarbeit kommt. Schließlich sind die Kontakte zu Kandidaten eine wichtige Basis für meine Tätigkeit. Diese Kontakte verhelfen zu tiefer Marktkenntnis und schnellen Placements.

Der obige Fall zeigt jedoch lediglich, dass sich der Jobsucher nicht mehr auf der Höhe der Zeit befindet. Der Ingenieur hatte sich offensichtlich nicht einmal die Mühe gemacht, einen Blick auf die Website von Hofmann Consultants (http://www.hofmann-consultants.com) zu werfen, sonst hätte er gewusst, dass er bei mir an der falschen Adresse war. Als eine deutlich auf Handels- und Konsumgüter fokussierte Beratung habe ich keinen einzigen Klienten aus seiner Branche. Und: Hätte er in meinem Büro angerufen, hätte er erfahren, ==dass wir Unterlagen nur per E-Mail akzeptieren. Außerdem: Ein kurzes Anschreiben und der Lebenslauf reichen für eine erste Kontaktaufnahme.== Weitere Unterlagen fordern wir erst dann an, wenn wir sie tatsächlich benötigen.

Fazit: Außer Spesen nichts gewesen. Wir haben dem Mann seine Unterlagen postwendend zurückgeschickt – mit einem freundlichen Ablehnungsschreiben.

Wie aber findet man den „richtigen" Headhunter? Gängige Antwort: Übers Internet. Im Prinzip ist das zwar richtig, aber es reicht leider nicht, sich an den PC zu setzen, den Internet Browser zu öffnen und bei einer der bekannten Suchmaschinen die Stichworte Headhunter oder Executive Search und die betreffende Branche einzugeben.

Wer so vorgeht und beispielsweise nach Headhuntern sucht, die für Klienten in der Branche Handel tätig sind, erhält bei Google rund 200.000 Treffer. Bei den Stichworten Headhunter und Konsumgüter sind es immerhin weit über 8.000 Treffer. Und bereits auf der ersten Seite der Treffer findet sich auch ein Link zu einem Beratungsunternehmen, das ich als – vorsichtig formuliert – schillernd bezeichnen würde.

Ich will hier nicht schwärzer malen als nötig. Aber es reicht bereits, wenn man einem Consultant auf den Leim geht, der nur vorgibt, im Auftrag eines Unternehmens eine Stelle zu besetzen – die in Wirklichkeit gar nicht existiert.

Das kommt häufiger vor als viele glauben. Grund: Personalberater, die sich noch nicht lange auf dem Markt befinden, sind scharf auf die Bewerbungsunterlagen von qualifizierten Fach- und Führungskräften. Mit diesen Unterlagen gehen sie bei potenziellen Auftraggebern hausieren.

Kritisch wird es für den arglosen Jobsucher, wenn die Unterlagen von der Personalberatung bei der Weiterleitung nicht anonymisiert werden oder wenn sie so detailliert sind, dass sich unschwer erkennen lässt, wer da auf der Suche nach einem neuen Job ist. Manche Branchen sind zudem so übersichtlich, dass man unschwer Rückschlüsse auf den Bewerber ziehen kann.

Leider hat auch die Bundesagentur für Arbeit immer wieder unfreiwillige Hilfestellung für unseriöse Consultants geleistet. Bekannt geworden sind jedoch nur wenige Fälle, wie etwa der einer Berliner Personalberatungsfirma, die im Jahre 2009 sage und schreibe 2.500 Stellenangebote in den Internet-Stellenmarkt der Bundesagentur eingestellt hatte – nur zu dem Zweck, Daten von Bewerbern zu sammeln.

Allein in Deutschland gibt es über 2.000 Personalberatungsunternehmen, darunter Unternehmen mit einigen hundert Beschäftigten. Gerade bei großen Netzwerken weiß man oft nicht, mit wem man es genau zu tun hat. Das ist gerade für Bewerber verwirrend, die zum ersten Mal den Kontakt zu einem Headhunter suchen. Mein Tipp: Fragen Sie einfach, auf welcher Hierarchiestufe ihr Gesprächspartner arbeitet. Handelt es sich um einen Researcher, Consultant, Partner oder gar Practice Leader?

Zum besseren Verständnis: Ein Researcher agiert typischerweise im Hintergrund. Er durchstöbert Datenbanken und andere Informationsquellen, ruft Informanten und Kandidaten an und präsentiert den Beratern die Ergebnisse seiner Arbeit. In einigen Unternehmen unserer Branche vereinbaren sie auch Termine mit den Kandidaten und führen erste Gespräche mit ihnen. Berater, Partner und Practice Leader pflegen den Kontakt zu den Unternehmen und präsentieren die Kandidaten, die auf der sogenannten Shortlist landen.

Viele Nachwuchsmanager suchen über Online-Stellenbörsen nach Job-Angeboten in ihrer Branche. Nur: Die meisten der Beratungsunternehmen, die per Anzeigen im Internet nach Bewerbern fahnden, sind keine echten Executive Search Consultants – auch wenn sie behaupten, Executive Search zu betreiben. Es sind meist jene Personalvermittler, die früher fast ausschließlich in Zeitungen inseriert hatten und jetzt das Medium Internet nutzen, um den Kontakt zu wechselwilligen Kandidaten zu bekommen.

Bei der Suche nach dem richtigen Headhunter stößt man bisweilen im Internet auf die Websites verschiedener Anbieter, die Headhunter-Verzeichnisse an zahlende Interessenten verschicken. Früher ging das nur per Post oder Telefax. Heute senden Ihnen diese Anbieter ihre Listen per E-Mail zu. Das kostet nicht viel. Dennoch rate ich davon ab. Erstens bieten diese Verzeichnisse keine Gewähr dafür, dass hier nur seriöse Berater gelistet sind. Zweitens sind diese Verzeichnisse meist nicht aktuell. Und drittens: Die wirklich interessanten Berater sind auf diesem Weg nicht zu finden. Außerdem gibt es inzwischen kostenlose Informationsquellen im Internet, etwa das Branchenportal ConsultingStar.com, wo einige hundert Headhuntingfirmen mit detaillierten Profilen vertreten sind.

Soziale Netzwerke wie Xing oder LinkedIN dienen inzwischen vielen mittleren Führungskräften zur Kontaktanbahnung. Doch Vorsicht: Diese virtuellen Kontakthöfe sind alles andere als ein diskreter Weg zur Förderung der eigenen Karriere. Mein Tipp: Nutzen Sie diese Möglichkeit, aber achten Sie darauf, nicht allzu viel von sich preiszugeben. Es wäre doch peinlich, wenn Ihr Vorgesetzter mit der Nase darauf gestoßen würde, dass sich unter Ihren eventuell frei einsehbaren „Kontakten" auffallend viele Personalberater befinden.

Außerdem finden Sie auch hier meist nicht jene Headhunter, die Kontakt zu den wichtigen Entscheidern in Ihrer Branche haben. Diese Internetplattformen sind eher ein Tummelplatz für freischaffende Researcher und die Research-Assistenten jener Personalberater, die früher per Zeitungsanzeige nach Fach- und Führungskräften gesucht haben. Ergo: Je höher Sie auf der Karriereleiter klettern, desto weniger sollten Sie auf die Dienste der Social Networks bauen.

Jüngere Manager wenden sich hin und wieder an Karriereberater, wenn es im Beruf nicht so recht klappen will. Doch dieses Segment der Consultingbranche ist noch unübersichtlicher als die Headhunter-Szene. Grund: Viele Karriereberater wechseln flugs ihre Hüte – je nach Bedarf. Viele sind Coaches, Outplacementberater und Karriereberater in einer Person. Auch der eine oder andere Journalist mischt in diesem Geschäft mit. Inzwischen haben sich einige dieser Dienstleister in Verbänden zusammengeschlossen, etwa der Deutschen Gesellschaft für Karriereberatung. Diese Verbände bieten zumindest eine Gewähr dafür, dass sich ihre Mitglieder einem gewissen Kodex unterworfen haben.

Meine ganz persönliche Meinung: Wenn Sie an einem beruflichen Scheideweg stehen oder Burnout-Probleme bekämpfen wollen, sollten Sie sich einen seriösen Coach suchen. Wenn Sie allgemeine Karrieretipps benötigen und wissen wollen, wie man seine Bewerbungsunterlagen zusammenstellt, greifen Sie ruhig zu dem einen oder anderen Buch eines Journalisten oder Fachautors. Wenn Sie aber mehr als nur Ärger im Job haben oder vielleicht gar bereits freigestellt sind, sollten Sie einen Fachanwalt für Arbeitsrecht und/oder einen Outplacementberater einschalten.

Egal ob Karriereberater, Coach, Outplacement-Spezialist oder Rechtsanwalt: Alle diese Dienstleister haben eine Gemeinsamkeit: Sie kennen sich in der Regel in Ihrer Branche wenig bis gar nicht aus. Nur einige Wirtschaftsjournalisten haben ausgesprochen gute Branchenkenntnisse. Das sind aber nicht jene Journalisten, die Karriere-Ratgeber schreiben. Es sind Redakteure, die über die wichtigen Unternehmen und die prominenten Manager in Ihrer Branche berichten. Deswegen mein Rat: Lesen Sie die Fach- und Wirtschaftspresse und achten Sie besonders auf Artikel, Interviews oder zumindest Zitate von Headhuntern, die sich in Ihrer Branche auskennen.

Zusätzlich sollten Sie erfahrene Manager fragen oder Branchenbeobachter, etwa in Industrieverbänden. Diese sollten wissen, welche Executive Search Consultants für namhafte Klienten Ihrer Branche tätig sind.

Sie sehen: Man benötigt viel Ausdauer, um das individuell passende Netzwerk von einigen wenigen Headhuntern aufzubauen. Andererseits hat man es heute leichter als früher. Grund: Viele Personalberatungsfirmen bieten Wechselwilligen auf ihren Websites die Möglichkeit, sich zu registrieren und ihre Unterlagen hochzuladen. Manche dieser Firmen veröffentlichen auf diesen Websites auch Informationen über ihre aktuellen Suchaufträge. Derlei Job Postings enthalten wertvolle Informationen darüber, in welcher Branche und auf welcher Ebene das Unternehmen Personal sucht.

Personalberater, die so wie Hofmann Consultants ausschließlich per Direktansprache suchen, veröffentlichen keine Job Postings auf ihren Websites. Aber: Dort findet man meist genaue Informationen über die sogenannten Practices, also die verschiedenen Branchenschwerpunkte des Personalberatungsunternehmens. Hier sind auch zumeist die Consultants mit ihren Kurzbiographien und ihrem jeweiligen Tätigkeitsbereich verzeichnet. So erfährt man auch, wer für eine bestimmte Branche zuständig ist.

Am besten ist es, wenn Sie die Suche nach dem richtigen Headhunter mit der Suche nach einem Mentor verbinden. Ein solcher Mentor soll Ihnen nicht nur verraten, welche Headhunter in Ihrer Branche eine wichtige Rolle spielen. Er soll Sie auch bei einem dieser Berater persönlich empfehlen. Deswegen ist es sinnvoll, sich einen hochrangigen Manager zu suchen, jemanden, bei dem der Headhunter nicht einfach nein sagen kann oder dessen Empfehlung lediglich zu den Akten genommen wird.

Deswegen sollte Sie ein Mentor nicht nur empfehlen, er sollte möglichst auch dafür sorgen, dass ein Treffen zwischen Ihnen und dem Headhunter zustande kommt. Weitere Voraussetzung für ein solches Treffen sind aussagekräftige Bewerbungsunterlagen, die logische Karriereschritte und Erfolge erkennen lassen.

Es versteht sich von selbst, dass ein solcher Mentor nicht aus dem Unternehmen kommen sollte, in dem Sie aktuell tätig sind. Ideal sind ehemalige Vorgesetzte, die zu einem anderen Unternehmen gewechselt sind. Darüber hinaus sollten Sie sich die Mühe machen und systematisch Kontakte außerhalb Ihres Unternehmens aufbauen. Hierzu eignen sich zum Beispiel Messen, Kongresse und Konferenzen, aber auch private Kontakte.

Der ehemalige Unternehmensberater und Bestseller-Autor Tom Peters war einer der ersten, die den Managern rieten, ihre Person als Marke zu verstehen und zu entwickeln. Manchem mag dies übertrieben erscheinen, aber angesichts einer sich immer schneller drehenden Wirtschaftswelt ist es in der Tat sinnvoll, seinen Bekanntheitsgrad zumindest in der Branche zu steigern, in der man tätig ist.

Noch etwas: Auch wenn Sie sich mit einem oder gar mehreren Headhuntern getroffen haben, sollten Sie sich nicht wundern, wenn zunächst nichts passiert. Sie müssen sich vor Augen halten, dass in den Datenbanken mancher Headhuntingfirmen Millionen von Profilen gespeichert sind. Glück hat bereits der, dessen Name auf einer Longlist landet. Nur: Kommt er nicht in die engere Wahl, wird er davon nichts erfahren.

Nachhaken sollten Sie in keinem Fall. Das ist unschicklich und lässt vermuten, dass Sie unter Druck stehen. Außerdem: Wir Headhunter arbeiten ausschließlich auftragsbezogen, das heißt im Auftrag von Unternehmen, die Personal suchen – nicht im Auftrag von Managern, die sich verändern wollen.

Vielleicht wird Sie der Headhunter lediglich anrufen, um sich ein Bild von der aktuellen Situation in Ihrer Branche zu verschaffen. Das ist nicht nur völlig normal, sondern auch eine Chance. Mit guten Informationen helfen Sie nicht nur dem Headhunter, Sie sorgen auch dafür, dass Sie in guter Erinnerung bleiben.

Was man bei der Auswahl von Executive Search Consultants wissen sollte

Rainer Steppan

Der Beruf des Unternehmensberaters ist weder in Deutschland noch in der Schweiz gesetzlich geregelt. Anders als zum Beispiel bei Rechtsanwälten oder Wirtschaftsprüfern gibt es keine Berufsordnung für Consultants und keinen Schutz der einschlägigen Berufsbezeichnungen. Executive Search Consultant, Personalberater oder Headhunter darf sich jeder nennen – ganz egal welche Qualifikation oder Erfahrung er besitzt. Nicht einmal eine abgeschlossene Berufsausbildung ist vonnöten.

In Österreich hat man es als Rat suchender Unternehmer oder Manager etwas einfacher: Hier wacht der Gesetzgeber über den Zugang zum Beraterberuf. So wird zumindest garantiert, dass ein Berater über fundierte betriebswirtschaftliche und gewisse wirtschaftsrechtliche Kenntnisse verfügt. Außerdem muss jeder Consultant nachweisen, dass er bestimmte Analyse- und Diagnosefähigkeiten besitzt und bestimmte Beratungstechniken beherrscht. Kann er dies nicht, erhält der Berater keine Gewerbeberechtigung.

Mitgliedschaften

Headhunter sind meist in vielen Verbänden organisiert. Verbände wie die Rotary, Atlantikbrücke oder die Deutsch-Amerikanische Handelskammer dienen jedoch eher dazu, das Netzwerk eines Beraters zu erweitern und mit potenziellen Auftraggebern ins Gespräch zu kommen.

Anders verhält es sich mit einer Mitgliedschaft in einem Beraterverband, also zum Beispiel der Association of Executive Search Consultants (AESC). Hier sind

R. Steppan (✉)
ConsultingStar.com, Redaktion, Elisabethstr. 3,
40217 Düsseldorf, Deutschland
E-Mail: Redaktion@ConsultingStar.com

unter anderem jene Beratungsunternehmen vertreten, deren Namen in der Branche einen besonderen Klang haben oder zumindest einmal hatten. Nur: Egon Zehnder International ist diesem Verband nie beigetreten. Das liegt vermutlich auch daran, dass keineswegs nur erste Adressen zu den Mitgliedern zählen.

Das europäische Pendant zu der von US-Firmen dominierten AESC ist die die European Confederation of Search & Selection Associations (ECSSA). Diese Organisation ist jedoch lediglich ein Dachverband, in dem sich sechs nationale Personalberaterverbände zusammengeschlossen haben.

Zu den Gründern der ECSSA zählt auch der Bundesverband Deutscher Unternehmensberater (BDU). Der in Bonn und Berlin ansässige Verband sieht seine Aufgabe darin, die wirtschaftlichen und rechtlichen Rahmenbedingungen der Consultingbranche positiv zu beeinflussen und Qualitätsmaßstäbe zu etablieren.

Im Jahre 2009 hat die ECSSA dem BDU das alleinige Recht übertragen, für Deutschland nach bestimmten Kriterien den Titel „Personalberater CERC/BDU" zu verleihen. Der Titel „Personalberater CERC/BDU" wird nur an Personen verliehen, deren Tätigkeitsschwerpunkt in der Suche und Auswahl von Fach- und Führungskräften liegt. Der Titel darf grundsätzlich nur im Rahmen der Berufstätigkeit für ein BDU-Mitgliedsunternehmen verwendet werden.

Persönliche Voraussetzungen für die Verleihung des Titels:

- 5-jährige (hauptberufliche) Berufstätigkeit als Personalberater
- Akademischer Abschluss
- Regelmäßige Fortbildung
- Aktuelle hauptberufliche Tätigkeit als Personalberater

Bekannteste Mitglieder unter den im BDU organisierten Headhuntern sind die Firmen Kienbaum und PMC International. Unter dem Dach des Verbands finden sich jedoch auch Consultants aus der tiefsten deutschen Provinz, deren Klientel eher mittelständisch geprägt ist. Bei einigen dieser Berater kann man den Eindruck gewinnen, dass das Label BDU dazu dient, Bedeutung zu suggerieren, wo keine vorhanden ist.

Die Big 5

Auf diese fünf Namen stößt jeder, der sich in der Personalberater-Branche umsieht: Egon Zehnder, Russell Reynolds, Spencer Stuart, Heidrick & Struggles, Korn/Ferry. Die Big 5 des Search Business sind sowohl in Deutschland, als auch in Österreich und der Schweiz vertreten. In allen drei Ländern zählen sie zu den Marktführern. Ihre Berater sind in den meisten Branchen aktiv und haben zusätzliche Abteilungen (Practices) für besondere Funktionen eingerichtet, etwa für die Suche nach Finanzchefs oder nach CIOs – jene Manager, die in der Chefetage für alle Fragen rund um Computer & Software zuständig sind.

Doch die Größe und der hohe Bekanntheitsgrad der Big 5 sagen nichts über die Qualität der angebotenen Dienstleistungen aus.

Das zeigte sich deutlich in den Jahren des Internet Booms: „Einige renommierte Headhuntingfirmen sind uns sehr negativ aufgefallen", so Volker Wiever, Gründer und Chef des Münchner Unternehmens E-Circle Mulitmedia gegenüber der Düsseldorfer Wirtschaftszeitung Handelsblatt. Kein Einzelfall: Eine Studie der Managementberatungsfirma Bain & Company aus dem Jahr 2001 dokumentierte, dass die meisten Startup-Unternehmer ähnlich schlechte Erfahrungen gemacht hatten wie Wiever – auch und gerade mit den Beratern aus Big-5-Firmen.

Internationalität

Wer nach Alternativen zu den Big 5 sucht, klopft meist bei jenen Firmen an, die sich in Netzwerk-Organisationen zusammengeschlossen haben. Beispiele sind Amrop/Delta Management Consultants, Boyden International, Odgers Berndtson, Signium oder Marlar, dessen deutsches Mitglied der Roland-Berger-Spinoff Civitas ist.

Die meisten Headhunter wollen durch ihre Mitgliedschaft in einem solchen Netzwerk signalisieren, dass sie ein Dienstleister mit zumindest internationaler, wenn nicht gar globaler Reichweite sind. Es lohnt jedoch, genauer hinzusehen. Grund: Manche Netzwerke sind nur in wenigen Ländern wirklich stark vertreten. Und: Oft sind die Netzwerke so locker geknüpft, dass von einheitlichen Beratungsstandards nicht die Rede sein kann.

Ein Unternehmer, der ins Ausland expandieren will, tut deswegen gut daran, sich von einem Headhunter Referenzen geben zu lassen, die einen Beleg über im Ausland abgewickelte Aufträge bieten.

Branchen-Spezialisten

Industrieverbände und andere branchenorientierte Zusammenschlüsse sind gute Informationsquellen, wenn es um die Auswahl von Beratern geht. Fragt man dort nach, so hört man keineswegs nur die Namen großer Firmen, sondern vor allem die Namen von Spezialisten wie:

- Hofmann Consultants (Handel & Konsumgüter)
- Courland Automotive (Autobranche)

- Pro Search, Harvey Nash (IT Branche)
- Gravert Jenny & Partners (Energiebranche)
- Bernd Heuer & Partner (Immobilienbranche)
- Kincannon & Reed, AFC Personalberatung (Nahrungsmittel und Agribusiness)
- Marlborough (Luftfahrtindustrie)
- People in Health, BLG Executive Search (Krankenhäuser, Gesundheitsindustrie)
- Singer & Hamilton (Banken und andere Finanzdienstleister)
- Maurice Consult (Versicherungen)
- Mediatum (Pharma, Life Sciences)
- Linden & Company (Verlagshäuser)
- Leaders in Science (Hochschulen und andere Organisationen der Wissenschaft)
- The EMR Group (Werbeagenturen, Medienbranche).

Diese Liste ist freilich nicht abschließend.

Generalisten

Unter diese Rubrik fallen vor allem jene Search-Boutiquen, die sich so wie das Grünwalder Beratungsunternehmen Büro Rickert auf das Top-Segment im Search Business spezialisiert haben. In Deutschland zählen hierzu unter anderem Board Consultants Sendele & Partner, Heiner Thorborg und Van Emmerich Consulting.

In der Schweiz dürfte Björn Johansson der bekannteste Vertreter unter den Generalisten sein. Weitere Namen, die in diesem Zusammenhang immer fallen, sind Sandro Gianella (Knight Gianella & Partner AG) und Hubertus Tschopp (Executive Excellence Management Consulting).

Der Markt in Österreich unterscheidet sich hier deutlich von Deutschland und der Schweiz. Hier gibt es keine Boutiquen von Generalisten, die sich einen gewissen Ruf erarbeitet haben, so dass sie auch den größeren Anbietern Paroli bieten können.

Konvertiten

Lange Zeit tobte ein Streit in der Beraterbranche, welches wohl die beste Suchmethode sei: Executive Search oder die Suche per Stellenanzeige in Zeitungen und Zeitschriften. Der Streit ist beigelegt. Jene Firmen, die so wie die Gummersbacher Firma Kienbaum lange Zeit ausschließlich auf die zweite Suchmethode setzten, versuchen heute den Platzhirschen unter den Executive Search Consultants Konkurrenz auf ihrem angestammten Terrain zu machen. Auch die Firmen Baumann AG und Rochus Mummert zählen zu denen, die heute einen großen bis überwiegenden Teil ihrer Aufträge per telefonischer Direktansprache abwickeln.

Vertragscheck

Viele Auftraggeber legen Wert auf größtmögliche Diskretion, wenn sie einen Headhunter einschalten. Seriöse Berater widmen diesem Aspekt ganze Absätze in ihren Verträgen. Sie verpflichten sich,

- „alle Informationen, die ihnen der Klient gibt, ausschließlich zur Ausführung des Auftrags zu verwenden
- die Informationen ausschließlich an die eigenen Mitarbeiter und an potenzielle Kandidaten weiterzugeben, und zwar nur so viel wie dies erforderlich ist
- vertrauliche Informationen nicht zum eigenen Vorteil zu nutzen".

Zur Vertraulichkeit gehört auch eine Off-Limits-Klausel.* Der Berater verpflichtet sich dabei, für einen bestimmten Zeitraum „mit keinem Mitarbeiter des Auftraggebers über die Möglichkeit eines Wechsels zu einem anderen Unternehmen zu sprechen".

Die großen Beratungsfirmen versuchen oft, diese Klausel in zeitlicher und personeller Hinsicht eng zu definieren. Begründung: Man könne es sich nicht leisten, alle Manager eines Unternehmens über Jahre hinweg Off Limits zu setzen, wenn man nur einen Auftrag bekommen habe.

Ein Mittelständler sollte zumindest darauf bestehen, dass alle Führungskräfte mindestens ein bis zwei Jahre Off Limits gesetzt werden. Das gilt auch bei einem Vertrag über ein Management-Audit.

Die Vertraulichkeit leidet, wenn ein Prozess droht. Hier mussten vor allem die Headhunter in Deutschland Vorsicht walten lassen. Grund: Das Oberlandesgericht Stuttgart hielt Anrufe am Arbeitsplatz potenzieller Kandidaten für rechtswidrig. Wurde auch nur ein Researcher ertappt, folgten Abmahnungen und Prozesse, und nicht nur die Berater, auch die Auftraggeber gerieten ins Schussfeld. Ein Urteil des Bundesgerichtshofs machte Schluss mit diesem Spuk.

Was viele nicht wissen: Anrufe am Arbeitsplatz von Informanten – sogenannter Sources – sind weiter rechtswidrig. So steht es schwarz auf weiß im Urteil des Bundesgerichtshofs. Wer also auf Nummer sicher gehen will, diskutiert das Problem mit seinem Berater und hält im Vertrag fest, dass dieser „alle erforderlichen Maßnahmen" trifft, um derlei Risiken auszuschalten.

*= eine Unverschämtheit dem Klienten gegenüber!

Suchaufträge sind oft kompliziert und zeitraubend. Einen seriösen Consultant erkennt man daran, dass er sich unaufgefordert vertraglich verpflichtet, den Auftraggeber regelmäßig und detailliert über den Status des laufenden Projekts zu unterrichten, insbesondere über:

- Unternehmen, in denen er Kandidaten angesprochen hat
- Reaktionen von Kandidaten und Informanten
- Schwierigkeiten, die bei der Suche auftreten
- Namen der Kandidaten, die in die engere Wahl kommen.

Executive-Search-Berater sind vorsichtig, wenn es um Garantien geht. Üblich ist jedoch die Klausel, wonach der Berater zumindest so lange sucht, „bis der Auftraggeber einen Vertrag mit einem ideal qualifizierten Kandidaten geschlossen hat". Und auch wenn der platzierte Kandidat das Unternehmen – aus welchen Gründen auch immer – innerhalb kurzer Zeit wieder verlässt, sollte der Berater weitersuchen. Nur wenn der Auftraggeber die Aufgabenstellung verändert, ist es üblich, dass der Berater den dadurch entstehenden Mehraufwand beziffert und dem Unternehmen in Rechnung stellt.

Honorar

Fast alle großen Namen der Branche sind sogenannte Retained Executive Search Firms. Sie arbeiten auf der Basis eines vorab festgelegten Honorars, das zumeist in drei Raten (Retainer) zu zahlen ist.

Kleinere Anbieter und solche, die partout mit einem Auftraggeber ins Geschäft kommen wollen, zeigen sich flexibler und akzeptieren Erfolgshonorare („Contingency Fees"). Wer objektiv und seriös beraten werden will, sollte jedoch die erste Variante, also einen Retained Executive Search Consultant wählen.

Kapazität

Im Laufe eines Suchauftrags müssen die Berater bisweilen mehrere hundert Personen anrufen – Informanten und potenzielle Kandidaten. Frage also: Verfügt der Berater über die nötigen Ressourcen zur Durchführung des Auftrags? Kennt er die Branche, für die er sucht?

Research

Wer sind die Researcher? Studenten oder erfahrene Kräfte? Wie eng sind sie in die Organisation des Beraters eingebunden? Besteht zumindest eine mehrjährige Zusammenarbeit zwischen Berater und Researchern?

Qualitätsstandards

Seriöse Unternehmen geben ihren Klienten schriftlich und detailliert darüber Auskunft, wie sie einen Auftrag abwickeln. Standard ist folgendes Vorgehen:

- Sorgfältige Analyse der Situation beim Klienten
- Festlegung des Anforderungsprofils
- Systematische Suche
- Erste Interviews, Sammeln von Informationen über die Kandidaten
- Präsentation der Kandidaten einschließlich vertraulicher Berichte über die Kandidaten
- Einholung von Referenzen
- Beratung des Kandidaten und Klienten bis zum Vertragsschluss und gegebenenfalls
- weitere Betreuung bis zur Integration der gesuchten Führungskraft im Unternehmen.

Teil IV
Blick zurück

Jürgen Mülder und der Kampf gegen das Nürnberger Vermittlungsmonopol

Rainer Steppan

Weiße Socken zum dunklen Anzug, schmutziges Schuhwerk und redselige Ehepartner – diese heimtückischen Karrierekiller sind der Schrecken jedes Headhunters, der sich viel Mühe mit der Suche und Auswahl eines Managers gemacht hat und dann hilflos mit ansehen muss, wie dieser im entscheidenden Gespräch an derlei Nebensächlichkeiten scheitert. So sieht es jedenfalls Jürgen B. Mülder, und er muss es wissen. Seit über 40 Jahren arbeitet er als Kopfjäger, das heißt, er sucht hochkarätige Führungskräfte für seine Auftraggeber, führt Interviews, checkt Lebensläufe, holt Referenzen ein.

Der Consultant könnte sicher stundenlang erzählen, wenn er nur wollte. Zumeist aber bleiben seine Ausführungen im Abstrakten. Lediglich zwei, drei Anekdoten lässt er sich entlocken. Etwa die von jenem Pechvogel, der nach einem positiv verlaufenen Bewerbungsgespräch zur Kaffeetafel gebeten wurde, einen Käsekuchen serviert bekam, dessen saftige Füllung verzehrte, die trockene Kruste aber auf seinem Teller ließ. Fataler Fehltritt. Der Unternehmer, der sich eigentlich schon für diesen Mann entschieden hatte, gehörte zu der Generation, die in den Kriegsjahren hungern musste. Er habe den Kandidaten abgelehnt, sagt Mülder.

Namen will der Headhunter nicht nennen. Schweigen ist Gold in diesem Geschäft, Diskretion mehr als nur Ehrensache, und das ist auch gut so: „Wir wissen sehr viel", sagt Mülder über sich und seine Branchenkollegen. Denn schließlich überprüfen die Consultants nicht nur Referenzen, sondern fragen auch nach dem Privatleben der Manager. Die bisweilen delikaten Erkenntnisse, die er so gewonnen habe, seien manchen „vermutlich peinlich", sagt Mülder. Anders jedenfalls könne er es sich nicht erklären, warum viele von denen, die er in Spitzenpositionen gehoben

R. Steppan (✉)
ConsultingStar.com, Redaktion, Elisabethstr. 3,
40217 Düsseldorf, Deutschland
E-Mail: Redaktion@ConsultingStar.com

D. Hofmann, G. Bergert (Hrsg.), *Headhunter*,
DOI 10.1007/978-3-658-02456-7_20, © Springer Fachmedien Wiesbaden 2014

habe, seither jeglichen Kontakt mit ihm mieden. Old Boys' Network? Fehlanzeige. Echte Freunde finde er nur außerhalb seines Berufs, sagt Mülder, etwa in der humanitären Organisation „Wirtschaft hilft Hungernden", in der er sich seit Jahren engagiert.

Kopfjäger: „Das klingt archaisch, düster, geheimnisvoll", schrieb vor Jahren die „Frankfurter Allgemeine Zeitung" und warf die Frage auf, ob das überhaupt ein anständiger Beruf sei. Zu Recht. Denn das war in einer Zeit, als Berater wie der 1998 verstorbene Branchenpionier Gerhard Kienbaum Führungskräfte noch ausschließlich per Stellenanzeige suchten. Kienbaum warnte seine Kunden ausdrücklich vor Headhuntern. Sie seien unseriös, sagte der Gummersbacher Berater. In gewisser Weise stimmte das auch, denn die Executive Search Consultants, wie sich die Kopfjäger selbst gern nennen, operierten damals in einer rechtlichen Grauzone.

„Während unsere Tätigkeit in anderen Ländern gestattet war, gab es in Deutschland lediglich eine stillschweigende Duldung durch die Bundesanstalt für Arbeit", sagt Mülder. Die Nürnberger Behörde hatte das uneingeschränkte Monopol für die Vermittlung von Arbeitskräften inne. Bis 1994 durften die Berater lediglich nach Top-Managern suchen.

Ganz anders in den USA. Hier gab es keinerlei gesetzliche Barrieren. Das älteste Unternehmen der Branche ist wohl die 1926 gegründete New Yorker Firma Thorndike Deland Associates. Deland soll als Erster auf die Idee gekommen sein, Manager nicht per Stellenanzeige zu suchen, sondern systematisch nach den Besten eines bestimmten Industriesegments zu fahnden und diese gezielt per Telefon anzusprechen, um sie für einen Wechsel zu gewinnen.

Ein weiterer Pionier der Branche ist George A. Fry, der für das Beratungsunternehmen Booz Allen Hamilton gearbeitet hatte. Fry machte sich 1942 selbstständig und gründete die Firma George Fry & Associates in Chicago. Nach dem Zweiten Weltkrieg drängten weitere Management Consultants auf diesen noch weitgehend unerschlossenen Markt. Und da die Wirtschaft boomte und gute Kräfte gefragt waren, entwickelte sich die Branche geradezu explosionsartig.

Die starke Nachfrage machte es den Beratern leicht, gepfefferte Honorare durchzusetzen. Schnell etablierte sich folgende Praxis: Pro Auftrag kassiert ein Executive Search Consultant mindestens ein Drittel von dem Bruttojahresgehalt, das der gesuchte Manager erhalten soll. Der Wert von Nebenleistungen wie Dienstwagen und Altersversorgung wird dabei eingerechnet. Hinzu kommen Spesen, oft pauschal 20 % des Honorars. Billiger wird es nur, wenn ein Auftraggeber mit dem Headhunter einen Rahmenvertrag für eine ganze Reihe von Aufträgen schließt.

Andere Unternehmen bemessen das Honorar nach dem Schwierigkeitsgrad einer Suche. Übereinstimmung herrscht jedoch insoweit, als dass das Honorar nicht erst im Nachhinein fällig wird. Die meisten sogenannten Retained Executive Search Consultants kassieren ihr Honorar in drei gleich hohen Raten (Retainer).

Rate eins wird bei Vertragsschluss fällig, Rate zwei bei der Präsentation der Kandidaten, Rate drei bei der Unterzeichnung des Arbeits- oder Dienstvertrags durch den platzierten Manager.

Im Jahr 1951 eröffnete der ehemalige McKinsey-Berater Henry Wardwell Howell eine Headhuntingfirma, 1953 folgten Gardner Heidrick und John Struggles, 1956 Spencer Stuart. Das Geschäft blühte, und zwar nicht nur in den USA, sondern bald auch in allen entwickelten Industriestaaten rund um den Globus.

Nicht so in Deutschland. Hier führte die Branche ein Mauerblümchendasein, weil ihr das Massengeschäft mit der Suche nach gefragten Fachleuten und Mittelmanagern verwehrt war. Akzeptierte ein Berater dennoch einen solchen Auftrag, so konnte es durchaus passieren, dass er trotz erfolgreicher Arbeit kein Honorar erhielt, wenn sich der Auftraggeber im Nachhinein auf das Gesetzesverbot berief. Die deutschen Gerichte deckten diese unfaire Praxis. Und die Prozesse schadeten dem Image der Branche.

Dass sich das geändert hat, geht nicht zuletzt auf Mülders geschickte Lobbyarbeit zurück. Als Mitglied des CDU-Wirtschaftsrats warb er persönlich beim damaligen Bundeskanzler Helmut Kohl für eine Änderung der Gesetze und focht für die Liberalisierung des Arbeitsmarkts gegen den entschiedenen Widerstand des Arbeitnehmerflügels der Union. Gemeinsam mit Gleichgesinnten gründete er die Vereinigung Deutscher Executive-Search-Berater und verpflichtete deren Mitgliedsfirmen per Satzung zur Einhaltung von gewissen Mindeststandards bei ihrer Arbeit.

Inzwischen ist viel Zeit vergangen. Heute kommt auch in Deutschland kein Unternehmen mehr an den Headhuntern vorbei. Executive Search Consulting gilt inzwischen als völlig normale, weithin akzeptierte Dienstleistung. Mehr noch: „Es ist eine richtige Industrie geworden", sagt Mülder.

Das sieht man nicht zuletzt an seiner eigenen Firma Mülder & Partner. In den 90er Jahren stand dieses Unternehmen vom Umsatz her an der Spitze der Branche in Deutschland. 1997 lösten sich Mülder und seine Partner aus dem Headhunter-Netzwerk Amrop International und verkauften ihr Unternehmen für annähernd 27 Millionen US-Dollar an Heidrick & Struggles, damals die Nummer eins unter den weltweit vertretenen Headhuntingfirmen.

Offizieller Grund für Mülders Schritt: der geänderte Arbeitsmarkt. Topleute seien ein rares Gut, sie würden künftig noch knapper werden, so der Berater.

Und: Internationalität sei Trumpf. Da hätten weltweit tätige Konzerne wie Heidrick & Struggles die Nase vorn. Außerdem könnten die Consultants von Heidrick aus einer Datenbank mit Millionen von Kandidatenprofilen in kurzer Zeit die wenigen richtigen auswählen. Und: Man müsse ins Online-Recruiting einsteigen, so Mülder weiter. Doch der Einstieg in dieses Geschäft koste Unsummen. Eine partnerschaftlich organisierte Firma könne dies nicht finanzieren. Nur ein börsennotiertes Unternehmen sei dazu in der Lage.

Hinterher ist man immer klüger. Heute wissen wir, dass die Internet-Aktivitäten von Heidrick & Struggles kläglich gescheitert sind. Und auch die Anleger zweifeln am Erfolg des Unternehmens: Die Aktie des Konzerns, die im Sommer des Jahres 2000 nahe der Marke von 70 $ notierte, stürzte ein Jahr später steil ab auf knapp über 12 $. Und die vielen Consultants, die Heidrick & Struggles kurz zuvor für teures Geld eingekauft hatte, mussten ihren Hut nehmen – oder verließen die Firma auf eigenen Wunsch mit einer Abfindung.

Heidrick ist kein Einzelfall. Auch Korn/Ferry und andere Headhunting-Multis haben in den Jahren nach dem Zusammenbruch der New Economy hart kämpfen müssen, um ihr Geschäft wieder zu stabilisieren.

Um Jürgen Mülder aber ist es still geworden. Zunächst hatte er noch das internationale Geschäft bei Heidrick & Struggles beaufsichtigt – neben seinem Routinejob, der Suche nach Führungskräften. Dann wählte man ihn zum Chairman der Executive Search Division, wo er nicht mehr so stark gefordert wurde. Bereits damals hätte er eigentlich Kasse machen, seine Aktienoptionen ausüben und sich aufs Altenteil zurückziehen können. Doch er dachte nicht daran: „Wenn man mich anständig behandelt und es mir so viel Spaß macht wie bisher, dann werde ich weiter arbeiten", sagte er einem Reporter des „Handelsblatts".

Es sieht so aus, als habe man Mülder nicht anständig behandelt. Jedenfalls verließ er Ende 2005 Heidrick & Struggles. Der Münchner Headhunter Hermann Sendele, der mit Mülder vor dem Firmenverkauf an Heidrick & Struggles zusammengearbeitet hatte, lockte ihn zu Board Consultants International, einem eher lockeren Verbund mehrerer Headhunting-Boutiquen. Anfangs hatte Mülder noch sein Büro am Flughafen von Frankfurt am Main. Inzwischen aber hat der Consultant die hektische Mainmetropole verlassen und ist in das eher beschauliche Dresden gezogen – in ein villenähnliches Anwesen am Ufer der Elbe.

Die Goldenen Jahre des Search Business

Rolf van Emmerich

Klaus Lederer wirkt angespannt. Stocksteif steht der ehemalige Chef des traditionsreichen Oberhausener Industriekonzerns Babcock-Borsig im Saal 256 des Landgerichts Duisburg. Der 60-jährige Manager mit dem schlohweißen Haar kneift die Lippen zusammen, blinzelt im Blitzlichtgewitter der Pressefotografen. Dann nimmt er neben seinem Verteidiger Platz und hört schweigend zu, wie der Staatsanwalt die Anklageschrift verliest.

Wir schreiben den 22. September 2008. Lederer muss sich wegen Insolvenzverschleppung verantworten. Der Staatsanwalt wirft ihm vor, er habe den Konkurs bei Babcock verzögert, weil er noch vor dem Zusammenbruch unbeschadet ausscheiden wollte.

Im Laufe der Verhandlung bricht Lederer sein Schweigen: Bei seinem Amtsantritt habe er „einen maroden, zergliederten Konzern in desolater finanzieller Lage" vorgefunden, sagt der Manager. Und: „Mein Wirken hatte etwas vom Kampf gegen Windmühlen", so der Angeklagte.

Insolvenzverschleppung ist kein Kavaliersdelikt. Darauf steht Gefängnis – bis zu drei Jahren. Lederer aber ist nicht vorbestraft, und weil er sich schließlich doch noch zu einem Geständnis durchringt, erhält er eine Strafminderung: ein Jahr und sechs Monate auf Bewährung, außerdem eine saftige Geldstrafe und tausend Sozialstunden, abzuleisten in seiner Wahlheimat Florida.

Journalisten haben mich immer wieder nach meiner Meinung zu diesem Fall gefragt und waren sicher enttäuscht, weil sie von mir nichts erfahren haben. Nur so viel: Lederer gehörte weder zu meinen Klienten noch zu den Managern, die von mir in den Sattel gehoben wurden. Im Übrigen bin ich der Ansicht, dass das Urteil

---

R. v. Emmerich (✉)
Van Emmerich Consulting, Friesenstraße 17,
45476 Mülheim an der Ruhr, Deutschland
E-Mail: info@vanemmerichconsulting.de

eines Headhunters nur dann zählt, wenn er einen Kandidaten bewerten muss. Nach dieser Maxime habe ich stets gehandelt.

Das soll nicht heißen, dass mir die Sache nicht nahe gegangen wäre – im Gegenteil. Schließlich erhielt ich noch kurz vor dem Zusammenbruch des Konzerns einen Anruf aus der Düsseldorfer Staatskanzlei. Wolfgang Clement, der damalige Ministerpräsident von Nordrhein-Westfalen, bat mich, einen Manager zu suchen, der in der Lage sei, die Insolvenz abzuwenden.

Ich ließ alles stehen und liegen, telefonierte fieberhaft, hetzte zu Gesprächsterminen. Mit Erfolg. Binnen weniger Tage hatte ich einen erstklassigen Bewerber gefunden und – was genauso wichtig war – ihn auch davon überzeugt, dass Babcock noch zu retten sei. Doch es kam anders. Die Banken ließen Babcock fallen. Die Insolvenzverwalter waren am Zug.

Für den geplatzten Auftrag habe ich nie eine Rechnung geschrieben. Denn schließlich verdanke ich Babcock sehr viel. Der Konzern war über lange Jahre einer meiner besten Klienten. Und: In Oberhausen habe ich meine Karriere gestartet.

Das war 1952. Ich hatte gerade mein Maschinenbau-Diplom in der Tasche, als ich mir Unterlagen von Babcock beschaffte. Der Konzern war international aufgestellt, und das faszinierte mich. Schließlich sprach ich vergleichsweise gutes Englisch. Meine Schulkenntnisse hatte ich in der Kriegsgefangenschaft bei den Amerikanern ausbauen können. Als ich mich bewarb, bestand die Babcock-Gruppe aus fünf Konzernen – in den USA, Großbritannien, Frankreich, Spanien und Deutschland. Die deutsche Babcock war von den Briten gegründet worden.

Nicht nur die Internationalität, auch die Unternehmensgeschichte weckte mein Interesse. Zwei Amerikaner, der Ingenieur Stephen Wilcox und der Kaufmann George Herman Babcock, hatten sich 1867 zusammengetan, um technisch anspruchsvolle Dampfkessel zu produzieren – Kessel, die Wilcox erfunden und patentiert bekommen hatte.

Hinzu kamen die Perspektiven, die sich einem jungen, technikbegeisterten Mann dort boten. Denn zu der Zeit, als ich mein Bewerbungsschreiben abschickte, war das Unternehmen gerade dabei, sich von einem mittelgroßen Kesselbauer zu einem breiter aufgestellten Kraftwerkszulieferer zu entwickeln. Hierzu brauchte Babcock Ingenieure.

Ich bekam einen Job in der Konstruktionsabteilung. Doch Englisch wurde dort nicht gesprochen. Eigentlich wurde überhaupt wenig geredet. Tag für Tag saß ich an meinem großen Zeichenbrett und träumte von einem Leben in den Vereinigten Staaten. Ich wechselte in die Entwicklungsabteilung. Doch auch hier war ich lediglich am Schreibtisch tätig. Ich fühlte mich unterfordert, wollte raus und wusste nicht wie.

Da verfiel ich auf den Gedanken, um eine Versetzung in die USA zu bitten, und verwarf ihn gleich wieder. Ich führte Selbstgespräche: „Verrückte Idee! Was sollen deine Vorgesetzten denken? Wenn überhaupt, dann käme doch nur eine Versetzung nach London infrage, denn schließlich sind die Briten für das Deutschland-Geschäft zuständig, nicht die Amerikaner. Aber du hast ohnehin keine Chance, denn du bist ein kleiner Angestellter, den man noch nicht einmal befördert hat. Selbst ein Ministrant hätte größere Chancen, eine Audienz beim Papst zu bekommen."

Trotz all dieser Bedenken setzte ich mich eines Abends im November 1955 zu Hause an meine kleine Reiseschreibmaschine und hackte verbissen in die Tasten. Ich schrieb an den Präsidenten der Babcock-Muttergesellschaft in den USA und fragte höflich an, ob es nicht möglich sei, für den Konzern in den USA zu arbeiten.

Zwei Monate vergingen. Ich hatte den Brief fast schon vergessen, da kam mein Vorgesetzter zu mir und sagte mir, ich solle zur Unternehmensleitung gehen. Den Grund kenne er nicht. Mit einem mulmigen Gefühl verließ ich meinen Arbeitsplatz und machte mich auf den Weg in die Führungsetage. Das Büro des Chefs lag in einem Nebengebäude, und das Zimmer, in dem er residierte, erscheint mir in der Rückschau so groß wie ein Ballsaal. Mein Herz fiel in die Hosentasche.

Der Chef musterte mich kurz und sagte, er habe ein Schreiben von der Konzernleitung in Großbritannien erhalten. Und diese habe einen Brief aus den USA bekommen – wegen eines Briefs, den ich an die US-Amerikaner geschrieben hätte. Er machte eine Pause, die mir wie eine kleine Ewigkeit vorkam. Weder sein Gesicht noch seine Stimme verrieten, wie er mein Handeln bewertete. Er fragte nach dem Grund für meinen Vorstoß, und ich versuchte, meine Motive so gut wie möglich zu erklären. Er hörte sich alles ruhig an, schließlich hellte sich seine Miene auf und er sagte: „Herr van Emmerich, meinen Segen haben Sie."

Ich war überglücklich. Im März 1956 packte ich meine Koffer. Mit dem Auto ging's nach Hamburg, wo die Italia auf mich wartete – ein stolzes, 21.000 Bruttoregistertonnen großes Übersee-Passagierschiff. Meine Familie war mitgekommen, um sich – keiner wusste, für wie lange – von mir zu verabschieden. Küsse, Umarmungen, Tränen, eine Kapelle spielte „Muss i denn zum Städtele hinaus", das Schiff legte ab, wir nahmen Kurs aufs offene Meer.

Eine Reise von Hamburg nach New York dauert heute nicht einmal einen Tag. Doch eine Reise mit dem Flugzeug war damals unüblich. Mit dem Schiff aber brauchte man über eine Woche. Und nicht nur wegen der Dauer oder wegen des verschwenderischen Luxus, den man den Passagieren bot, war die Fahrt mit der Italia etwas ganz Besonderes. Es waren vor allem die politischen Rahmenbedingungen, die eine solche Reise zu einem echten Ausnahme-Ereignis machten.

Nach dem Zweiten Weltkrieg durften die Deutschen keine Übersee-Schifffahrt betreiben. Das Verbot wurde erst nach und nach gelockert. Wenn ich mich recht erinnere, fuhr die Italia deswegen auch nicht unter deutscher, sondern unter panamesischer Flagge. Sie war von der Reederei Hapag lediglich für den Linienverkehr zwischen Hamburg und New York gechartert worden.

In New York wurde ich von einer kleinen Delegation begrüßt und zu einem noblen Hotel nach Manhattan chauffiert. Ich durfte mich einige Tage in der quirligen Metropole am East River umsehen: Die vielen Menschen unterschiedlichster Herkunft in der Central Station, die gigantischen Wolkenkratzer, das Verkehrschaos auf den Straßen – für mich war das schlicht überwältigend. Bei uns in Oberhausen gab es in den 50er Jahren gerade einmal drei Verkehrsampeln und kaum Autos.

Weiter ging's mit dem Zug. Ziel: Akron, Ohio. Der Konzern hatte ein Abteil in einem Pullmann Waggon reserviert. Mit im luxuriösen Service inbegriffen war ein farbiger Diener, der meine Schuhe putzte.

In Akron, genauer gesagt, in Barberton, einem Vorort der rund 200.000 Einwohner zählenden Stadt, befanden sich das Hauptwerk und ein Teil der Konzernzentrale von Babcock. Akron und Oberhausen haben vieles gemeinsam. Neben Babcock sind das die Provinzialität und die Lage in einer stark auf die Schwerindustrie ausgerichteten Region.

Rust Belt – Rostgürtel: Den Namen bekam die Gegend südlich des Michigan-Sees erst viel später verpasst, als sich der Niedergang der traditionellen Industriebetriebe abzeichnete. Die Folgen trafen Akron härter als Oberhausen, denn in Ohio gab es niemanden, der dabei geholfen hätte, den Strukturwandel abzufedern.

Damals aber, als ich in Akron eintraf, rauchten noch alle Schornsteine, und die Fabriksirenen heulten. Es herrschte Hochkonjunktur. Man begrüßte mich herzlich, zeigte mir das Werk und wies mir schließlich einen Arbeitsplatz zu – in der Konstruktionsabteilung. Die Euphorie der ersten Tage war rasch verflogen. Ich machte annähernd dasselbe, was ich zuvor in Deutschland getan hatte. Ich war frustriert.

Obwohl der Krieg erst wenige Jahre vorbei war, habe ich als Deutscher in den Vereinigten Staaten nie mit Ressentiments zu kämpfen gehabt – im Gegenteil. Die Amerikaner erwiesen sich stets als aufgeschlossen und gastfreundlich. Ich war immer wieder bei den Familien meiner Vorgesetzten und Kollegen eingeladen.

Nach etwa einem halben Jahr bekam ich auch eine Einladung zum Dinner beim der Familie des Produktionschefs. Ich nutzte die Chance und bat um Versetzung – so diplomatisch, wie ich dies nur auf Englisch sagen konnte. Der Manager zeigte Verständnis und sagte, er werde sehen, was er für mich tun könne.

Wenige Wochen nach diesem Gespräch gab man mir einen neuen Job bei einer Tochtergesellschaft des Konzerns in Chicago. Ich packte meine Sachen, zog um, mietete ein Apartment in einem Haus mit traumhaftem Blick auf den Michigan-

See. Und ich fand schnell neue Freunde. Jedes Wochenende stieg irgendwo eine Party. Kein Wunder, meine Nachbarn waren meist jüngere Angestellte, die so wie ich arbeitsbedingt und fern von ihren Familien in der Stadt lebten – unter anderem eine Gruppe von äußerst hübschen Stewardessen.

Kraftwerke schaltet man nicht einfach an. Zunächst müssen die Teile für den Kessel, die Turbinen, die Rohre und tausend andere Dinge zum jeweiligen Standort transportiert werden. Dann folgt die Montage, und zuletzt die Inbetriebnahme. Diese komplexe Projektarbeit nennen die Amerikaner Power Plant Start-up. Und die Abteilung, der ich zugeteilt war, steuerte diese Projekte. Das geschah teils von Chicago aus, teils direkt vor Ort durch Start-up-Teams, die von jeweils drei Ingenieuren gebildet wurden.

Rund eineinhalb Jahre war ich Teil eines solchen Teams. Dann übernahm ich eine neue, herausfordernde Aufgabe. Ich wurde Troubleshooter: Experte für alle Probleme, die beim laufenden Betrieb von Kraftwerken auftauchen.

Ich hatte mir einen Chevrolet gekauft, einen jener schicken Straßenkreuzer mit viel Chrom und imposanten Heckflossen. Nur Fliegen war schöner. Mit diesem futuristisch wirkenden Gefährt tingelte ich von Kraftwerk zu Kraftwerk durch den gesamten Mittleren Westen der Vereinigten Staaten und sorgte dafür, dass den Amerikanern der Strom nie ausging. Dabei lernte ich nicht nur viel über die Tücken der Technik, sondern auch über Land und Leute. Noch heute habe ich einige Freunde aus dieser Zeit und pflege diese Kontakte so gut es eben geht.

So manchen Abend, den ich allein in einem Hotel verbrachte, nutzte ich zum Schreiben von Briefen an meine Freundin, die zuhause in Deutschland geblieben war. Sie durfte nicht einmal zu Besuch in die USA kommen. Nicht wegen der Kosten. Ich bezog ja ein exzellentes Gehalt. Das Ticket hätte ich ohne Weiteres bezahlen können. Aber ihr Vater, ein äußerst korrekter Bankangestellter mit konservativen Moralvorstellungen, war strikt dagegen. Schließlich seien wir ja nicht verheiratet, und wer weiß, ob ich jemals zurückkehre, so seine Begründung.

„Du sollst nicht zu lange im Ausland bleiben." Hätte ich eine Karrierebibel zu verfassen, dann dürfte dieses Gebot nicht darin fehlen. Drei bis fünf Jahre sind genug. Wer zu spät zurückkehrt, verpasst den Anschluss an den Karrierezug und kriegt obendrein Schwierigkeiten, weil er sich nicht mehr richtig einordnen kann. In meiner späteren Karriere als Headhunter habe ich immer wieder solche Fälle kennengelernt.

Aber: Mein eigenes Leben habe ich nie nach derlei Regeln ausgerichtet. Ich habe meine Karriere nicht geplant. Und wäre meine Freundin nicht gewesen, ich wäre vermutlich in den USA geblieben. So aber entschloss ich mich, Ende 1958 nach Deutschland zurückzukehren. Kurz danach feierten wir Verlobung, zwei Jahre später folgte die Hochzeit.

Babcock befand sich damals bereits auf Expansionskurs. Die Organisation des Konzerns aber hatte mit der Entwicklung nicht Schritt gehalten. Vor diesem Hintergrund hatte die Geschäftsleitung beschlossen, dem Unternehmen eine neue Struktur zu geben. Und nun suchte man einen Manager, der den Umbauprozess steuern sollte. Man fragte mich, ob ich nicht Lust hätte, diesen Posten zu übernehmen. Ich hätte mich doch in den USA mit modernen Management-Methoden vertraut gemacht, hieß es.

Das hatte ich nicht. Ich kannte zwar jede Schraube in einem Kraftwerk, hatte im Grunde aber wenig Ahnung von Konzern-Organisation. Aber der Aufenthalt in Übersee und die eher entspannte Unternehmenskultur der Amerikaner, also zum Beispiel die Tatsache, dass man jenseits des großen Teichs selbst die großen Bosse beim Vornamen nennt – das alles hatte mein Selbstbewusstsein gefördert. Ich bedankte mich für das Vertrauen der Konzernleitung, sagte, dass ich mein Bestes geben würde, und nahm den Job an.

Ich telefonierte mit Chicago, schilderte meine Aufgabe und fragte um Rat. Ich bekam immerhin einige wertvolle Tipps. Genauer: Meine US-Kollegen nannten mir die Namen einiger Beratungsfirmen. Ich sah nach, ob diese Firmen bereits in Deutschland tätig waren, und holte Angebote ein.

Auf der Grundlage der Angebote wählten der Vorstand und ich einen Berater aus, der in den folgenden Wochen gemeinsam mit mir und einem kleinen Mitarbeiterteam die Strukturen des Konzerns durchleuchtete. Ziel unserer Arbeit war es, die Organisation zu vereinfachen und insbesondere die Komplexität von Planung und Steuerung zu reduzieren. Vor diesem Hintergrund entschieden wir uns für die Einführung einer Profit-Center-Struktur.

Der Begriff kommt aus den USA, wo um das Jahr 1920 herum der Autohersteller General Motors und der Chemiekonzern Du Pont die ersten Profit Center einführten: Die Unternehmen wurden in dezentrale, selbstständige Einheiten untergliedert, wobei die Ergebnisverantwortung auf das Management dieser Einheiten verlagert wurde.

Bei uns in Deutschland hatte der Elektroriese Siemens um 1940 herum erstmals Profit Center eingeführt. Die Münchner blieben lange Jahre die einzigen mit einer solchen Organisationsstruktur. Ende der 50er Jahre konnte man die wenigen Unternehmen in Deutschland, die so wie Siemens Profit Center hatten, an den Fingern einer Hand abzählen. Babcock gehörte zu dieser Avantgarde.

Die Einführung von Profit Centern ist eine zeitraubende und komplexe Angelegenheit. So manches Projekt dieser Art ist gescheitert, weil die verantwortlichen Manager einerseits unter Druck gesetzt wurden und bereits nach kurzer Zeit Erfolge vorweisen sollten, andererseits aber zu wenig Unterstützung von der Konzernleitung erhielten. Bei Babcock war das nicht der Fall. Der Vorstand setzte uns nicht unter Druck. Und wir bekamen alles, was wir brauchten – in personeller und materieller Hinsicht.

Das Projekt war noch nicht abgeschlossen, da klingelte das Telefon auf meinem Schreibtisch. Am anderen Ende der Leitung meldete sich der Deutschlandchef der Beratungsfirma Lester B. Knight & Associates.

„Wie sind Sie denn auf mich aufmerksam geworden?" Diese Frage drängt sich doch geradezu auf, wenn man einen Anruf von jemandem erhält, den man nicht kennt. Und dennoch fehlt in keinem Ratgeber für den karrierewilligen Management-Nachwuchs der Hinweis, diese Frage nie zu stellen, wenn man ein Job-Angebot erhält. Schließlich verrät man ja dadurch, dass man nicht gerade zu den selbstbewussten, umworbenen Talenten gehört.

So weit die Theorie. In meiner langjährigen Praxis als Headhunter habe ich diese Frage dennoch immer wieder gehört – und meistens überhört. Oft genug war ich der erste Berater, der einen talentierten Nachwuchsmanager entdeckt hatte, und außerdem war die Dienstleistung Executive Search zunächst kaum bekannt. Das änderte sich erst nach 1980, als die ersten Zeitungen und Magazine über unsere Tätigkeit berichteten. Damals, als mich Knights Deutschland-Statthalter anrief, fragte auch ich, von wem denn der Tipp gekommen sei. Prosaische Antwort: Einer meiner ehemaligen Mitarbeiter hatte mich empfohlen.

Beim ersten Treffen in Düsseldorf erfuhr ich mehr über Lester B. Knight & Associates. Der Gründer und Namensgeber war ein Pionier der Beratungsindustrie in den USA. Er hatte sich einen Namen als Spezialist für Projekte mit technischem Hintergrund gemacht. Sein Unternehmen zählte damals zu den Top 20 der Beraterbranche. Das Unternehmen verfügte bereits über mehrere Büros in Europa. Der Standort Düsseldorf befand sich im Aufbau.

Das deutsche Beraterteam bestand ausschließlich aus Betriebswirten. Einem Engineering Consultant, wie Knight einer war, konnte das nicht gefallen. Der US-Amerikaner ließ nach einem Ingenieur suchen. Der Neue sollte kein technikverliebter Fachmann sein, sondern jemand mit einer gewissen Affinität zum Consulting Business. Zu dieser Zeit gab es nicht viele Manager, die diesem Idealbild entsprachen. Ich aber gehörte offensichtlich dazu.

Natürlich schmeichelte mir das. Andererseits hatte mir Babcock einen Posten als Geschäftsführer einer Konzerntochter versprochen. Die Gehaltspakete, die man für mich schnürte, waren vergleichbar attraktiv. Letztlich habe ich mich jedoch für die Tätigkeit bei Knight entschieden, weil ich wieder einmal raus wollte und weil das Beraterleben mehr Abwechslung verhieß.

Experienced Hires, so heißen die Seiteneinsteiger aus der Industrie im Neudeutsch der Management Consultants. Wenn heute einer dieser Berufswechsler in ein Beratungsunternehmen integriert werden soll, kümmert sich meist einer der erfahrenen Partner um die Sorgen und Nöte des Neulings. Die großen Consultingfirmen bieten zudem Trainings und Coachings an, um die Integration so reibungslos wie möglich zu gestalten.

Bei Lester B. Knight & Associates gab es das nicht. Ich fühlte mich dennoch eher unterfordert, denn meine ersten Aufträge waren kleine, unspektakuläre Marketingprojekte. Im Übrigen befand sich das Düsseldorfer Büro im Aufbau, und ich wurde als Neuer genauso behandelt wie die anderen Berater, die schließlich auch erst kurze Zeit an Bord waren.

Zu den wenigen Vorschriften, die man zu beachten hatte, gehörte der Dresscode. Alle Berater hatten dunkle Anzüge zu tragen, keiner durfte ohne Hut ins Büro kommen. Lester B. Knight & Associates unterschied sich in dieser Beziehung kaum von McKinsey oder einer der anderen traditionsreichen US-Beratungsfirmen. Nur das Tragen von Kniestrümpfen, das McKinseys Gründervater Marvin Bower seinen Consultants zur Pflicht gemacht haben soll, war bei uns nicht Vorschrift.

Wir Berater bei Lester B. Knight & Associates machten vieles, was man heute wohl nicht mehr als Management Consulting bezeichnen würde. So kümmerten wir uns beispielsweise im Auftrag des Stahlkonzerns Thyssen um die Gestaltung von Großraumbüros im damals ultramodernen Düsseldorfer Dreischeiben-Hochhaus. So richtig ernst wurde es für mich aber erst im Frühjahr 1960. Damals erhielt ich den Auftrag, die Raffinerie der deutschen Shell AG in Hamburg zu reorganisieren. Ziel war es, die Produktionskosten zu senken.

Roland Berger hat einmal gesagt, dass Branchenwissen kein Kriterium für die Wahl eines Unternehmensberaters sein solle. Ein guter Consultant zeichne sich durch Methodenwissen, Gründlichkeit und Kreativität aus, so der Münchner Managementguru. „Damals konnte man noch das Top-Management mit einer simplen Erfahrungskurve beeindrucken", so Tom Sommerlatte, der ehemalige Europa-Chef der Beratungsfirma Arthur D. Little, über jene Jahre, in denen das Consulting Business noch besser florierte als der Rest der Wirtschaft.

In jedem Fall waren die Anforderungen an die Berater nicht so hoch wie heute. Selbst ein gelernter Kraftwerksingenieur wie ich konnte mit etwas betriebswirtschaftlichem Zusatzwissen als Consultant reüssieren. Trotzdem: Ganz wohl war mir nicht bei diesem Großprojekt. Nicht nur, dass mir das Branchenwissen fehlte. Ich hatte auch noch nie ein Kostensenkungsprojekt mitgemacht, geschweige denn geleitet.

Deswegen fuhr ich ein paar Tage früher los, mietete mich in einer preiswerten Pension in Hamburg ein, beschaffte mir Unterlagen und sah mir die Raffinerie von außen an.

Doch das wäre gar nicht nötig gewesen, denn beim ersten Gespräch mit Geschäftsführung und Betriebsrat ließ mich Lester B. Knight nicht ins kalte Wasser springen. Schließlich war dieser Klient doch zu wichtig. Knight kam deswegen aus den USA angereist, und zwar nicht alleine. Sein Begleiter war Jim Frazer, ein 62-jähriger US-Amerikaner. Der Mann, den man heute wohl als Interim Manager bezeichnen würde, hatte bis kurz zuvor noch als Chef einer großen US-Brauerei gearbeitet. Jim fühlte sich zu jung für den Ruhestand und war dankbar für diesen Job.

Zu dritt begaben wir uns in die Shell-Zentrale, zu einem Treffen mit dem Vorstand und dem Betriebsrat. Consultants waren damals nicht gefürchtet oder gar verhasst – im Gegenteil. Wir wurden mit einer gewissen Ehrfurcht behandelt, sowohl von den Belegschaftsvertretern als auch vom Management. Das zeigte sich auch bei der Unterkunft, die Shell für uns angemietet hatte: Wir wohnten im noblen Hotel „Vier Jahreszeiten", einem der besten Häuser in ganz Europa. Damit nicht genug: Shell ließ uns in einem Opel Kapitän zur Arbeit chauffieren.

Die Rüsselsheimer Luxuskarosse mit der kryptischen Typenbezeichnung „P 2,6" war das letzte Sechszylindermodell, das in der Zulassungsstatistik noch vor den Konkurrenzprodukten aus Stuttgart-Untertürkheim lag. Anders ausgedrückt: Opel war damals die Nummer eins im Luxussegment. Kaum zu glauben, wenn man heute sieht, wie schwer sich der angeschlagene Konzern tut, selbst wenn es nur darum geht, ein neues Mittelklassemodell in den Markt zu drücken.

Jim war ein Meister des Zeitmanagements. Jede Sekunde nutzte er, um das Projekt nach vorne zu treiben. Überstunden? Fehlanzeige. Wir arbeiteten von acht Uhr früh bis fünf Uhr nachmittags – keine Minute länger. Wir verschafften uns in kurzer Zeit einen Überblick über die Strukturen bei Shell und entwickelten zahlreiche Einsparvorschläge. Die Ergebnisse unserer Arbeit präsentierte ich beim Vorstand.

Die Herren waren hoch zufrieden. Kein Wunder: Wir senkten die Zahl der Mitarbeiter von 2100 auf 1500, und zwar ohne dass es irgendwelche Probleme oder gar Proteste gegeben hätte. Denn der damalige Arbeitsmarkt war mehr als nur aufnahmefähig. Selbst die schlechter Qualifizierten hatten keine Mühe, neue Jobs zu finden.

Etwa zwei Monate später zogen wir einen ähnlichen Auftrag an Land. Auftraggeber war die österreichische Mineralölverwaltung, jener Staatskonzern, der heute erfolgreich unter dem Kürzel OMV Geschäfte macht. Zweieinhalb Jahre dauerte dieser Einsatz. Während dieser Zeit wohnte ich mit meiner Frau vor den Toren Wiens im romantischen Grinzing. Der Dienstwagen, mit dem ich zum Einsatzort in Wien-Schwechat gefahren wurde, war zwar nur ein bescheidener VW-Käfer, dafür trug mein Chauffeur aber stets weiße Handschuhe.

Es folgten andere Großaufträge, unter anderem ein weiteres Raffinerie-Projekt in der Nähe von Rotterdam in den Niederlanden und mehrere Großprojekte in Großbritannien. Ich war inzwischen zweimal Vater geworden. Meine Familie und ich wohnten vor den Toren Londons, in einem schönen Haus an der Themse, in der Grafschaft Surrey.

Lester B. Knight war damals etwa 60 Jahre alt. Er wollte die Weichen für eine Übergabe des Geschäfts an seinen ältesten Sohn Charles „Chuck" stellen. Chuck, Mitte 20, Absolvent einer renommierten Business School, sollte zunächst die europäischen Geschäfte der Beratungsfirma fuhren. Das klappte aber nicht so recht. Nicht, dass der Sohn unbegabt gewesen wäre. Schließlich machte Chuck später in den USA eine steile Karriere in der Industrie. Vermutlich war er es einfach nur leid, von seinem Vater strenger behandelt zu werden als der Rest der Beratermannschaft.

Zu allem Überfluss gab es Schwierigkeiten mit Nikolaus Hayek. Der gebürtige Ägypter, der einige Jahre später als Retter der Schweizer Uhrenindustrie und Gründer des Swatch-Imperiums Furore machte, leitete das Büro von Knight in Zürich. Listigerweise ließ Hayek die Miet- und Arbeitsverträge nicht auf den Namen von Knights Firma, sondern auf seinen eigenen Namen laufen. Und als er die Beziehungen zu Lester B. Knight & Associates abbrach, standen wir plötzlich ohne Stützpunkt in der Schweiz da.

Die schnellste Lösung des Problems versprach eine Fusion mit der Firma unseres Wettbewerbers Willy O. Wegenstein. Die Firma wurde kurzerhand in Knight Wegenstein AG umgetauft. Sitz war Zürich, Wegenstein wurde Europachef.

Mai 1968: Eine Fakultät an der Pariser Universität Sorbonne wird nach Studentenprotesten gewaltsam geräumt – und ganz Frankreich gerät an den Rand einer Revolution. Junge Menschen errichten Barrikaden, Arbeiter treten in den Streik, rote Fahnen wehen in den Straßen von Paris.

Mir blieb nicht viel Zeit, diese Ereignisse zu analysieren. Ich hatte gerade mein letztes Projekt in Großbritannien abgeschlossen und war nach Düsseldorf zurückgekehrt, als Wegenstein auf mich zukam. Knight und er hatten beschlossen, eine Personalberatungstochter aufzubauen. Man hatte hierzu einen neuen Mitarbeiter eingestellt, sich aber nach kurzer Zeit wieder von ihm getrennt. Nun sollte ich in die Bresche springen.

Personalberatung? Ich kannte kaum den Begriff. Und ausgerechnet ich sollte eine solche Abteilung aufbauen? Ich winkte ab. Doch Wegenstein ließ nicht locker: Eine vakante Position beschreiben, Anzeigen schalten, Bewerber auswählen und präsentieren – das sei doch keine Hexerei. Und es sei ja nur vorübergehend, nur für vier Wochen, so sein Argument.

Nicht im Traum hätte ich damals gedacht, dass aus diesen vier Wochen 40 Jahre werden könnten. Ich sagte also zu.

Mein erster Klient wartete bereits. Es handelte sich um die deutsche Ford Werke AG. Ich rief den Personalchef an und traf mich mit ihm in der Kölner Ford-Zentrale zum Gespräch.

Das Unternehmen war damals ungemein erfolgreich. Ford eilte von Produktionsrekord zu Produktionsrekord. Man baute ein Achsenwerk in Düren, eröffnete ein weiteres Werk in Saarlouis, stampfte ein neues Entwicklungszentrum in Köln aus dem Boden. Das Unternehmen war auch in technischer Hinsicht führend. So gehörte Ford zu den ersten der Branche, die bei der Entwicklung neuer Modelle auf computergestützte Systeme setzten.

Entsprechend hoch war der Bedarf an qualifizierten Managern mit technischem Hintergrund. Vor allem Produktionsfachleute waren gefragt. Ich formulierte also Stellenprofile, schaltete Anzeigen, führte Interviews, präsentierte die Kandidaten – und erhielt weitere Aufträge.

Die Tätigkeit bereitete mir keinerlei Schwierigkeiten, sie machte mir geradezu Spaß. Vor allem wegen des Kontakts zu den vielen verschiedenen Menschen. Ich habe das immer als eine Bereicherung empfunden. Als Personalberater profitierte ich zudem stark von meinen Erfahrungen als Ingenieur und Management Consultant. Meine Klienten mussten mir nicht viel erklären. Ich wusste, was sie brauchten, und präsentierte ihnen die gewünschten Kandidaten.

Ford blieb über lange Jahre mein Klient. Bis zur Wirtschaftskrise von 1973/1974. In diesen Jahren habe ich sämtliche externen Manager für Ford gesucht. Zumindest ist mir nicht bekannt, dass auch ein anderer Headhunter Aufträge erhalten hätte.

Der Erfolg meiner Arbeit sprach sich in der Branche herum. Bald erhielt ich Aufträge von anderen Konzernen. Überall standen die Signale auf Expansion, überall wurden Führungskräfte gesucht. Beispiel KHD: Der Konzern war damals einer der größten Nutzfahrzeughersteller in Deutschland. Das Management hatte beschlossen, auch Traktoren und Landmaschinen zu bauen. Oder Vorwerk. Die Wuppertaler hatten mit ihren Kobold-Staubsaugern viel Erfolg. Jetzt wollten sie ihre Produktionspalette um Mixer und andere Haushaltsgeräte erweitern. Die Liste der Beispiele ließe sich fortsetzen.

Von meinem ersten Klienten Ford einmal abgesehen, musste ich bei der Ansprache der Klienten nie auf die Kontakte zurückgreifen, die Knight Wegenstein als Managementberatungsfirma besaß. Business Development? Sicher, heute ist das ein Pflichtprogramm in jedem Beratungsunternehmen, und es gibt sogar Spezialisten, die systematisch Kunden und Wettbewerber analysieren und Geschäftspläne für die Berater schreiben. Damals aber war Business Development unbekannt. Es wäre auch nicht nötig gewesen, denn die Personalberatung war ein Selbstläufer.

Bald konnte ich die Aufträge nicht mehr alleine bewältigen. Ich stellte neue Berater ein und ging daran, das Geschäft in ganz Europa für Knight Wegenstein aufzubauen.

Früh schon begannen meine Kollegen und ich, die Direktsuche per Telefon als Standard zu etablieren. Nicht etwa deswegen, weil wir keinen Erfolg mit Stellenanzeigen gehabt hätten. Schließlich lasen selbst Spitzenkräfte die Anzeigenteile der großen Tageszeitungen und schickten uns brav ihre Unterlagen zu. Aber manche Auftraggeber wollten nicht nur eine Liste mit wechselwilligen Kandidaten, sie verlangten eine Übersicht mit den Namen aller Manager, die theoretisch für die vakante Position infrage kamen – auch und gerade wenn diese für einen Wettbewerber des Klienten arbeiteten. Bei derlei Aufträgen durften wir keine Anzeigen schalten. Diskretion war oberstes Gebot.

Diskretion war lange Zeit auch ein zentraler Teil der Unternehmenskultur bei dem rheinischen Industrie- und Finanzkonglomerat Wilh. Werhahn. 1964 war Konzernpatriarch Wilhelm Werhahn verstorben – ein Mann, der für seine extreme Sparsamkeit bekannt war und der wegen seines stolzen Vermögens als „ungekrönter König von Neuss" bezeichnet wurde. In den folgenden Jahren begann sich der Konzern für externe Manager zu öffnen: „Es gibt Anzeichen dafür, dass auch bei den Werhahns allmählich die Überzeugung wächst, dass die Familie allein als Nachwuchs-Reservoir für Top-Manager zu klein ist", hieß es in einem Artikel in der Hamburger Wochenzeitung „Die Zeit".

Ich gehörte zu den Profiteuren dieser neuen Konzernpolitik. Aufsichtsratschef Heribert Werhahn hatte damals den gesamten Vorstand einer Tochtergesellschaft entlassen und suchte nun nach Managern, die in der Lage waren, das Ruder herumzureißen. Ich erhielt diesen Auftrag, und Werhahn blieb über lange Jahre mein Klient.

Ein weiterer Klient war das in Düsseldorf ansässige Bekleidungshaus Peek & Cloppenburg. Das Unternehmen war 1869 in Rotterdam gegründet worden. Nach dem Zweiten Weltkrieg hatte man die zerstörten Geschäfte wieder aufgebaut, einen Generationswechsel vollzogen, die vorhandenen Häuser modernisiert, neue eröffnet. Uwe Cloppenburg, der damals keine dreißig Jahre alte Sohn des persönlich haftenden Gesellschafters James Cloppenburg, war voller Tatendrang. Er suchte einen Vertriebsmanager und fragte mich um Rat. Die Person, die ich ihm empfahl, erwies sich als Management-Talent. Sie blieb 25 Jahre im Unternehmen. Und Cloppenburg blieb mein Auftraggeber.

So manches Beratungsunternehmen wirbt damit, dass nahezu alle Konzerne, die im Börsenindex Dax notiert sind, zu seinen Klienten zählten. Doch die deutsche Wirtschaft besteht vor allem aus mittelständischen Unternehmen. Ich habe mich nie gescheut, für diese Klientel zu arbeiten, und es war auch egal, zu welcher Branche ein Unternehmen gehörte. Bedingung war jedoch stets, dass meine Honorarforderung akzeptiert wurde. Im Regelfall war das ein Drittel dessen, was der gesuchte Kandidat an Jahresbezügen erhalten sollte.

Von dieser Regel bin ich nur selten abgewichen. Zu diesen wenigen Ausnahmen zählte der Fall eines Industrieunternehmens in Leverkusen. Dort hatte ein familienfremder Manager das Steuer übernommen, weil der Seniorchef verstorben und der knapp 21 Jahre alte Junior noch nicht in der Lage war, das Unternehmen alleine zu führen. Der Manager aber war korrupt. Und so musste man sich nach kurzer Zeit wieder von ihm trennen. Jetzt suchte man einen Ersatzmann. Das Problem dabei war nur: Die Firma war inzwischen so knapp bei Kasse, dass man mein Honorar nicht zahlen konnte.

„Gewinn ist so notwendig wie die Luft zum Atmen, aber es wäre schlimm, wenn wir nur wirtschafteten, um Gewinne zu machen", soll der legendäre deutsche Bankier Hermann Josef Abs einmal gesagt haben. Ich nahm also den Auftrag an. Und wenn ich schon etwas mache, dann richtig. So auch in diesem Fall: Der Manager, den ich dort platziert habe, blieb nicht nur vorübergehend. Er stand über 20 Jahre mit an der Spitze des Unternehmens.

Zurück zu Babcock: Nach dem Wechsel zu Lester B. Knight & Associates waren meine Kontakte zu dem Konzern eingeschlafen. Das änderte sich 1972. Ich erhielt einen Anruf aus dem Büro von Hans Ewaldsen. Der ehemalige Theologie-Student und diplomierte Kaufmann hatte eine steile konzerninterne Karriere gemacht und das Steuer übernommen. Der gerade einmal 43 Jahre junge, sehr ehrgeizige Manager ließ den Zusatz „Dampfkessel-Werke" aus dem Firmennamen streichen und trieb die Expansion in neue Geschäftsfelder zügig voran.

Babcock war damals bereits zu einem stattlichen Industriekonzern herangewachsen – mit über 70 Unternehmen, 14.000 Mitarbeitern und rund einer Milliarde Mark Jahresumsatz. Im Rahmen seiner Diversifizierungsstrategie hatte Ewaldsen sogar in die Branchen Bau, Handel und Konsumgüter investiert.

„Babcock-Kunden können schon heute außer Kesselanlagen auch Atomreaktoren, Häuser, Zahnpasta und Schlackwurst bei Ewaldsen kaufen", spottete das Nachrichtenmagazin „Der Spiegel".

Ewaldsen war das nicht genug. Den Manager störte vor allem, dass der Konzern am Gängelband der britischen Muttergesellschaft hing. Das war auch der Grund, warum Babcock nicht ungehindert auf dem Weltmarkt agieren durfte. Erst Mitte der 70er Jahre fielen diese Barrieren. Damals kaufte der Iran den 25-Prozent-Anteil an der deutschen Babcock, den die Briten besaßen. Damit war das Gängelband durchtrennt. Ewaldsen konnte endlich auch ins Ausland expandieren.

Das Produktportfolio wuchs in diesen Jahren fast ebenso schnell wie die räumliche Reitweite des Konzerns: Neben Kraftwerken und Maschinen baute man auch Krankenhäuser, Zellstoff-Fabriken und vieles mehr.

Macher im Machtrausch? Ewaldsen gehörte nicht zu jener Sorte von überheblichen Managern, die in einem Anfall von Selbstüberschätzung gravierende Fehlentscheidungen treffen. Dem Babcock-Chef ging es nicht um Macht, Einfluss oder um schiere Größe. Es waren die politischen Rahmenbedingungen, vor allem die immer stärker werdende Umweltdiskussion, die ihn zur Expansion zwangen. Wegen der strengen Auflagen der Behörden wurden neue Kraftwerke nur noch schleppend genehmigt. Babcock musste sich neue Geschäftsfelder suchen.

Ewaldsen machte aus der Not eine Tugend. Bald war Babcock einer der Vorreiter der Umwelttechnik in Europa. Der Konzern dominierte den Markt für Anlagen zur Verbrennung von Müll und Klärschlamm. Das dort gewonnene Know-how setzte man wiederum bei der Produktion von Abgas-Filtern für Stahl- und Kraftwerke ein. Und für petrodollarschwere Kunden im arabischen Raum baute man gigantische Anlagen zur Meerwasser-Entsalzung.

Ewaldsens Manager zogen sogar prestigeträchtige Bauprojekte an Land. Dabei kamen immer mehr Aufträge aus dem Ausland. Bald erwirtschaftete der Konzern gut zwei Drittel seines Umsatzes außerhalb Deutschlands.

In den Jahren dieses stürmischen Wachstums hatte der Konzern einen schier unstillbaren Bedarf an Fach- und Führungskräften. Wie viele ich davon gesucht habe? Ich weiß es nicht mehr genau. Ich weiß nur, dass ich in dieser Zeit so gut wie alle vakanten Positionen an der Spitze des Konzerns und der zahlreichen Konzerntöchter besetzen durfte. Ich konnte die vielen Aufträge gar nicht mehr selbst abwickeln. Ein immer größerer Stab von Mitarbeitern erledigte die Kleinarbeit: Research, Aufbereitung der Unterlagen, Korrespondenz.

Es waren goldene Jahre für die wenigen Personalberater, die damals in Deutschland tätig waren. Knight Wegenstein wuchs bis Ende der 80er Jahre zu einer Organisation mit Niederlassungen in fast allen Ländern Westeuropas heran.

Ich war als Chef sämtlicher Personalberatungstöchter längst Mitglied der obersten Führungscrew, als sich Wegenstein aus Altersgründen zurückzog. Die Leitung des Unternehmens hatte er an Erhard Wendling übertragen. Lester B. Knight war verstorben – und damit auch das Interesse der Amerikaner am weiteren Aufbau eines global tätigen Beratungsunternehmens. Kurze Zeit nach dem Führungswechsel wandelte sich Knight Wegenstein zu Knight Wendling. Mit der Umfirmierung zog auch ein neuer Geist ins Unternehmen ein.

Es gab eine Reihe von Fehlentscheidungen, vor allem personeller Art. Zahlreiche Berater verließen Knight Wendling. Darunter war auch ich. „Gut 28 Jahre diente Rolf van Emmerich (62) dem Beratungsunternehmen Knight Wendling AG (KW), half vielen Top-Managern auf die Sprünge und brachte es zum ersten Kopfjäger der Consulting-Gruppe", schrieb das „Manager Magazin" in der Märzausgabe des Jahres 1989. Das sei nun vorbei, so das Hamburger Wirtschaftsblatt. „Zum 31. März kündigte van Emmerich seinem Züricher Chef Erhard Wendling (48) die Gefolgschaft: Er geht."

Der Artikel war kaum erschienen, da geriet ich selbst ins Visier der Headhunter. Die Chefs fast aller großen deutschen Personalberatungsfirmen riefen bei mir an und machten mir verlockende Angebote. Ich wechselte zu H. Neumann International. Es folgten weitere zehn erfolgreiche Jahre. Mit 73 sollte ich noch einmal einen Fünf-Jahres-Vertrag unterzeichnen, lehnte aber ab.

Ruhestand? Von wegen. In den folgenden Jahren stand mein Telefon selten still. Ich gründete die Firma van Emmerich Consulting in Mülheim an der Ruhr und habe seitdem einige der interessantesten und lukrativsten Aufträge meiner gesamten Laufbahn abgewickelt. Meine Arbeit bereitet mir immer noch viel Freude, und das Vertrauen, das man mir entgegenbringt, ehrt mich. Aufhören? Solange ich fit bin und mein Rat gefragt bleibt, werde ich weitermachen.

Als Ausländer in der Schweiz

Björn Johansson

Der Markt für Executive Search Consulting wird sich spalten. Headhunter, die sich auf das Top-Segment spezialisiert haben, werden vermehrt gefragt sein. Bei der Suche nach CEOs, CFOs und Aufsichtsräten brauchen die Klienten professionelle Beratung, damit sie den Suchprozess objektiv steuern können. In diesem Bereich bin ich seit über 30 Jahren erfolgreich tätig.

Im mittleren Management – das ist das Brot-und-Butter-Geschäft der großen Headhunter-Firmen – wird externe Beratung immer weniger nachgefragt werden. In diesem Segment ist heute sehr viel über das Internet möglich. Hinzu kommt, dass neuerdings viele Unternehmen interne Search-Abteilungen betreiben. Sie stellen Headhunter an, um selber im Markt zu suchen. Das spart Kosten, kommt vorläufig aber nur für große Unternehmen in Frage. In der Schweiz wären das etwa der weltweit führende Nahrungsmittelhersteller Nestlé, die Pharmakonzerne Novartis und Roche, der Technologiekonzern ABB und die global tätigen Banken Credit Suisse und UBS.

Das heißt, das Spitzensegment unserer Branche wird weiter wachsen, nicht jedoch die Zahl der Suchaufträge für Positionen auf den nachfolgenden Hierarchiestufen des Managements.

Damit habe ich mit meinem Unternehmen, der Dr. Björn Johansson Associates, das richtige Segment ausgewählt. Richtig positioniert bin ich auch, was den geografischen Standort angeht. Denn die Schweiz ist sozusagen das Heimatland des Executive Search Consulting in Europa. Das erste Headhunterbüro wurde in Zürich eröffnet: 1959 gründete Egon Zehnder hier Spencer Stuart und fünf Jahre später seine eigene Firma. Unternehmen, die heute in Europa Executive Search betreiben, haben ihre Wurzeln oft bei Spencer Stuart.

Dr. B. Johansson (✉)
Dr. Björn Johansson Associates AG, Utoquai 29,
8008 Zürich, Schweiz
E-Mail: welcome@johansson.ch

Ich selbst habe 1985 das Geschäft für Korn Ferry International in der Schweiz aufgebaut – mit je einem Büro in Genf und Zürich. Auch das war eine Abspaltung von Spencer Stuart. Im Jahr 1983 entließ Spencer Stuart seinen damaligen Chairman Jean-Michel Beigbeder. Beigbeder ging zu Korn Ferry und nahm den President Europe mit; beide haben dann mich angeworben.

Als ich später für Korn Ferry in die USA hätte gehen sollte, um eine leitende Position zu übernehmen, lehnte ich ab. Denn meine Stärke liegt im direkten Umgang mit Klienten und Kandidaten. Ich hatte keine Lust, 50 bis 60 Büros in der ganzen Welt zu managen. Also habe ich mich 1993 selbstständig gemacht.

Heute sind alle großen Firmen in der Schweiz vertreten: Egon Zehnder, Heidrick & Struggles, Russell Reynolds, Korn Ferry, Spencer Stuart. Auch alle wichtigen Netzwerke der Branche haben Stützpunkte in der Schweiz. Und dann gibt es viele lokale Boutiquen. Wie in allen anderen Ländern auch wechseln die Berater von einer Firma zur anderen. Es herrscht ein reges Kommen und Gehen. Die meisten rotieren fleißig; nur wenige bleiben während ihrer gesamten Beraterkarriere einer einzigen Firma treu.

Aber nicht nur historisch ist die Schweiz ein hervorragender Standort für das Executive Search Consulting. Das Land ist für unsere Branche so etwas wie ein Centre of Excellence in Europa. Auch deshalb, weil die Schweiz im Vergleich zu anderen Ländern sehr viele internationale Unternehmenszentralen aufweist. Man denke nur an die Wirtschaftsprüfungsfirma KPMG, die Konsumgüterkonzerne Procter & Gamble und Kraft, den Chemieriesen Dow oder den Reinigungsspezialisten Ecolab.

Außerdem gibt es immer mehr europäische Unternehmen, die Zentralen oder zumindest Stützpunkte in der Schweiz aufbauen: das deutsche Molkereiunternehmen Müller Milch, der schwedische Verpackungsspezialist Tetra Pak, der deutsche Schraubenhersteller Würth, der schwedische Möbelriese Ikea und viele andere.

Hinzu kommen zahlreiche internationale Organisationen, allen voran die Vereinten Nationen in Genf und die Bank für Internationalen Zahlungsausgleich BIZ in Basel, das World Economic Forum von Professor Klaus Schwab oder die Tierschutzorganisation WWF, das Internationale Olympische Komitee, die Fußballverbände Fifa und Uefa sowie der Internationale Eishockeyverband.

Alle diese Institutionen brauchen auch Executive Search Consulting auf höchster Ebene – und das immer weltweit. Das führt dazu, dass sehr oft internationale Suchaufträge von der Schweiz aus gesteuert werden. Da ist es hilfreich, dass in der Schweiz auch die Sprachkompetenz hoch entwickelt ist.

Ein weiterer positiver Aspekt: Es gibt wohl kein anderes Land, in dem die Managementteams und Verwaltungsräte so international zusammengesetzt sind wie in der Schweiz. Da sind wir Weltmeister.

Das war nicht immer so. Bis 1997 war der in Vevey am Genfer See ansässige Nahrungsmittelkonzern Nestlé das einzige wirklich internationale Unternehmen der Schweiz. Pierre Liotard-Vogt, Nestlé-Präsident zwischen 1973 und 1982, war Franzose, Helmut Maucher, ab 1980 CEO von Nestlé und später Nachfolger von Liotard-Vogt auf dem Präsidentensessel, ist Deutscher. Sie sind keine Ausnahmen. Manager aus anderen Ländern findet man auf sämtlichen Rängen des Konzerns.

Ich bin stolz darauf, dass ich ein wenig an der Internationalisierung der schweizerischen Führungsetagen mitwirken konnte. Mein Durchbruch kam mit der Swissair, für viele vielleicht das schweizerischste Unternehmen des Landes. Für die Airline holte ich Jeff Katz von American Airlines als CEO und brachte parallel dazu Lee Shave und Ray Lions von British Airways ins Swissair-Top-Management. Das war sozusagen der Big Bang.

Im Jahr 2010 nimmt die Schweiz bezüglich Internationalität eine absolute Spitzenstellung ein. Bei der Credit Suisse ist der Konzernchef Amerikaner, ebenso bei der ABB. Bei der Basler Versicherung ist der CEO ein Deutscher, beim Personaldienstleister Adecco ein Belgier. Der Logistik-Konzern Kühne + Nagel ist fest in deutscher Hand, der Reiseveranstalter Kuoni in dänisch-britischer. Nestlé wird heute von einem Belgier geleitet und von einem Österreicher präsidiert. Österreicher haben auch den Pharmakonzern Roche fest im Griff, während der neue CEO der Konkurrenz Novartis US-Amerikaner ist. Bei der Technologiegruppe Sulzer ist ein Niederländer Chef, bei großen Liftanbieter Schindler ein Schwede, beim Befestigungsunternehmen Hilti, beim Telekomkonzern Swisscom, beim Rückversicherer Swiss Re und bei der Bank Vontobel sitzen Deutsche an der Spitze.

Wenn ich vor zehn Jahren prophezeit hätte, der CEO der Privatbank Vontobel werde ein Deutscher sein oder der Chef der Credit Suisse ein US-Amerikaner – man hätte mich glatt für verrückt erklärt.

Die starke Internationalisierung in den Top-Etagen der Schweizer Wirtschaft hängt mit der Struktur der Bevölkerung und mit jener der Wirtschaft zusammen. Von den 7.8 Mio Einwohnern des Landes sind nur etwa 6.3 Mio Schweizer. Diese verteilen sich auf drei Sprachregionen. Die Eidgenossen sind auch ohne Ausländer polyglott.

Die Schweiz weist im Vergleich zu anderen Ländern eine große Vielfalt von Unternehmen und Branchen auf – Pharma, Banken, Versicherungen, Handel, Logistik, Konsumgüter, Werkzeugmaschinen, Uhren. Die Spitzenreiter in fast allen Branchen, meistens Großunternehmen und einige Mittelständler, sind global tätig. Und weil die Schweizer Wirtschaft so vielfältig und breit aufgestellt ist, kann sie gar nicht in der Lage sein, selbst genügend Management-Kapazität heranzuziehen.

Dieses Umfeld ist sozusagen ein ideales Biotop für Executive Search Consulting – so wie ich das definiere. Und für einen Headhunter, wie ich einer bin. Ich bin als

Norweger geboren, im Norden Europas liegen meine Wurzeln. Meine Vorfahren stammten aus Schweden und Finnland, und sicher hatten sie Wikinger-Blut. Die skandinavischen Ureinwohner hatten ja Amerika lange vor Columbus entdeckt. Offenheit und Neugier auf Menschen und auf die Welt – das kommt wohl auch daher. Ich darf an die Entdecker Fridtjof Nansen, Roald Amundsen und Thor Heyerdahl erinnern, die für mich schon als Junge Vorbildcharakter hatten.

Dass ich mich aber in der Schweiz durchsetzen konnte, hat auch sehr viel mit diesem Land zu tun, dessen Einwohner von ihrer Mentalität her den Norwegern nicht unähnlich sind. Die Schweiz ist zwar in Traditionen verhaftet, ist sich ihrer Geschichte und ihrer Mythen sehr bewusst. Sie lässt sich ungern belehren, vor allem wenn das in aller Öffentlichkeit und bei voller Lautstärke geschieht. Aber die Schweizer sind auch sehr weltoffen und lernfähiger als manche andere Nation. Ich bin sozusagen der lebende Beweis dafür: Ich bekam den Raum, mich frei zu entfalten, obwohl ich als zugereister Norweger weder über ein Netzwerk von Kontakten zu ehemaligen Kameraden im Schweizer Militär verfügte (wichtig in der gesamten Schweizer Wirtschaft) noch einer der zahlreichen Zünfte angehörte, die vor allem in Zürich eine bedeutende Rolle spielen.

Dass ich hierher wollte, wusste ich schon mit 15 Jahren. Mit 21 kam ich an die Universität St. Gallen, europaweit bekannt unter dem Kürzel HSG. Deren Netzwerk, so stellte sich heraus, ist jenem des Militärs und der Zünfte ebenbürtig. Zu meinen Kommilitonen zählten unter anderem Joseph Ackermann, Ex-Chef Deutsche Bank und Zurich Insurance Group, und Michael Hilti, Eigentümerunternehmer aus Liechtenstein. Mit Walter Kielholz, später Präsident von Credit Suisse und Swiss Re, habe ich Studentenpolitik gemacht. Promoviert habe ich mit dem Österreicher Fredmund Malik, heute einer der wenigen Management-Vordenker von internationalem Rang.

Die Zeit an der HSG war wohl jene, in der ich wirklich zum Wahlschweizer wurde.

Und dass meine Zukunft im Executive Search liegen würde, war nach wenigen kurzen Abstechern in die Industrie ebenfalls klar. So habe ich den Aufstieg dieser Beratungsbranche in der Schweiz und in Europa miterlebt und mitgeprägt. Die ersten sieben Jahre (1980 bis 1987) waren durch stetiges Wachstum gekennzeichnet. Darauf folgten drei Jahre der Stagnation und, bis 1994, ein Niedergang. Ich gründete meine Executive-Search-Firma im Jahre 1993 und erwischte so die explosionsartige Entwicklung der Branche zwischen 1994 und 2000. Mit dem Platzen der Dotcom-Blase schrumpfte die Nachfrage nach Headhunting weltweit, um zwischen 2003 und 2007 parallel zu der stürmischen Entwicklung auf den Finanzmärkten wieder massiv zuzulegen. Die jüngste Krise hat uns alle stark getroffen, wenn auch die Signale der Erholung inzwischen nicht mehr zu übersehen sind. Die Geschäftschancen bleiben absolut intakt.

Ich gehörte nie zu den Headhuntern, die nur in der Schweiz Jagd machten. Wer weiß, vielleicht habe ich sogar den weltweiten Search mit erfunden. Als ich 1980 bei Spencer Stuart anfing, hat man nur in einem Land gearbeitet, man suchte nur Kandidaten in der Schweiz, niemals außerhalb der Landesgrenzen. Als Norweger war ich in dieser Zeit bei Spencer Stuart der Erste, der über die Grenzen hinweg rekrutiert hat. Später ging es dann auch nach London, Paris, Düsseldorf, Amsterdam, Brüssel. So begann das grenzüberschreitende Search Business.

Für den US-Süßwarenhersteller Mars habe ich in mindestens zehn Ländern über 60 Aufträge abgewickelt. Für den Konsumgüterkonzern Colgate Palmolive, den Computerhersteller Sperry Univac und den Krankenhaus-Zulieferer American Hospital Supply war ich in dieser Zeit ebenfalls stark grenzüberschreitend tätig.

Bei Korn Ferry (ab 1985) und später im eigenen Unternehmen habe ich das weitergetrieben. Das ist mir bis heute sehr wichtig: Björn Johansson will keine Grenzen und braucht keine Grenzen. Auch keine Altersgrenzen. Ich denke gar nicht daran, in zwei Jahren – wenn ich 65 bin – einfach aufzuhören. Dazu macht mir die Arbeit einfach zu viel Spaß. Zehn bis 15 Jahre möchte ich noch weitermachen. Zumal sich die Ansprüche an die Führungskräfte und auch an die Headhunter deutlich verändert haben.

Als Headhunter muss man die Welt im Auge behalten, die Veränderungen wahrnehmen. Man muss die Chemie zwischen Kandidat und Unternehmen beurteilen können. Vieles ist schwieriger geworden, nicht weil es komplizierter ist als früher, sondern weil es transparenter ist.

Als ich anfing, gab es noch kein Internet, nicht einmal Faxgeräte – nur Bücher, Nachschlagewerke, deren Inhalt beim Erscheinen schon zwei Jahre alt war. Die Technologie hat auch unsere Branche revolutioniert. Das Internet erleichtert zwar die Kommunikation, aber es zwingt auch, 24 Stunden an 365 Tagen verfügbar zu sein. Das ist physisch und psychisch schwierig durchzuhalten. Offen gesagt: Ich schreibe meine E-Mails nicht selber. Ich kümmere mich lieber um meine Klienten und Kandidaten als um meine Mailbox.

Die Beschleunigung hat auch ihre Schattenseiten. Wenn ich auf meine Jahre als Headhunter zurückblicke, komme ich nicht um die Feststellung herum, dass man allein zehn Jahre braucht, um herauszufinden, ob man wirklich gut ist. Denn erst nach zehn Jahren hat man eine Gruppe von 25 bis 30 Führungskräften platziert, deren Erfolg man über drei bis vier Jahre bewerten kann. Erst wenn man die Erwartungen der Klienten zu 80 % oder mehr erfüllt, ist man wirklich gut.

Heute aber kommen die jungen Berater ins Business, platzieren im ersten Jahr 15 Führungskräfte und glauben dann, sie seien Stars. Das ist Massenproduktion.

Und es zeugt von wenig Verantwortungsbewusstsein gegenüber dem Klienten. Ich bin sehr skeptisch gegenüber dieser Entwicklung, weil ich denke, dass die Qualität im Executive Search Consulting leidet, genauer: Die Qualität der Personen, die vermitteln und vermittelt werden, erscheint mir gelegentlich sehr bedenklich.

Dieser Missstand drückt auch auf die Honorare und sorgt dafür, dass selbst Top-Anbieter in die Defensive geraten. Es gibt ja schließlich Consultants, die mehrere Searches für den Preis eines einzigen offerieren und quasi Mengenrabatt geben – so wie beim Discounter um die Ecke.

Ich habe immer mein Honorar verlangt, vor allem auf einem Mindesthonorar bestanden. Dennoch bin ich im Geschäft geblieben – auch bei den knallharten Rechnern unter den Auftraggebern. Und: Ich bin wohl der einzige Headhunter auf der Welt, der noch nie jemanden aus wirtschaftlichen Gründen entlassen hat. Ich habe seit 1993 immer etwa gleich viele Leute in meiner Firma: nie unter sieben und nie über zehn. Das soll auch so bleiben.

Unser Honorar bewegt sich zwischen 200.000 Franken (rund 140.000 €) und 300.000 Franken (rund 210.000 €). Auch wenn wir global funktionieren und Firmen von Norwegen über die USA bis Russland mit Führungskräften versorgen: Ich bin ein altmodischer Headhunter. Ich gehöre zu denen, die im Geschäft sind, um dem Klienten zu helfen, den bestmöglichen Kandidaten für eine Position zu finden. Dafür werden wir bezahlt. Neu ist heute lediglich, dass die Suche weltweit stattfindet. Der Klient muss sicher sein können, dass der Headhunter überall sucht – und zwar selbst, denn diese Aufgabe kann man nicht delegieren. Auftraggeber und Headhunter sollten unbedingt auf Tuchfühlung sein. Nur so kann ein Headhunter die Bedürfnisse seines Klienten richtig einschätzen. Nur so kann er wirklich passende Kandidaten präsentieren.

Natürlich sind auch die Ansprüche an die Manager massiv gestiegen. Man muss heute sehr viel Zeit aufbringen – für Kommunikation, Corporate Governance, Investor Relations. Man ist immer im Schaufenster, alles ist transparent. Als Senior Manager kann man kaum hinter geschlossenen Türen agieren.

Schweizer Manager sind nach wie vor gut im Geschäft. Als Schweizer sind sie per se Sympathieträger. Auch wenn Medien und Politiker anderer Meinung sind: Die Schweiz ist noch immer sehr beliebt und respektiert. Schweizer haben eine gute, vielseitige Ausbildung. Sie sind sprachbegabt, auch wenn ich mir wünschen würde, dass manche Deutschschweizer besser Französisch sprächen. Negativ fällt ins Gewicht, dass wir wenig Erfahrung im Krisenmanagement haben, weil es der Schweiz eben immer sehr, sehr gut gegangen ist. Die Schweizer sind ein wenig in sich gekehrt, innerhalb Europas ja sogar ein wenig isoliert. Und ganz wichtig: Die Löhne der Schweizer Manager sind sehr hoch.

Dennoch: Wir haben in unserem Land einige Aktivposten, für die wir Sorge tragen müssen. Wir müssen den Bankensektor der Schweiz so verändern, dass er sich global positionieren kann. Wir müssen in der Versicherungsindustrie die Vielfalt erhalten und gleichzeitig weltumspannend werden. Wir müssen die Rahmenbedingungen für internationale Headquarters schützen. Wir müssen die Holdingstruktur gegen die Angriffe der EU schützen.

Die großen Chancen der Schweiz liegen ohnehin in Ländern wie China, Indien oder Russland. In den kommenden 20 Jahren werden Chinesen, Inder und Russen ihre riesigen Reserven dazu nutzen, sich in europäische Firmen einzukaufen. Auch da könnte die Schweiz ein Centre of Excellence sein. Das Land könnte das Eingangstor werden für chinesische, indische und russische Investments in der westlichen Welt.

Was dazu vonnöten ist, hat die Schweiz schon: funktionierende Infrastruktur, verlässliche Verhältnisse, gute Schulen, hohe Sicherheit und Sauberkeit. Die Schweiz ist weltoffen und liegt in einer angenehmen Klimazone mit allen vier Jahreszeiten – das gibt es nämlich nicht überall. Wir haben eine wunderschöne Natur, interessante Steuersysteme und eine stabile Währung. Alles, was heute die Schweiz stark macht, ist auch für die neuen Partner interessant. Unsere Strukturen sind in Bezug auf die potenziellen neuen Partner zukunftstauglich.

Zukunftstauglich müssen auch die künftigen Top-Manager und wir Headhunter sein. Dabei geht es nicht mehr so sehr darum, was sich in den USA abspielt – oder in Deutschland, Frankreich und anderen Ländern Europas. Wir müssen verstehen, was in China, in Indien und in anderen Ländern Asiens vor sich geht. Das hat künftig Priorität. Die Asiaten werden mindestens ebenso wichtig wie unsere aktuellen Partner. Und der Führungsnachwuchs sollte neben Englisch auch Chinesisch oder Russisch beherrschen.

Daneben halte ich die Balance of Life für wichtig. Es gibt viel zu viele Workaholics, die sich nur über den Beruf definieren. Manage your Life – das umschließt Familie, Freunde, Hobbys, Interessen, Fitness, Kultur, Sport.

Dass Top-Manager 24 Stunden am Tag verfügbar sein müssen, wird sich nicht ändern, das macht jeder von uns schon heute. Aber diese Bereitschaft kann unmöglich an 365 Tagen hochgehalten werden. Der Druck ist so gewaltig, dass es immer mal wieder Pausen braucht. Man muss zwischendurch abschalten können und alle brauchen Ferien.

Die Zeitspanne, die zur Bewältigung von Aufgaben zur Verfügung steht, ist viel kürzer geworden. Als ich mit Executive Search anfing, blieb ein CEO häufig sein gesamtes Berufsleben in einem einzigen Unternehmen, machte dort eine Kaminkarriere. Heute bleibt er oft nur vier oder fünf Jahre. Das heißt, er muss neben der Konzentration auf den aktuellen Job immer ein offenes Ohr haben für die nächste

Herausforderung. Da ist es sehr nützlich, gut mit den Headhuntern bekannt zu sein: „Always be Friend with the Headhunters."

Denn arbeiten muss man auch in Zukunft, und sicher länger als heute. In der nächsten oder übernächsten Generation wird man nicht mehr mit 60 oder 62 Jahren aufhören können; man wird mindestens bis 70 oder 75 arbeiten müssen. Das hat selbstverständlich Folgen für die Karriereplanung. Auch wenn man satte Boni kassiert hat oder ein Unternehmen per goldenem Fallschirm verlässt, kann man sich nicht vorzeitig zur Ruhe setzen.

Dabei stellt sich das Problem, einerseits Beruf und Privatleben unter einen Hut zu bringen, andererseits die Karriere geschickt zu planen. Auch dabei kann ein Headhunter helfen. Wir sind Coach, Berater und sehr oft engster Vertrauter. Ein CEO kann sein Herz weder dem Chef des Aufsichts- oder Verwaltungsrats noch einem Angestellten ausschütten. Es ist eine der wichtigsten Aufgaben eines Headhunters, für den Klienten erster Ansprechpartner zu sein und sozusagen als Resonanzkörper zu dienen. Dabei spielen Vertraulichkeit und Diskretion eine zentrale Rolle. Wohlgemerkt: Das ist kein bloßes Mantra der Headhunter. Es ist ein Versprechen, auf das sich unsere Klienten absolut verlassen können müssen.

Nur wenn man als Berater nicht im Massengeschäft tätig ist, kann man sich auf einzelne Klienten und Kandidaten konzentrieren. Das ist mein eigentliches Erfolgsgeheimnis. Hinzu kommt mein Netzwerk. Ich bin Mitglied vieler Organisationen. Einige davon habe ich selbst gegründet. Ich suche auch immer den Kontakt zu jungen Menschen. Man muss die neue Generation verstehen, sonst kann man nicht am Puls der Zeit bleiben und auch im fortgeschrittenen Alter Qualitätsarbeit abliefern. Darum gehe ich gerne und so oft ich kann an die Universitäten und ich halte Vorträge. So halte ich nicht nur Kontakt zur jungen Generation, sondern bekomme auch neue Impulse. Ohne lebenslanges Lernen geht es nicht. Ein Headhunter sollte auch darin Vorbild sein.

Das Image des Alleskönners ist ramponiert

Rainer Steppan

Es ist spät geworden an diesem Abend in Düsseldorf. Sehr spät. Die Zentrale der Westdeutschen Landesbank ist längst verwaist. Nur in der vierten Etage, im Büro von Bankchef Friedel Neuber, brennt noch Licht. Dieter Rickert – glasiger Blick, schwere Zunge, schwankender Gang – will sich endlich von seinem Auftraggeber verabschieden. Zwei Flaschen Whisky hat sich der Headhunter mit Neuber hinter die Binde gekippt, und sein Blutalkoholpegel liegt zweifellos über der zulässigen Grenze. Er sollte jetzt besser ein Taxi ordern, statt selbst nach Hause zu fahren. Doch der betrunkene Berater folgt der Anweisung des trinkfesten Bankers: Er verlässt das Gebäude, klettert in seinen Porsche und wartet, bis Neuber im gepanzerten Dienst-Mercedes anrückt – eskortiert von zwei Einsatzwagen der Polizei. Der Konvoi nimmt den Consultant in die Mitte, düst mit ihm über die nahe gelegene Rheinkniebrücke in Richtung des Stadtteils Oberkassel und geleitet den Headhunter auf diese Weise schnell und sicher vor jeder Verkehrskontrolle bis vor die Haustüre.

Es sind Anekdoten wie diese, die jede Unterhaltung mit Rickert zum Vergnügen machen – selbst wenn sie schon Jahrzehnte zurück liegen. Längst hat der Berater sein schickes Penthouse am Düsseldorfer Seestern aufgegeben und ist in den noblen Münchner Vorort Grünwald gezogen. Aber allzu viel Zeit verbringt er auch dort nicht. Rastlos reist Rickert durch die Lande, besucht Kongresse, Konzerte und andere hochkarätige Events. Und er pflegt seine Kontakte zu einer kleinen Schar von Journalisten, die ihn als gut informierten Gesprächspartner schätzen. So auch heute, an einem sonnigen Novembernachmittag in einer geräumigen Suite im Luxushotel Adlon am Pariser Platz in Berlin, einen Steinwurf entfernt vom Brandenburger Tor. Der groß gewachsene Mann mit dem brav von links nach rechts ge-

R. Steppan (✉)
ConsultingStar.com, Redaktion, Elisabethstr. 3,
40217 Düsseldorf, Deutschland
E-Mail: Redaktion@ConsultingStar.com

scheitelten, grau melierten Haar und den leicht überdimensionierten, abstehenden Ohren sitzt entspannt auf einem Stuhl, mustert seinen Gesprächspartner aufmerksam durch die Gläser seiner eher unmodischen Hornbrille, zwinkert hin und wieder listig mit den Augen.

König der Kopfjäger – diesen Titel verlieh der Buchautor Kaevan Gazdar dem trotz seines fortgeschrittenen Alters (Jahrgang 1940) immer noch dynamisch wirkenden Rickert. Doch die Bezeichnung passt nicht so recht auf diesen Mann, denn allzu oft jagt er keine Köpfe, sondern Aufträge: Anlass für die Stippvisite in der deutschen Hauptstadt ist ein Kongress, den die Süddeutsche Zeitung für Führungskräfte im Adlon ausrichtet. Auf der Gästeliste finden sich bekannte Namen, und der eine oder andere Manager wird sicher Rickerts Dienste gebrauchen können. „Man muss akquirieren", sagt der Berater trocken. Das sei auch für ihn eine Selbstverständlichkeit. In der Regel sei es zwar so, dass er angerufen werde. Er treffe sich aber immer wieder mit Managern, ohne dass dies mit einem konkreten Suchauftrag zu tun habe. Und wenn er bei seinen vielen Gesprächen erfahre, dass bei einem bestimmten Unternehmen eine bestimmte Position besetzt werden müsse, dann rufe er eben dort an. „Glauben Sie mir, ich bin sicher nicht der Einzige, der dort anruft", sagt Rickert. „Alle wollen gerne einen Auftrag haben", so der Consultant.

Konsequenterweise meidet Rickert Veranstaltungen, auf denen er nicht akquirieren kann. So findet zufälligerweise parallel zu dem Kongress der Süddeutschen Zeitung auch eine Konferenz der internationalen Headhuntervereinigung AESC in Berlin statt. Dabei geht es geht um das Thema „Diversity", mithin um Konsequenzen aus der Erkenntnis, dass gemischte Teams gut für Unternehmen sein können. Und vor dem Hintergrund zahlreicher politischer Initiativen zur Steigerung des Frauenanteils in den Führungsgremien der Wirtschaft geht es vor allem auch um die Auswirkungen einer gesetzlich vorgeschriebenen Frauenquote in den Unternehmen.

Rickert blättert ein wenig im englischsprachigen Programmheft des Kongresses, wirft einen Blick auf die Liste mit rund 100 Teilnehmern aus aller Herren Länder und fragt schließlich provozierend: „What is it good for?" Derartige Treffen dienten doch vor allem der „Selbstbefriedigung" der Teilnehmer. „Da reden lauter Headhunter untereinander", sagt Rickert mit spürbarer Verachtung. Die wenigen Frauen, die für eine Aufgabe im Top Management eines Unternehmens geeignet seien, könne man jedenfalls nicht auf diesem Kongress treffen, so seine Überzeugung.

Flugs er nutzt die Gelegenheit, das „Gerede von der gläsernen Decke" zu kritisieren, die angeblich selbst hoch qualifizierten Frauen den Aufstieg in die Teppichetagen der Wirtschaft versperre. Das sei doch „totaler Schwachsinn". Und eine Frauenquote sei nichts anderes als „grober Unfug". „Ich mache mein Geschäft seit 35 Jahren", betont der Consultant. Stets habe er seine Auftraggeber gefragt, ob sie auch mit einer Kandidatin einverstanden seien. Nur ein einziges Mal habe er eine negative Antwort erhalten. An die Details dieses Falles könne er sich zwar nicht mehr erinnern, es sei dabei aber um die Besetzung eines Managementpostens in einer „dreckigen Branche" gegangen: „Irgendetwas mit der Entsorgung von Schlacke oder anderen Industrieabfällen", so Rickert. Jedenfalls ein Unternehmen, wo man nach Ansicht des Beraters sowieso keine Frau hingeschickt hätte.

Dass Frauen nicht stets auch die schwersten und unangenehmsten Tätigkeiten verrichtet haben, etwa im Krieg, wenn die Männer an der Front waren – solche Gedanken scheinen dem Berater fremd zu sein. Dennoch merkt man Rickert deutlich an, dass er seine Meinung schon Dutzende Male gegen energische Attacken verteidigen musste. Und so vergisst er auch nicht den Hinweis, dass er selbstverständlich auch Frauen für Spitzenpositionen gesucht und gefunden habe: „Die erste Frau hatte ich 1978 platziert", sagt der Consultant. Der Sohn und Erbe der bekannten New Yorker Kosmetikfabrikantin Estée Lauder, Ronald Lauder, habe damals eine Marketingmanagerin für die Tochtergesellschaft Clinique gesucht.

Rickert weiß, was Frauen wünschen? Jedenfalls zählt dieser Mann die Kosmetikbranche ganz offensichtlich nicht zu jenen Branchen, für die sich Frauen weniger oder gar nicht eignen. Doch Gedanken wie diese zerstreut Rickert schnell und mit rhetorischem Geschick: „Natürlich gibt es eine gläserne Decke", sagt der Berater. Aber diese Barriere müsse jeder Nachwuchsmanager überwinden, egal ob Mann oder Frau. Es gehe dabei um das sogenannte Peter-Prinzip, wonach eine Führungskraft so lange befördert werde, bis sie die Schwelle der absoluten Unfähigkeit erreicht habe. „Ich hab's doch selbst erlebt", sagt Rickert. „Ich war bei Thyssen, machte die ganze Arbeit für meinen Chef. Der wusste gar nicht mehr so genau, was da in seinem Bereich alles passierte. An diesem Mann aber kam ich nicht vorbei." Rickert zog seinerzeit die Konsequenzen: Er suchte sich einen neuen Job.

Was der Headhunter verschweigt: Er arbeitet damals nur kurz als Chef einer kleinen Möbelfabrik im Westerwald, wechselt dann zum Essener Ruhrkohle-Konzern und kehrt schließlich zu seinem alten Chef Hans-Günther Sohl zurück, den man inzwischen zum Präsidenten des Bundesverbands der deutschen Industrie gewählt hatte. In seiner Funktion als Sohls Redenschreiber und rechte Hand lernt Rickert die Chefs der wichtigsten deutschen Unternehmen persönlich kennen, kann ihre Stärken und Schwächen studieren, bekommt ein Gespür für den richtigen Umgang mit den Mächtigen der Wirtschaft, so die Wochenzeitung Die Zeit in einem Artikel über den Headhunter. Es folgt noch ein weiterer, wenig überzeugender Versuch, sich als Manager zu beweisen: Rickert heuert bei einem Pharmagroßhändler an, bevor ihn 1977 Jim Fulghum entdeckt, einer der Pioniere der Headhuntingbranche, der damals von Brüssel aus nach Führungskräften fahndet. „Dem neugierig-extrovertierten Rickert liegt die Suche per Direktansprache", schreibt Die Zeit. Und: Aus einem „fast schon verkrachten Manager" sei in kurzer Zeit ein „außergewöhnlich erfolgreicher Consultant" geworden.

In der Tat gelingt es Rickert, sich sehr schnell einen Namen als Mann für knifflige Fälle zu erarbeiten. Und er hat Fortüne: Nach dem Fall der Berliner Mauer erhält er die Gelegenheit, sein Alleskönner-Image zu festigen. Damals sucht die Treuhand händeringend Führungskräfte für ihre Niederlassungen und für die Privatisierung der DDR-Staatsbetriebe. Kein Wunder, dass da viele Kandidaten aus dem Westen abwinken: Jeder weiß ja, dass die Treuhand nur auf absehbare Zeit existieren und die Betriebe bald in fremde Hände übergehen sollen. Deswegen muss Rickert ran, und – siehe da – der Grünwalder schafft es, alle Aufträge in Rekordzeit zu erledigen.

Andere Headhunter haben das Nachsehen. Wütend protestiert der damalige Vorstandsvorsitzende der inzwischen aufgelösten Headhunter-Vereinigung VDESB Jürgen B. Mülder bei der Treuhand. Den Personalvorstand der Treuhandanstalt, Alexander Koch, den Rickert auf diesen Posten platziert hat, bezeichnet Mülder als „Totengräber" der seriösen Personalberaterzunft, weil er mit Rickert „auf Zuruf mit Erfolgshonorar ohne gründliche Recherche und Beratung" zusammen arbeitet.

Rückblickend muss man sagen, dass Mülders Kritik wohl noch vorsichtig formuliert war, denn im „Büro Rickert" (so der schlichte Name der Grünwalder Headhunter-Boutique) muss es damals drunter und drüber gegangen sein. Grund für das Chaos: Der Berater hatte Anzeigen in allen großen Tageszeitungen geschaltet und erhielt Postsäcke voller Bewerbungen. Auf die Inserate hin meldeten sich allein im August 1990 rund 4000 Personen. Die Bewerbungsunterlagen mussten per Hand bearbeitet werden, und die Aktenschränke, in denen der Headhunter bis dato sämtliche zugeschickten Unterlagen archiviert hatte, platzten aus allen Nähten. Als Retter in der Not erwies sich seinerzeit der junge Patrick „Rick" Fulghum, Sohn von Rickerts Lehrmeister. Der Informatik-Student programmierte für Rickert eine Datenbank, so dass dieser die Unterlagen der Bewerber per Computer speichern und verwalten konnte. Rickert erwies sich als dankbar: Wenig später machte er Fulghum zu seinem Assistenten.

Bereits 1991 erzielt der Grünwalder zusammen mit seinem damaligen Partner, dem Düsseldorfer Headhunter Hubert Johannsmann, über 10 Mio. Mark Umsatz, davon etwa ein Drittel mit Aufträgen von der Treuhand. Und auch heute noch floriert das Geschäft des Consultants, obwohl sein Ruf mittlerweile nicht nur wegen unorthodoxer Praktiken gelitten hat.

Geschadet hat Rickert vor allem ein erbitterter Streit mit Johannsmann, von dem er sich 1998 trennte. Der Düsseldorfer, der für Rickert jahrelang alle Aufträge für die Suche nach Mittelmanagern abgewickelt hatte, zog vor Gericht und nutzte lange Zeit jede Gelegenheit, den Grünwalder zu diskreditieren. Zwar ließ sich Rickert nicht aus der Reserve locken und strafte Johannsmann mit Verachtung. Doch bereits damals zeigte sich deutlich, dass der Grünwalder nicht gerade der geborene

Teamspieler ist. Auch Jürgen Buschmann, ein weiterer ehemaliger Rickert-Partner, hielt es nicht lange im Büro Rickert aus. Kurz nach Buschmanns Ausscheiden beförderte Rickert seinen Assistenten Rick Fulghum zum Partner. Auch diese Verbindung hatte nur ein paar Jahre Bestand. Fulghum sei über die Rolle eines „Edel-Assistenten" nie hinausgekommen, so der Kommentar des Hamburger Manager Magazins.

Rickerts Abstieg aus der Hall of Fame der deutschen Beraterbranche hatte bereits Ende der 1990er Jahre begonnen, als er einer ganzen einer Reihe von Managern lukrative Jobs in der Zentrale der Expo 2000 Hannover GmbH verschaffte – einem Unternehmen, das die Weltausstellung in Niedersachsens Hauptstadt zu organisieren hatte. Den mit 700.000 Mark dotierten Chefposten bekam damals Konrad Heede, ein pensionierter Finanzmanager. Der Rentner erwies sich als Fehlbesetzung und wurde ebenso mit einer dicken Abfindung entlassen wie andere von Rickert in Hannover untergebrachte Manager.

Das Image des Alleskönners ist längst ramponiert. Das wenige, was von Rickerts gutem Ruf noch übrig geblieben war, hat der Headhunter wohl deswegen eingebüßt, weil er den ehemaligen deutschen McKinsey-Chef Jürgen Kluge 2010 auf den Chefsessel beim Mülheimer Mischkonzern Haniel hob. Kluge hielt sich knapp zwei Jahre auf dem Posten und vergrätzte mit seiner undiplomatischen Art eine ganze Reihe von Managern. Als er 2012 seinen Hut nahm, galt er als gründlich gescheitert. Fachlich sei der Mann brillant, verteidigt sich Rickert, als ihn eine Redakteurin der Frankfurter Allgemeinen Zeitung auf diesen Fall anspricht. Nur menschlich habe es eben nicht gepasst. Wie auch immer: Es sei jedenfalls ein „Missgriff" gewesen, so Rickert.

Go East – Österreichische Pionierarbeit nach dem Durchschneiden des Eisernen Vorhangs

Günther Tengel

„Österreich ist ein Labyrinth, in dem sich jeder auskennt." Dieser Aphorismus stammt von dem bekannten Schauspieler und Kabarettisten Helmut Qualtinger. Mit seinem Bonmot hat er die Verhältnisse in einem Land auf den Punkt gebracht, das gerade einmal auf Rang 15 in der Europäischen Union liegt. Acht Mio. Einwohner leben auf einer Fläche von nicht einmal 84.000 Quadratkilometern. Schweden, Ungarn oder Tschechien sind größer.

Groß ist jedoch seit Generationen die Rolle Österreichs und insbesondere der Stadt Wien als Sprungbrett in den Osten. Der Schlüssel zum Erfolg liegt in der mentalen und geografischen Nähe der Österreicher zu den Ländern in Zentral- und Osteuropa.

„Anfang 1990 bin ich oft am Flughafen in Warschau gestanden, und wann immer ich bei gut gekleideten Frauen und Männern die deutsche Sprache gehört habe, versuchte ich diese sogleich irgendwie zu rekrutieren", so der ehemalige Osteuropa-Manager eines amerikanischen Markenartikelunternehmens. Sprachkenntnisse – vor allem Englisch und Deutsch – gehörten damals zu den wichtigsten Auswahlkriterien beim Anwerben neuer Mitarbeiter.

Im Februar 2008 erhielt ich einen Auftrag zur Suche eines Vorstandes für die Tochtergesellschaft eines Finanzdienstleisters mit Sitz in der slowakischen Hauptstadt Bratislava. Drei Vorstandsposten waren zu besetzen. Die Shortlist umfasste neun Kandidaten, fünf davon aus Tschechien und der Slowakei, der Rest aus Österreich.

Die Interviews verliefen positiv – bis zu dem Zeitpunkt, an dem es ums Geld ging. Alle fünf Nicht-Österreicher argumentierten mehr oder weniger ähnlich: „Jetzt verdiene ich rund 100.000 €, bei einem Wechsel normalerweise 20 % mehr.

Mag. G. Tengel (✉)
Amrop Jenewein & Partner Ges.m.b.H., Dr.-Karl-Lueger-Platz 5,
1010 Wien, Österreich
E-Mail: office@amropjenewein.at

Aber: In den nächsten Monaten werden drei neue Marktteilnehmer in der Slowakei starten. Zahlen Sie mir doch bitte einen Aufschlag von 50 bis 60 %, damit ich nicht gezwungen bin, gleich wieder zu den neuen Wettbewerbern zu wechseln."

Die beiden Anekdoten zeigen: In kaum 20 Jahren hat sich der Manager-Arbeitsmarkt in Zentral- und Osteuropa gewandelt, und zwar so radikal, dass wir es selbst manchmal kaum glauben konnten: „Sie müssen in diesem Film mitgespielt haben. Im Kinosessel zuzuschauen, das ist etwas ganz anderes", so der Manager Günter Thumser, der das gesamte Zentral- und Osteuropageschäft für den Düsseldorfer Konsumgüterkonzern Henkel von Wien aus führt.

In diesem Film mit dem Titel „Eroberung der Märkte in den Ländern des ehemaligen Ostblocks" haben wir Österreicher die tragenden Rollen gespielt – nicht zuletzt auch im Executive Search Business.

Wie alles begann …

Im Juni 1989 hatten unser damaliger Außenminister Alois Mock und sein ungarischer Amtskollege Gyula Horn den Stacheldraht an der Grenze bei Sopron durchtrennt. Skeptische Historiker sagen heute, dass das Ganze nur inszeniert gewesen sei. Mag sein. Tatsache ist: Das Bild, das die beiden Politiker dabei zeigt, wie sie ungeschickt mit den schweren Bolzenschneidern hantieren, ging um die ganze Welt. Die Nachricht vom Schlupfloch im Eisernen Vorhang verbreitete sich wie ein Lauffeuer.

Folge: Tausende Deutsche flüchteten über die ungarische Grenze nach Österreich. Die Bevölkerung half spontan. Wien spielte als Tor zum neuen Europa eine entscheidende Rolle und wirkte als Katalysator eines Prozesses, den vorher niemand für möglich gehalten hätte. Wenig später fiel auch die Berliner Mauer. Es wuchs zusammen, was zusammengehört – genau so, wie es der ehemalige deutsche Bundeskanzler Willy Brandt formuliert hat.

Man muss sich nur ein paar Zahlen vergegenwärtigen, um die Bedeutung Österreichs für diese Region mit ihren 300 Millionen Einwohnern zu erahnen. Wie kein anderes Land hat sich die österreichische Wirtschaft seit Anfang der 1990er Jahre in Zentral- und Osteuropa engagiert. 600 Milliarden Euro an Investitionen gingen in diese Länder. Dies entspricht 50 % (!) der gesamten Direktinvestitionen Österreichs im Ausland. Mehr als 400.000 Arbeitskräfte sind in den über 2.500 Tochterunternehmen österreichischer Investoren in dieser Region tätig.

Getragen wurde diese Entwicklung vor allem durch die österreichischen Banken, Versicherungen, Immobilieninvestoren, den Einzelhandel und die Industrie. Die österreichischen Unternehmen waren Pioniere und haben die entsprechenden

Vorteile (First Mover Advantage) geschickt genutzt, um die Spitzenpositionen in dieser Region zu besetzen.

Als Unternehmer in einem kleinen Land muss man Grenzen überwinden – die Chancen liegen nicht nur im Heimmarkt. Und es gibt Vorbilder: Österreich ist in der Hotellerie und im Tourismus führend, und auch hier hängt der Erfolg vom professionellen Umgang mit Menschen unterschiedlichster Herkunft ab.

Die historische Nähe – große Teile des früheren Ostblocks gehörten einmal zum Habsburger Reich – war beim Schritt über die Grenzen zweifelsohne förderlich. Schließlich hatte jeder dritte Wiener einen Verwandten in Tschechien, der Slowakei, Ungarn oder in der adriatischen Region.

Auch die Tatsache, dass das neutrale Österreich in zahlreichen Konflikten zwischen den verschiedensten Nationen vermittelt hatte, verschaffte den österreichischen Unternehmern einen nicht zu unterschätzenden Sympathievorteil. Oder wie es Rudolf Vogl, Senior Vice President Human Resources von Raiffeisen International, ausgedrückt hat: „Die Österreicher verstehen sich als Nachbar der Region und wollten nie missionieren."

Ein weiteres Zitat: „Entscheide lieber ungefähr richtig als genau falsch." Dieses Bonmot von Johann Wolfgang von Goethe passt gut zur Mentalität der österreichischen Pioniere. Deren hemdsärmelige, pragmatische, flexible Einstellung erwies sich gerade in den ersten Jahren nach der Öffnung der Grenzen als äußerst hilfreich.

Die vergleichsweise entspannte Haltung der österreichischen Pioniere wurde und wird oft missverstanden. Aber gerade in den ersten Jahren der Ostöffnung war „zuhören – verstehen – gemeinsam lösen" vermutlich das Erfolgsrezept der österreichischen Unternehmen, die in dieser Region investiert hatten.

Auch wir österreichischen Personalberater haben unsere Chance genutzt. Neben den oben erwähnten Vorteilen kam uns dabei auch die Tatsache zugute, dass Wien für viele Konzerne ein Tor zum Osten darstellt. Über 800 internationale Unternehmen haben mittlerweile in der Donaumetropole ihre regionalen Unternehmenszentralen aufgebaut. Und wenn diese Konzerne Personal für ihre Geschäfte in Central and Eastern Europe (CEE) suchten, waren wir immer sofort zur Stelle.

Unser Erfolg ist aber nicht nur das Ergebnis schnellen Handelns. Mindestens ebenso wichtig waren das Verstehen und Akzeptieren der spezifischen Besonderheiten dieser Region, die sich in über 20 Länder und zahlreiche Subregionen gliedert.

Die CEE-Staaten haben zwar ihre sozialistisch-kommunistische Vergangenheit gemeinsam. Die Betriebe wurden dort nach planwirtschaftlichen Grundsätzen geführt, Hierarchien waren festgeschrieben, Mitdenken, Mitentscheiden eher unerwünscht. Davon abgesehen sind die einzelnen Länder, die jeweiligen Lebensverhältnisse sowie die Mentalität der Menschen äußerst unterschiedlich.

Das Nord-Süd-Gefälle ist vergleichbar mit dem Italiens. Einige Länder sind Teil der Europäischen Union, andere werden dies noch lange nicht werden. Wenn Sie schon einmal die kapitalistisch-selbstbewusste Art eines Kroaten kennengelernt haben, werden Sie danach Verhandlungen anders gestalten.

Das Durchschnittseinkommen eines Bulgaren beträgt nur ein Sechstel dessen, was in Tschechien verdient wird. In Russland tätige Unternehmen haben jahrelang Gehälter gezahlt wie in der Londoner City. Moldawien gilt dagegen als das Armenhaus der Region. Die Verhältnisse in Warschau und Wien sind durchaus vergleichbar, aber zwischen der polnischen Hauptstadt und Provinzstädten wie Lodz liegen Welten.

GO EAST der Personalberater

Die österreichische Personalberaterbranche wurde lange Zeit von lokalen Größen beherrscht, von charismatischen Persönlichkeiten wie Helmut Neumann, Otto Leissinger (Catro), Jean-Francois Jenewein oder Franz Hill. Diese Firmengründer betrieben zu Beginn in erster Linie anzeigengestützte Personalsuche.

In den Monaten nach der Öffnung des Eisernen Vorhangs waren es diese Männer oder deren Mitarbeiter, die ihren Fuß über die offenen Grenzen nach Ungarn oder Tschechien gesetzt haben. Die Global Player unter den Headhuntingfirmen schienen unschlüssig – zunächst jedenfalls.

Einer der österreichischen Pioniere hat mir erzählt, seine Kollegen und er seien anfänglich sehr irritiert gewesen, weil alle ungarischen Stellenbewerber unbedingt ein persönliches Gespräch mit ihnen führen wollten. „Das hat uns zu Beginn völlig überfordert", so der Berater. Es hat einige Zeit gedauert, bis er und seine Kollegen erkannten, dass den Kandidaten noch die Angst in den Knochen saß. Sie glaubten fest, dass der Geheimdienst weiter ihre Telefone abhören würde.

Ich habe Anfang der 90er Jahre ein Büro für unsere neu gegründete Gesellschaft in Prag gesucht. Kurz vor der Unterzeichnung des Mietvertrages sind wir stutzig geworden. Denn der Mietpreis lag 30 % unter dem üblichen Niveau. Nach einigen Recherchen – Beziehungen waren dabei unerlässlich – stellte sich heraus, dass das Gebäude dem tschechischen Geheimdienst gehörte. Und das bei unseren Ansprüchen an Datensicherheit! Keine Frage, wir entschieden uns für ein anderes Büro.

Viele Kandidaten hatten keine Ahnung, was ein Personalberater so macht. Es stellte eine Herausforderung dar, unsere Tätigkeit als solche erst einmal bekannt zu machen und für Akzeptanz zu werben.

Heute noch können wir die Pioniere von damals an ihren Geschichten und Anekdoten erkennen. Nicht alle hatten Pointen, die Lernkurve aber war gewaltig.

Viele, die vor 20 Jahren dabei waren, sind es noch heute. Nicht immer sind es die genannten Gründer, aber ihre Unternehmen. Diese zwei Dekaden an Erfahrungsschatz sind nicht zu überbieten.

Es sind schätzungsweise rund 1.000 Suchmandate, die wir Personalberatungspioniere über einen Zeitraum von 20 Jahren gesammelt in diesen Ländern abgewickelt haben. Ein unvergleichlicher Erfahrungsschatz. Das ist zweifelsohne auch einer der Gründe, warum einige österreichische Personalberater europäische Managementfunktionen in großen Personalberatungsfirmen übernommen hatten – Positionen, die zuvor Deutsche innehatten.

Den richtigen Schwung im klassischen Executive Search gab jedoch der Markteintritt der Global Player – angezogen von der Größe und den Marktchancen der Region. Diese Unternehmen haben den Markt nachhaltig verändert und Executive Search als Profession in vielen Ländern Zentral- und Osteuropas erst entsprechend positioniert.

Alle diese Gesellschaften wurden und werden von Österreichern in Wien geführt, die großteils auch regionale Verantwortung tragen: Hans Jorda – ehemals Neumann International (jetzt Neumann & Partners) – wechselte zu Korn/Ferry International und gründete Korn/Ferry CEE mit regionalem Headquarter in Wien. Von hier aus steuerte Jorda das gesamte Geschäft in der Region. Gerd Wilhelm war in den 90er Jahren Partner vom Amrop. Im Jahr 1998 wechselte er zu Spencer Stuart. Egon Zehnder International trat in den Ring, und Heidrick & Struggles wurde Ende der 90er Jahre in Wien gegründet.

Es herrschte Goldgräberstimmung. Praktisch alle Kunden aller Branchen in dieser Region waren auf Wachstum eingestellt und die Nachfrage nach qualifizierten Managern war dementsprechend groß. Der von McKinsey-Beratern beschriebene Kampf um Spitzenkräfte („War for Talents") erhielt hier eine besondere Bedeutung und Dimension.

In den ersten Jahren nach der Öffnung der Grenzen suchten wir vor allem Expatriates, also im Westen ausgebildete Manager mit einer Affinität zu den jeweiligen Ländern. Ins Visier nahmen wir auch ehemalige Auswanderer – Menschen, die in den Westen gegangen waren und jetzt zurück wollten oder bereits zurückgekehrt waren. Später konzentrierten wir uns immer mehr auf die Suche von Einheimischen – erfahrene Manager oder Managementnachwuchs.

Vielen Personalberatern wurde wohl erst nach und nach bewusst, dass der Akademikeranteil in diesen Länder weitaus höher war als in anderen Regionen der Welt: 13 % von weltweit über 100 Mio. Studierenden lebten dort. In vielen CEE-Staaten gab es ein strenges, anspruchsvolles Bildungssystem. Dieses konzentrierte sich auf sachliche, technische und mathematische Inhalte. Management, so wie es im Westen verstanden wurde, gehörte nicht zum Lehrstoff.

In den letzten Jahren wurde aber die Mobilität der Manager überschätzt. Immer weniger sind bereit, ins Ausland zu gehen, weil es genügend Herausforderungen im eigenen Land gibt.

„Managing Talent" war über die letzten zwei Jahrzehnte mit Sicherheit das Hauptthema in fast allen Industrien in fast allen Ländern der zentral- und osteuropäischen Region. Job Hopping – alle ein bis zwei Jahre ein neuer Posten – wurde zur Regel, Loyalität war plötzlich ein Fremdwort. Gehälter stiegen exponentiell, Retention – Bindung von wertvollen Spitzenkräften – war die größte Herausforderung.

In dieser Zeit habe ich einen Vorstandsdirektor einer Bank in Kroatien gesucht. Meine Research-Assistentin beschrieb einem Manager der zweiten Berichtsebene am Telefon die Position und die Aufgabe. Es war das erste Gespräch. Am Schluss fragte sie: „Sind Sie interessiert?" Antwort des Kandidaten: „Ja, schicken Sie mit den Vertragsentwurf. Ich kommentiere ihn und schicke ihn zurück."

Diese Boom-Phase, in der einige meinten, das schnelle Geld machen zu können, führte zur Gründung von einigen Hundert neuen Search-Unternehmen in dieser Region. Schnelligkeit schlug Qualität. Projektmanagement, Prozesse und teure Technologie wurden oftmals eingespart.

Zwischen den Jahren 2000 und 2002 wurde der Markt der Personalberatung in der gesamten Region durchgeschüttelt. Viele kurzfristig orientierten Marktteilnehmer verschwanden, die Pioniere und die weltweit tätigen Firmen sind teilweise erheblich geschrumpft.

Von 2003 an lief der Konjunkturmotor immer schneller und schneller, auch und gerade in den Ländern der CEE-Region. Im Jahr 2007 war wohl der Höhepunkt der letzten beiden Dekaden erreicht. Umso härter traf die Executive-Search-Branche die Wirtschaftskrise in den folgenden beiden Jahren.

Von einem Tag auf den anderen kühlte die Konjunktur ab. Die Suchaufträge gingen um 50 bis 60 % zurück. Nur die Unternehmen, die stabile Beziehungen aufbauen konnten und ihren Klienten echten Mehrwert bieten, haben die Krise überlebt.

Die Klienten sind kritischer geworden. Sie hinterfragen die Eigentumsverhältnisse einer Beratungsfirma und fordern genaue Informationen, etwa über das internationale Netzwerk, den Zugriff auf Datenbanken, Researchkapazitäten, Projektmanagement, Technologie, Key Account Management und vieles mehr.

„Multinationale Unternehmen arbeiten mit den Global Playern zusammen, nationale Unternehmen mit den lokalen Anbietern" – das hat so nie in dieser Region gestimmt. Es war und ist immer eine Mischung – für Außenstehende meist schwer durchschaubar.

Fest steht, die Entscheidung über die Auftragsvergabe an einen Berater fällt nicht nur in der weit entfernten Konzernzentrale in Übersee oder im Headquarter in Westeuropa. Auch in den über 800 regionalen Headquarters in Österreich, größteils in Wien, werden jeden Tag Personalentscheidungen getroffen und Aufträge an Headhunter vergeben.

Der Executive-Search-Berater, der die Entscheidungen seiner Zielkunden am besten nachvollziehen oder beeinflussen kann, wird, wenn sein Geschäftsmodell darauf abgestimmt ist, den größten Erfolg aufweisen.

Wohin geht die Reise?

Auch in dieser Region kann man alle Geschäftsmodelle in drei Hauptgruppen einteilen: Global Player wie Spencer Stuart, Heidrick & Struggles oder Egon Zehnder arbeiten von Wien aus oder von Drehkreuzen wie Warschau, Prag, Budapest oder Moskau. Die Verantwortungen liegen in regionaler Hand bzw. in der Hand des jeweiligen Practice Group Leaders. Das Research wird regional gesteuert.

Die lokalen Anbieter, die im jeweiligen Land einen erheblichen Marktanteil aufweisen und meist exzellent vernetzt sind, sind preisaggressiv, spielen die „lokale Karte" – und werden oftmals unterschätzt.

Daneben gibt es Netzwerke, die den lokalen Boutiquen eine internationale Reichweite verleihen. Die meisten dieser Netzwerke sind eher locker organisiert – so wie es Amrop noch vor einem Jahrzehnt war. Damals war Amrop noch als Netzwerk von lokalen Boutiquen organisiert.

Heute ist Amrop eine semi-integrierte Beratungsorganisation mit 17 Büros von Moskau bis Istanbul, von Athen bis Zagreb. Über 50 Berater und 130 Mitarbeiter wickeln jährlich 600 bis 700 Executive-Search-Aufträge in der gesamten Region ab. Eigentümer sind nach wie vor die jeweiligen lokalen Partner, aber in den letzten Jahren wurde konsequent der Schritt zur regionalen Beratungsorganisation vollzogen.

Wer wissen will, wie sich das Search Business in Mittel- und Osteuropa entwickelt, muss eine Prognose zur allgemeinen wirtschaftlichen Entwicklung in der Region abgeben. Folgende Szenarien sind denkbar: Kühlt sich die Konjunktur ab, werden sich weitere Marktanteile zu den lokalen Anbietern, den Boutiquen und Netzwerken verschieben. Läuft der Konjunkturmotor wieder heiß, werden die Global Player, die zuletzt Kapazitäten abgebaut hatten, wieder massiv investieren. Ich bin aber nicht sicher, ob die Klienten eine solche Rein-Raus-Strategie honorieren.

Meines Erachtens hängt der Erfolg in der CEE-Region von einem echten, nachhaltigen Interesse ab. Wir Österreicher haben ein solches Interesse. Kein Wunder, denn das Wachstum in Mittel- und Osteuropa hat direkte Auswirkungen auf unseren eigenen Wohlstand.

Ein New Yorker Telefonbuchverlag fordert die Headhunter heraus

Joachim Staude

Ende Oktober 1998: Mein Kollege Günter Rasten und ich waren nach Madrid gereist und warteten gespannt in der Lobby des Hotels Abascal auf Andrew McKelvey, den Chef und Hauptaktionär von TMP Worldwide Inc., New York.

Durch zahlreiche Zukäufe von Anzeigenagenturen und Personalberatungsfirmen, vor allem in Europa und Nordamerika, hatte TMP von sich reden gemacht, besonders aber durch das Internetgeschäft, bekannt unter dem Namen „monster". Dahinter stand eine neue Dienstleistung, die unser Interesse gefunden hatte.

Speziell diese Aktivität hatte seit Mitte der 90er Jahre eine furiose Entwicklung genommen, da erstmals das Internet in großem Umfang für Dienste der Kandidatensuche und -gewinnung nutzbar gemacht wurde. Es wurden Lebensläufe von Jobsuchern in eine Datenbank aufgenommen und gegen Entgelt einer interessierten Klientel zur Einsicht freigegeben. Bereits damals waren Millionen von Lebensläufen in monster hinterlegt. Später kamen weitere Dienste wie zum Beispiel das Platzieren von Stellenanzeigen („Job Postings") hinzu. Hierdurch wurde TMP in der Öffentlichkeit als Teil der Internet-Wirtschaft wahrgenommen. Dies hatte zeitweilig erheblichen Einfluss auf die Entwicklung des Aktienkurses von TMP und damit auf den Wert des Unternehmens.

Dabei stecken die Wurzeln des Konzerns tief in der Old Economy. TMP stand für Telephone Marketing Programs. Die Firma wurde 1967 von McKelvey als Anzeigenagentur gegründet und spezialisierte sich zunächst auf das Yellow Pages Business für Firmenkunden. Vom allgemeinen Anzeigengeschäft in Branchentelefonbüchern zu Personalanzeigen war der Weg nicht weit, und so verwunderte es nicht, dass seit 1993 auch Personaldienstleistungen erbracht wurden, die unter dem Stichwort Recruitment Advertising liefen.

J. Staude (✉)
PMC International AG, Carl-Ulrich-Strasse 4,
63263 Neu-Isenburg, Deutschland
E-Mail: frankfurt@pmci.de

TMP wuchs im Verlauf der folgenden Jahre beträchtlich, und mit den erzielten Gewinnen war es möglich, in den Kauf von Unternehmen zu investieren. 1995 wurde von einem Garagengründer namens Jeff Taylor für einige hunderttausend Dollar die Firma The Monster Board in der Nähe von Boston erworben, deren Namen später einfach in „monster" geändert wurde. Es stellte sich heraus, dass der Kauf dieser Gesellschaft ein absoluter Glücksgriff war. Jeff Taylor erhielt später einen Sitz im Management Board von TMP Worldwide.

1996 erfolgte der Börsengang an der Technologiebörse NASDAQ in New York. Fortan wurde TMP unter dem Kürzel TMPW auf dem Börsenzettel geführt. Zu einem späteren Zeitpunkt erzählte McKelvey, dass der Börsengang fast gescheitert wäre, da damals das Interesse der Investoren sehr gering war. Denn das Geschäftsmodell von TMP wurde von vielen Anlegern als nicht transparent und nachvollziehbar empfunden.

Da einige der gekauften Anzeigenagenturen auch Personalberatung anboten, blieb es nicht aus, dass auch diese Dienstleistung ins McKelveys Blickfeld rückte und für interessant befunden wurde. Folglich kaufte TMP in den Jahren 1995 bis 1998 in Europa und den USA zahlreiche Personalberatungsfirmen, allein 19 im Jahr 1998. Dazu gehörten renommierte Unternehmen wie TASA Holding AG, MSL, Morgan & Banks, Austin Knight, Johnson Smith & Knisely Inc., The Consulting Group und andere.

In dieser Phase der Expansion hatte ein Freund aus Paris, Daniel Porte, ebenfalls sein Unternehmen an TMP verkauft. Er informierte mich im Sommer 1998 darüber und sagte mir, dass TMP in alle wichtigen Länder Europas expandiere und speziell auf der Suche nach deutschen Personalberatungsfirmen sei. Durch Daniel kam wenig später auch unser Kontakt zu Peter Dolphin zustande, den Europachef von TMP. Was waren das für Menschen, die in den Jahren 1995 bis 1998 einen beträchtlichen dreistelligen Millionen-Dollar-Betrag für Personalberatungsfirmen ausgegeben hatten?

Andrew McKelvey

Drei Männer kamen in die Lobby des Hotels und steuerten auf uns zu. Sie sahen nicht aus wie Consultants oder wie Personalberater, eher wie Menschen, die gerade einen Segeltörn hinter sich hatten. Ein drahtiger Typ mit New Yorker Akzent streckte seine Hand zur Begrüßung aus: „I'm Andrew McKelvey, pleased to meet you." Die beiden anderen Herren waren Dolphin, den wir ja bereits kannten, und Stephen Cooney, Europa-Finanzchef von TMP. Andrew war um die sechzig, kurze graue Haare, ein smarter drahtiger Typ, leger gekleidet, helle Freizeithose, braune

Bootsschuhe ohne Socken und ein schwarzes Poloshirt. Wir kamen im Anzug mit weißem Hemd und Krawatte.

Nach einer freundlichen Einleitung kam Andrew, wie wir ihn von da an nannten, rasch zur Sache. Er erklärte uns das Geschäftsmodell von TMP innerhalb weniger Minuten: „Wir haben in den vergangenen Jahren verschiedene Firmen weltweit in den Segmenten Advertising, Recruiting und Online Business gekauft, weil wir der Auffassung waren, dass diese Geschäfte irgendwie zusammengehören", sagte Andrew mit entwaffnender Offenheit. Manchmal habe er nicht genau gewusst, was er kaufte: „Gelegentlich waren wir überrascht über den Inhalt unserer Akquisitionen, und nicht immer waren unsere Käufe erfolgreich", sagte er. TMP habe eine Art Warenhaus für Personaldienstleistungen aufgebaut. Wodurch sich TMP im Segment Recruiting auszeichne? „TMP bietet seinen Kunden Dienstleistungen der Personalberatung, die von der Personalsuche vom Praktikanten bis zum Vorstandsvorsitzenden reichen", so McKelvey. Langfristig wolle man auch Kandidaten professionell auf ihrem gesamten Karriereweg begleiten. Dabei spielten zunehmend die Online-Dienste, in die TMP stark investiere, eine besondere Rolle. Der Mann war sich sicher: Das Internet wird die Printmedien bei der Personalsuche auf Sicht verdrängen. Und: „Außerdem wollen wir mittelfristig in allen wichtigen Ländern vertreten sein", sagte McKelvey.

Danach erläuterte uns Stephen in aller Kürze ein Kaufangebot für unser Unternehmen, die PMM Management Consultants GmbH. Er übergab uns ein schriftliches Vorangebot, auf dem die Eckpunkte auf einer Seite zusammengefasst waren. Unser Gespräch dauerte insgesamt nicht viel mehr als 30 Minuten. Peter lud uns anschließend zum Europa-Treffen der Personalberater ein, das am selben und am folgenden Tag in Madrid stattfand. Wir entschlossen uns jedoch, wieder zurückzureisen. Wir wollten zu jenem Zeitpunkt nicht die Vertraulichkeit der Angelegenheit gefährden, zumal wir nicht sicher waren, ob wir unser Unternehmen überhaupt verkaufen wollten.

Die Entscheidung

Der erste Eindruck nach dieser Begegnung war positiv. Trotz einiger Bedenken gefiel uns die direkte und offene Art von McKelvey und seinem Team. Der Mann war sympathisch und er beeindruckte uns – nicht zuletzt auch wegen der Tatsache, dass er aus einfachen Verhältnissen zum Milliardär aufgestiegen war.

In den folgenden Wochen bis zum Jahresende 1998 diskutierten Günter und ich das Für und Wider eines Verkaufs. Dafür sprachen das internationale Netzwerk, die Finanzkraft, das zukunftsweisende Online-Angebot und auch die handelnden

Personen, die wir bis zu jenem Zeitpunkt kennengelernt hatten. Dagegen sprachen die Aufgabe unserer Selbstständigkeit und die Frage, wie unsere Mitarbeiter eine solche Entscheidung aufnehmen würden. Zu jedem Argument gab es Gegenargumente. Wir gaben schließlich grünes Licht für eine gründliche Due Diligence, die im November 1998 begann und innerhalb von zweieinhalb Wochen durch eine renommierte Anwaltskanzlei durchgeführt wurde.

Über die letzten Details des Vertrags verhandelten wir bei den Anwälten in Frankfurt am Main, wobei der Verhandlungsführer aufseiten von TMP Tom Collison war, der damalige Chefjustiziar des Konzerns. Er war hart in der Sache, aber fair, flexibel und humorvoll. Tom wurde später zum Freund, mit dem noch heute Kontakt besteht, obwohl er bereits im Jahr 2001 bei TMP ausschied.

Wir beendeten die Verhandlungen an einem Mittwoch im Dezember 1998 – um halb drei Uhr nachts. Ich erinnere mich sehr genau daran, weil in dieser Nacht der erste Schnee des Jahres fiel und ich auf Sommerreifen vorsichtig nach Hause fuhr. Auf der Heimfahrt fragte ich mich, ob wir die richtige Entscheidung getroffen hatten. Was würde die Zukunft mit TMP bringen? Wie würden unsere Mitarbeiter und Kunden auf den Verkauf reagieren?

Peter schickte uns kurz vor Weihnachten ein Fax, in dem er seine Freude zum Ausdruck brachte, dass die Akquisition nun erfolgreich abgeschlossen worden sei. Er hieß uns herzlich bei TMP willkommen. Und in den darauf folgenden Tagen riefen uns einige Kollegen aus dem Ausland an und beglückwünschten uns zu unserer Entscheidung. Das gab uns die Zuversicht, dass wir alles richtig gemacht hatten. Außerdem ging der größte Teil des Kaufpreises auf unseren Konten ein. Damit war ein wesentlicher Punkt der Verträge erfüllt.

TMP-Kollegen kennenlernen

Kurz danach informierten wir unsere Mitarbeiter über den Verkauf. Den überwiegenden Anteil ihrer Fragen konnten wir zufriedenstellend beantworten. Die Reaktionen waren positiv. Die meisten Berater erhofften sich im Netzwerk dieser Gruppe neue Impulse für ihr persönliches Weiterkommen.

Kurz danach trafen wir die leitenden Kollegen jener Unternehmen in Deutschland, die bereits im Frühjahr bzw. Sommer 1998 von TMP übernommen worden waren. Dies waren Herbert Fossler aus Wiesbaden, der unter seinem Namen eine erfolgreiche Anzeigenagentur aufgebaut hatte, und Klaus Schmäh aus Heidelberg, Eigentümer von Bonde & Schmäh, einer Gesellschaft, die sowohl Personalberatung als auch Agenturleistungen anbot.

Das Kennenlernen verlief nicht so harmonisch wie erhofft. Dies lag wohl daran, dass nicht klar war, wer wofür verantwortlich war und wer künftiger Country Manager von TMP Deutschland werden sollte.

Peter wollte zwar eine integrative Zusammenarbeit der akquirierten Firmen, hatte aber wohl mehr als einer Person entsprechende Zusagen für die Führungsrolle gegeben. Schließlich lernten wir auch die deutschen Geschäftsführer der Beratungsfirma TASA International AG kennen, die seit Sommer 1998 ebenfalls zur TMP-Gruppe gehörte.

Krawatten als Kulturmerkmal

Im Februar 1999 lernten wir auch unsere neuen Beraterkollegen aus den anderen europäischen Ländern kennen, und zwar bei einem Treffen im belgischen Brügge. Wir reisten mit großen Erwartungen zu diesem Meeting. Neben Günter und mir waren auch einige unserer Berater mit von der Partie.

Es war ein Programm über zwei volle Tage. Auch einige Teilnehmer aus dem US-Headquarter waren dabei, allen voran Andrew McKelvey, Jeff Taylor, Tom Collison und Paul Camara. Insgesamt waren wir über 250 Kollegen und Kolleginnen. Wir erhofften uns vor allem Aufschluss darüber, wie die zum Konzern gehörigen Unternehmen mit ihren teilweise sehr unterschiedlichen Dienstleistungen zusammenwirken sollten.

Peter hatte mich gebeten, eine Präsentation über unser Personalberatungsgeschäft in Deutschland vorzubereiten, die ich seiner Assistentin Susie Pankhurst vorab zuleitete. Susie „managte" Peter, und sie war eine spontane, direkte Person mit viel Humor und Herzlichkeit.

Das Meeting sollte um neun Uhr im Bankettsaal unseres Hotels beginnen. Ich überlegte mir am Morgen, ob ich meine Anzug-Kombination mit hellblauem Hemd mit einer Krawatte schmücken oder diese weglassen sollte. In Anbetracht der Tatsache, dass für mich eine Präsentation vor dem Plenum anstand, entschied ich mich für die Krawatte. Günter und meine deutschen Beraterkollegen trugen auch Anzug und Krawatte.

In der Halle vor dem Bankettsaal herrschte reges Treiben, und wir freuten uns, dass wir einige bekannte Gesichter begrüßen konnten, darunter Daniel Porte, dem wir den Hinweis auf TMP zu verdanken hatten. Etwas verwundert waren wir darüber, dass der Dresscode der Teilnehmer sehr unterschiedlich war: Neben Anzugträgern gab es solche, die im kurzärmeligen Hemd mit heller zerknitterter Hose auftauchten, einige kamen in Jeans und Poloshirt. Bei den anwesenden Personen weiblichen Geschlechts waren die Kleidungsunterschiede weniger gravierend, dafür fanden sich Personen, die – vom Alter her – gerade von der Schulbank zu kommen schienen.

Als Susie uns bat, in den Bankettsaal zu gehen, stieß ich mit einem – wie sich herausstellte – britischen Kollegen namens Andrew zusammen, der auch zu den Jeansträgern gehörte. Er trug in einer Pappschale eine große Portion Pommes frites mit Ketchup vor sich, die er offensichtlich in einem Stand vor dem Hotel gekauft hatte. Hierbei beunruhigte mich weniger der Umstand, dass mir einige seiner Pommes frites auf den Anzug fielen und Fettflecke hinterließen, als vielmehr der Aspekt, wie es jemand passend finden konnte, in dieser Aufmachung in ein offizielles Meeting zu gehen.

Bei den Kollegen, die vor dem Plenum präsentierten, gab es nur noch zwei weitere Krawattenträger: der General Manager eines zugekauften Unternehmens aus Osteuropa und Michael Squires, der CEO von TASA International. Ich war erleichtert zu sehen, dass es innerhalb von TMP auch Personen wie Michael gab, die unserem gewohnten klassischen Bild des Personalberaters entsprachen.

Wir waren also in einer Unternehmensgruppe angekommen, die nicht nur konservative und „klassische" Personalberatung anbot, sondern eben auch Dienstleistungen auf den Gebieten Anzeigenschaltung, Personalmarketing und Online-Recruiting. Der Dresscode war dementsprechend leger. Das konnte einem gefallen oder auch nicht. Ich zog jedenfalls daraus den Schluss, künftig meine Krawatte nur noch im Umgang mit Kunden und Kandidaten anzulegen. „Ohne" war natürlich auch bequemer.

Nach den Präsentationen trafen wir uns abends in einer ehemaligen Kirche in Brügge, die mit großem Aufwand zu einem Festraum umgestaltet war. Sie erinnerte mich stark an die Aula auf Schloss Hogwarts in den Harry-Potter-Filmen. McKelvey und weitere Redner sprachen von der gemeinsamen großen Zukunft und der erfreulichen Entwicklung der TMP-Aktie. Andrew erwähnte ausdrücklich, dass er möglichst viele Mitarbeiter zu „wohlhabenden" Mitarbeitern machen wollte, nicht zuletzt durch Einführung eines entsprechenden Aktienoptionsprogramms. Dies wurde von den Anwesenden mit großem Beifall begrüßt.

In zahlreichen Gesprächen mit den Kollegen tauschten wir Erfahrungen und Erwartungen aus. Es gab ein Essen im Stil mittelalterlicher Gelage und ein passendes Unterhaltungsprogramm.

Das TMP-Geschäftsmodell

Die Präsentationen der Teilnehmer unterschieden sich stark in Inhalt und Form. Diese Heterogenität überraschte uns nicht, da wir wussten, dass TMP die unterschiedlichsten Unternehmen innerhalb kurzer Zeit übernommen hatte. Aber was war das Geschäftsmodell dahinter?

Wir erfuhren, dass es insgesamt fünf Geschäftsbereiche gab, die allerdings im Laufe der vier Jahre, die ich bei der Gesellschaft verbrachte, immer wieder namentlich und teilweise auch inhaltlich geändert wurden:

1. Recruitment Advertising, später Advertising & Communications: Hierunter fiel u. a. das Geschäft der Anzeigenagenturen.
2. Search & Selection, später E-Resourcing genannt: Dieses Geschäftsfeld war inhaltlich sehr breit und umfasste die Personalsuche im mittleren Marktsegment per Direktansprache, per Anzeige und per Internet. Später kamen weitere Dienstleistungen hinzu wie Interim Management, Contracting, Outplacement und konzeptionelle HR-Dienstleistungen.
3. Executive Search: Damit war das klassische Headhunting gemeint, also Personalsuche per Direktansprache – mit dem Unterschied zu Sparte 2, dass diese im obersten Preissegment stattfand.
4. Interactive Business (monster): Dieses Geschäftsfeld wurde langfristig als dasjenige mit dem größten Potenzial angesehen.
5. Yellow Pages Business (später auch als Directional Marketing bezeichnet): Dieses Geschäft wurde nur in den USA und in geringem Umfang in Großbritannien betrieben.

Als von TMP erworbene Gesellschaft, die überwiegend im Direct Search Business tätig war, gehörten wir vom Inhalt her zu Sparte 3, wurden aber de facto in E-Resourcing eingestuft, weil Sparte 3 für die ehemalige TASA als spezialisierte Search-Firma im Hochpreissegment reserviert war. Dies führte in den folgenden Jahren häufiger zu Abgrenzungsproblemen zwischen den Geschäftsfeldern. In dem Segment, in das wir eingeordnet wurden, waren international auch Unternehmen vertreten, die – nach deutscher Terminologie – als Personalvermittler einzustufen waren, die also auf Erfolgsbasis arbeiteten. Im Hinblick auf mein ehrenamtliches Engagement im Bundesverband Deutscher Unternehmensberater – vor allem in den Jahren ab 2000 als Mitglied des Präsidiums – konnten wir uns ein positives Zusammenwirken mit Unternehmen dieser Ausrichtung kaum vorstellen.

Dolphin beruhigte uns mit der Zusicherung, dass wir unser Geschäft wie bislang weiterführen sollten. Dies schloss auch die Zusammenarbeit mit bisherigen ausländischen Kooperationspartnern nicht aus, insbesondere dann, wenn entsprechende, vom Kunden gewünschte Leistungen nicht im eigenen Haus angeboten wurden. Gleichwohl schien es mir nicht einfach zu werden, in Anbetracht der unterschiedlichen Ausrichtungen der gekauften Firmen, ein über die Landesgrenzen hinweg homogenes Leistungsprofil zu entwickeln. Wie sich zeigte, wurde dieser Aspekt zu einem Dauerthema der folgenden Jahre.

Akquisitionen in Deutschland

Die Aufbauorganisation von TMP wurde 1999 geändert. Es erfolgte ein Übergang vom spartenübergreifenden Country Management zur Spartenorganisation. Anstelle eines Country Managers über alle „Divisions" gab es ab sofort Division Manager auf Landes- und Regionalebene.

Dolphin war nicht mehr European Managing Director für alle Divisions, sondern ab sofort Managing Director Europe für die Sparte „Advertising & Communications". Für die europäische Leitung des Bereiches „E-Resourcing", also die Sparte, zu der unser Unternehmen PMM gehörte (wir firmierten nach wie vor unter unserem alten Namen), kam Andrew Grant, ein gebürtiger Neuseeländer, der zuvor beim Beratungsunternehmen Robert Half in London eine Managementfunktion innehatte. Andrew Grant war ein sympathischer Mittdreißiger, der allerdings bislang noch wenig Erfahrung in der klassischen Personalberatung hatte.

Es wunderte uns und die europäischen Kollegen im Management der Schwestergesellschaften, dass diese Funktion von außen besetzt wurde und nicht mit einer Person aus dem Management der in Europa akquirierten Gesellschaften, denn talentierte Kandidaten dafür waren vorhanden.

Da kurz zuvor ein Australier, Andrew Banks, in den Management Board von TMP Worldwide als weltweiter CEO für E-Resourcing berufen wurde, wurde die Wahl von Andrew Grant verständlicher, wenngleich nicht überzeugender. Die beiden Herren kannten sich bereits aus Australien durch ihre gemeinsame Tätigkeit bei Morgan & Banks, eine Firma, die ebenfalls von TMP im Jahr 1998 erworben wurde und bei der Andrew Banks einer der beiden Hauptgesellschafter war. Einige Zyniker unter den Kollegen behaupteten fortan, dass man nur mit dem Vornamen Andrew bei TMP Karriere machen konnte.

Die Bedenken aus dem Kreis der europäischen Country Manager gegen Andrew Grant als Leiter E-Resourcing verflogen im Laufe der Monate, da er sich schnell in das Geschäft einbrachte und die „Landesfürsten" für sich gewann. Er war nicht nur ein guter Zuhörer, sondern baute geschickt ein europäisches Managementteam auf, das sich aus Kollegen aus den verschiedenen Ländern zusammensetzte.

Eines der Hauptthemen war die zukünftige Strategie von TMP in Europa. Hierbei fiel Deutschland als wirtschaftlich stärkstem Land in Europa und seinerzeit drittgrößter Wirtschaftsmacht der Welt eine besondere Bedeutung zu. Obwohl sich der Umsatz von PMM innerhalb von einem Jahr in der Personalberatung nahezu verdoppelt hatte, reflektierte dies nicht den Anspruch von TMP bezüglich der Marktstellung in Deutschland. Man wollte in der Bundesliga der Personalberater vom Mittelfeld auf einen der Spitzenplätze. Dies konnte nur über Akquisitionen und nicht über organisches Wachstum erreicht werden.

Meine Aufgabe wurde es, in Deutschland und später auch in benachbarten Ländern nach geeigneten Akquisitionszielen Ausschau zu halten. So kam es, dass ich in den Jahren 1999 und 2000 mit den Eigentümern von mehr als 15 Personalberatungsfirmen Kontakt aufnahm und sondierte, ob Interesse an einem Verkauf bestand. Kooperationen kamen grundsätzlich nicht infrage, da TMP die Politik verfolgte, Firmen vollständig zu übernehmen. Sofern sich das Zielunternehmen als attraktiv erwies, führten Andrew Grant und ich gemeinsam die Gespräche weiter.

Weniger als ein Jahr zuvor war ich „Verkäufer" und nunmehr saß ich als „Käufer" auf der anderen Seite des Verhandlungstisches. Das war eine interessante persönliche Erfahrung.

Anfang 2000 gelang es, die Baumgartner Personalberatung für TMP zu akquirieren, die damalige Nummer acht auf dem deutschen Personalberatungsmarkt. Eine glückliche Fügung hierbei war der Sachverhalt, dass ich Christoph Rummel, den leitenden Partner der Gesellschaft, von der Universität Mannheim her kannte. Wir absolvierten dort gemeinsam das Rigorosum zum Dr. rer. pol. und hatten uns danach gelegentlich bei Veranstaltungen getroffen und schätzen gelernt. Dies erleichterte das Herstellen einer vertrauensvollen Atmosphäre in den Akquisitionsverhandlungen und förderte anschließend ein Zusammenführen der beiden Gesellschaften.

Wachstum und Erfolg

Das Jahr 2000 war geprägt durch Wachstum und Profitabilität. Durch die Akquisition von Baumgartner und die Expansion der bereits bestehenden Firmen wuchs TMP in Deutschland – repräsentiert durch PMM, TASA und Baumgartner – im Jahr 2000 auf zusammen 85 Berater mit einem Umsatz von insgesamt etwa 82 Mio. Mark. Dies bedeutete Platz drei im Ranking der Personalberatungsfirmen in Deutschland nach Kienbaum und ganz knapp nach Egon Zehnder. Zählte man die anderen Umsätze von TMP Worldwide in Deutschland aus den Bereichen Advertising & Communications sowie der mittlerweile rasch wachsenden monster Division hinzu, belief sich in jenem Jahr das konsolidierte Gesamtgeschäft auf ca. 200 Mio. Mark in Deutschland. Da es aber keine deutsche Konsolidierung gab und entsprechende Umsatzzahlen aufgrund der Vorschriften der US-Börsenaufsicht nicht veröffentlicht werden durften, konnten wir diese Zahlen nicht werbewirksam nutzen.

Unser außergewöhnlicher wirtschaftlicher Erfolg im Jahr 2000 veranlasste uns, dass wir alle 180 Mitarbeiter der Personalberatung Anfang Dezember 2000 für ein langes Wochenende nach Mallorca in zwei Top-Hotels der Insel einluden. Neben den Fachthemen entwickelte unsere PR-Managerin ein interessantes Programm mit Ausflügen und vielem mehr. Wir fühlten uns als Gewinner. Die Stimmung bei den Mitarbeitern war hervorragend. Nur Europa-Manager Grant war weniger begeistert – wegen der hohen Kosten für den Aufenthalt.

Marketing

Bis Mitte 2000 arbeiteten fast alle akquirierten Gesellschaften unter ihrem alten Firmennamen ohne Hinweis auf TMP weiter. Eine koordinierte Vermarktung war hierdurch nicht einfach. Erschwerend kam hinzu, dass 1999 das ehemals grüne TMP-Logo („the meatball") durch ein motivgleiches blaues Logo ersetzt wurde. Außerdem wurde der Schrifttyp geändert.

Wir hatten gerade unser Geschäftspapier auf „grün" mit TMP-Logo umgestellt und neu gedruckt, dann kam die Anweisung „blau" aus dem Corporate Headquarter. Dies veranlasste uns, vorläufig weiterhin unser altes Briefpapier zu verwenden. Unser Vorschlag, die Firmen durch gleiches Logo unter Beibehaltung des eingeführten Firmennamens, aber mit Zusatz „a TMP Worldwide Company" zu verbinden, wurde in New York nicht unterstützt. Vielmehr entschied man sich dafür, die bestehenden renommierten Firmennamen über Bord zu werfen und das blaue Logo mit dem Schriftzug „tmp.worldwide" zu verwenden.

In der Fußzeile blieben allerdings die alten Firmennamen weiter erhalten, da bis dato noch keine gesellschaftsrechtliche Neustrukturierung stattgefunden hatte. Vorteil dieser Regelung war, dass uns zumindest unsere Kunden in den Angaben im Brieffuß wiedererkennen konnten. Gott sei Dank, denn wenige Monate später sollte erneut eine Namensänderung in unserer Sparte erfolgen: Wir sollten den Schriftzug „E-Resourcing" statt „tmp.worldwide" bei gleicher Fußzeile verwenden. Diesen Begriff betrachteten wir für den deutschen Markt als unpassend, da sich hierunter kaum jemand etwas Konkretes vorstellen konnte. Wir blieben bei „tmp.worldwide" und setzten dies auch durch.

Namensänderungen bergen immer die Gefahr, dass der Kunde irritiert wird. Ein eingeführter, positiv belegter Name darf nicht im Handumdrehen aufgegeben werden. Natürlich war uns klar, dass eine weltweit aufgestellte Gesellschaft mit einem einheitlichen Logo im Markt auftreten möchte. Dies kann aber nur erfolgreich gelingen, wenn entsprechende Mittel für das Marketing und die Bekanntmachung der Namensänderung bereitgestellt werden. Genau daran fehlte es aber. Wir sollten die Mittel hierfür selbst aufbringen. Dementsprechend stellten wir hohe Beträge für die Namensänderung in unser nächstes Jahresbudget ein, aber just dieser Teil des Budgets wurde stark zusammengestrichen.

In jener Zeit interessierten sich viele Wirtschaftsjournalisten für TMP und wir gaben reichlich Interviews. Dies trug dazu bei, den Namen der Gesellschaft im Markt zu verbreiten. Trotz unseres raschen Wachstums und unserer erfolgreichen Entwicklung in Deutschland weigerte sich seinerzeit die nach eigenem Bekunden „führende deutsche Tageszeitung" in Frankfurt am Main, überhaupt etwas über uns zu veröffentlichen. Da spielte es offensichtlich auch keine Rolle, dass wir in der Personalberatung gemessen am Umsatz die drittgrößte Gesellschaft waren und bei Hinzuziehung des Anzeigengeschäfts mit Abstand die Nummer eins.

Als ich mit unserer PR-Managerin die Redaktion dieser Zeitung besuchte, wurden wir aufgeklärt: Zu TMP Worldwide gehöre monster. Dieses Unternehmen zerstöre das Anzeigengeschäft. Ein solches Unternehmen werde man nicht unterstützen, weder direkt noch indirekt. Also gebe es auch keine Berichterstattung darüber. Diese offen feindselige Einstellung hatten wir nicht erwartet, zumal die Zeitung einige Tage zuvor ausführlich über eine Personalberatungsfirma berichtet hatte, die gerade einmal 2 Mio. Mark Umsatz machte.

Wir entschlossen uns, sämtliche Abonnements dieser Zeitung in unseren Büros zu stornieren, und arbeiteten bei Personalanzeigen von da an möglichst mit anderen Medien zusammen.

Meetings, Meetings

Wie bei vielen US-geprägten Gesellschaften verging keine Woche ohne Meetings. Unterschiedliche Gremien und Teilnehmerkreise tagen lokal, national und international, regelmäßig und fallbezogen, in Kleingruppen oder größeren Konferenzen, auf unterschiedlichen Ebenen und zu allen denkbaren Themen wie wechselseitiges Kennenlernen, Cross Selling, Practice Groups, New Products, Quarterly Reviews, Management Development, European Management Team, Annual Director's Conference, Investor Meetings etc.

Positiv hierbei war, dass man sich im Laufe der Zeit gut kannte. Es erleichterte die Kommunikation mit Gesprächspartnern über Landesgrenzen hinweg auch bei schwierigen Themen. In größere Events auf Welt- und Europaebene wurde von TMP viel investiert, um die Teilnehmer zu motivieren. Das Ganze verursachte aber auch direkte Kosten und Zeitaufwand für die Beteiligten. Aufgrund der Terminflut war für mich eine Projektarbeit für Kunden kaum noch möglich, zumal vielfältige weitere Management-Aufgaben anstanden. Bei den Meetings wurde offenkundig, wie viele Personen gingen und neue hinzukamen. Eine akquirierte Personalberatung schmolz binnen zwei Jahren von 160 Mitarbeitern auf eine Handvoll Personen zusammen. Dies war fürwahr kein Beispiel für gelungene Integration und es war leider kein Einzelfall.

Es gab jährliche internationale Konferenzen, bei denen die leitenden Mitarbeiter aller TMP-Firmen weltweit zusammenkamen. Hierbei trafen meist mehrere Hundert Personen zusammen. Ich war in Fort Lauderdale, Las Vegas und Paris dabei. Man erfuhr viel über neue Akquisitionen, neue Produkte oder die Zahlen von TMP. Trotz unterschiedlicher Ausrichtung der einzelnen Geschäftssegmente entstand ein positives Gemeinschaftsgefühl bei den Teilnehmern. Hierzu trug auch McKelvey selbst bei, der als CEO immer für einen Smalltalk zu haben war und der sich die Namen seiner Country Manager gut eingeprägt hatte.

Wirtschaftliche Entwicklung und Aktienkurs

TMP Worldwide war vor allem durch Zukäufe über die Jahre hinweg gewachsen. Aus den Geschäftsberichten ergaben sich folgende Zahlen:

	Mitarbeiterzahl	Umsatz*	Gewinn* (vor Steuern)
1997	2.200	1.695	61
1998	5.200	2.072	46
1999	7.600	2.220	8
2000	9.500	2.716	57
2001	11.000	2.550	69
2002	8.000	2.134	−535

* in Mio US-Dollar. Quelle: Geschäftsberichte von TMP Worldwide

Die stetige Aufwärtsentwicklung von TMP Worldwide wurde im Jahr 2001 aufgrund weltweiter Einbrüche im Geschäft abrupt gestoppt. Nach Jahren mit positiven Ergebnissen ergab sich für das Jahr 2002 ein Verlust von über einer halben Milliarde Dollar. Dieser Betrag enthielt allerdings auch Restrukturierungsrückstellungen für die geplante Abspaltung des Personalberatungsgeschäftes, das sich ab März 2003 und unter dem Namen Hudson Highland Group Inc. verselbstständigte. Gleichzeitig wurde der bestehende Firmenname von TMP Worldwide in „Monster Worldwide" umbenannt.

Die ausgewiesenen Gewinne von TMP Worldwide waren über die Jahre hinweg eigentlich wenig beeindruckend. Zudem war es „Policy" von McKelvey, keine Dividendenausschüttungen an die Aktionäre zu leisten, sondern die Gewinne im Unternehmen zu akkumulieren. Offen gesagt, es wäre auch schwierig gewesen, attraktive Dividendenzahlungen zu leisten. Dies hielt allerdings den Aktienkurs nicht davon ab, sich innerhalb kurzer Zeit zu vervielfachen. Der Kurs zum Zeitpunkt unseres Einstieges bei TMP lag bei 23 € pro Aktie. Im Februar 2000 gab es einen Aktiensplit: Aus einer Aktie wurden zwei und die „gesplittete" Aktie lag Mitte 2000 in der Spitze bei einem Kurs von 95 Dollar, mithin mehr als eine Verachtfachung des Wertes pro Aktie innerhalb von eineinhalb Jahren. Wer seine Aktien und Optionen zum richtigen Zeitpunkt gekauft und verkauft hatte, konnte ein Vermögen gewinnen – oder ein Vermögen verlieren, wenn er die Zeitpunkte falsch gewählt hatte.

An Verlieren dachte aber Anfang 2000 kaum jemand, denn es gab nicht wenige Analysten, die die Aktie innerhalb von zwei weiteren Jahren bei 440 € sahen, zumal einige spekulierten, Google oder Microsoft würden sich für TMP interessieren. Da mittlerweile alle Mitarbeiter aktienoptionsberechtigt waren, war die Verfolgung des Kurses der TMP-Aktie zur täglichen Routine geworden. Alle fühlten sich als Teilhaber des Erfolges. Die Enttäuschung war dementsprechend groß, als der Aktienkurs im Jahr 2001 zeitweilig auf sieben Dollar zurückging. Die Aktienoptionen waren dadurch vorübergehend wertlos.

Auch die Gesellschafter akquirierter Firmen, die ab 2000 zunehmend mit TMP-Aktien für den Verkauf ihrer Firmen bezahlt wurden, mussten häufig eine enttäuschende Wertentwicklung hinnehmen. Nach Ablauf steuerlicher Sperrfristen, die es nicht nur in Deutschland gab, lagen die Aktienwerte von TMP teilweise deutlich unter dem Niveau zum Zeitpunkt der Veräußerung des an TMP verkauften Unternehmens. In manchen Fällen blieb nach der Versteuerung der Veräußerungsgewinne, die sich üblicherweise nach dem Wert zum Zeitpunkt der Veräußerung bemessen, vom Verkaufserlös nichts mehr übrig.

2001 – das Jahr der Wende

Im Jahr 2000 hatten wir viel erreicht: Die Strategie, TMP als Komplettanbieter für Personaldienstleistungen – national und international – zu etablieren, wurde zunehmend im Markt aufgenommen. Neben den Kerngeschäften Anzeigen, Personalberatung und Internetdienste wurden international weitere Dienstleistungen rund um Human Resources entwickelt: Interim Management, Outplacement, Contracting, Online-Testing, monster moving (professionelle Hilfe beim Umzug von Mitarbeitern) und andere. Manchmal war es schwierig, den Überblick zu behalten.

Auch das Geschäft rund um die Personalsuche wurde differenzierter: So gab es vor allem in Großbritannien ein „CV-Trading", bei dem TMP-Mitarbeiter die Lebensläufe von Kandidaten (mit deren Einverständnis) gegen Bezahlung an die Kunden verschickten. Diese Art von Personalvermittlung förderte und propagierte vor allem Andrew Banks. Er wollte, dass auch in den europäischen Kernländern außerhalb Großbritanniens diese Dienstleistung angeboten werden sollte.

Das deutsche Management hielt davon wenig, weil zum einen die Berater von ihrer Mentalität her keine CV-Trader waren (und nicht werden wollten) und darüber hinaus die Gefahr bestand, dass durch dieses Angebot das klassische und lukrative Direktsuche-Geschäft beeinträchtigt werden würde. Gleichwohl wurden wir zunehmend genötigt, dieses Angebot, das intern als „Transactional Business" bezeichnet wurde, in unser Leistungsspektrum aufzunehmen.

Wir hatten in Deutschland ein glänzendes Jahr 2000 hinter uns, sowohl von der Umsatzentwicklung her als auch vom Ergebnis. Im Spätherbst des Jahres stand die Budgetierung für 2001 an. Aufgrund unserer Marktkenntnis gingen wir im deutschen Führungsteam davon aus, dass 2001 in Deutschland allenfalls ein kleines Wachstum von fünf bis sechs Prozent möglich war. Und dies auch nur deshalb, weil wir kurz zuvor einen Großauftrag über mehr als 14 Mio. Mark gewonnen hatten.

Das Management in London und New York hatte jedoch eine völlig andere Markteinschätzung: Wir sollten 2001 den Umsatz um ein Viertel steigern, das Ergebnis um knapp ein Drittel und parallel dazu die Geschäftszweige Interim Management, Contracting, Outplacement und vor allem Transactional Business aufbauen.

Stark wachsen in einem schwierigeren Marktumfeld bei gleichzeitigem Aufbau neuer Geschäftsfelder? Wir machten sehr deutlich, dass diese Vorgaben unrealistisch waren. Ergebnis war schließlich eine Rücknahme des geplanten Umsatzwachstums von 25 auf 22 %. Da dieser Umsatz mit der bestehenden Mannschaft nicht zu machen war, wurden wir auch angehalten, entsprechend Personal einzustellen.

Damals kamen bei mir erste Zweifel auf, ob TMP noch das richtige Unternehmen für mich war. Wäre ich nicht bis Ende 2002 vertraglich gebunden gewesen, wäre dies der richtige Zeitpunkt gewesen, goodbye TMP zu sagen.

Es gelang zwar, den Bereich Interim Management erfolgreich und ohne Kauf eines Unternehmens aufzubauen, aber die Umsatzzahlen der ersten Monate des Jahres 2001 für die Personalberatung bewegten sich nur auf dem Niveau des Vorjahres. Die Einstellung von Mitarbeitern, die gemäß Plan an Bord kamen, um das Budget zu verwirklichen, führte naturgemäß zu einer drastischen Verschlechterung der Ertragslage, denn neue Mitarbeiter brauchen erfahrungsgemäß mehrere Monate, bis sie sich finanziell tragen. Die weitere wirtschaftliche Entwicklung verschlechterte sich im Jahresverlauf und erhielt durch die Anschläge auf das New York World Trade Center einen zusätzlichen Dämpfer. Welcher Kunde dachte in jenen Tagen an Expansion und stellte Führungskräfte ein, wenn es nicht unbedingt notwendig war? Eine ähnliche Entwicklung ergab sich auch für die meisten anderen Länder in Europa.

Ein weiterer Tiefschlag traf uns im September 2001. Hatte sich schon das Reporting-Format an die Muttergesellschaft im Jahresverlauf laufend verändert, so wurde uns im September mitgeteilt, dass Deutschland neben Italien als Pilotprojekt für die Einführung von Oracle ausersehen war. Dabei hatten wir erst im Januar 2001 die Systeme bei unserer Tochtergesellschaft Baumgartner von einer eigenen Software auf KHK-Sage umgestellt, weil auch PMM dieses Programm verwendete.

Nun sollte also zum 1. November 2001 unterjährig ohne Parallellauf auf Oracle Software umgestellt werden. Die gewählte Vorgehensweise und das Festhalten am Zeitplan für dieses Projekt mussten zwangsläufig zu erheblichen Problemen führen. Ich wandte mich daraufhin mündlich und schriftlich an den CFO von TMP in New York und ersuchte ihn, die Umstellung um wenigstens zwei Monate auf den 1. Januar 2002 zu verschieben, um für die mittlerweile zwölf rechtlich selbstständigen Gesellschaften in Deutschland einen zeitnahen Jahresabschluss zu ermöglichen. Der nachhaltigen Bitte wurde nicht entsprochen.

Es kam, wie es kommen musste: Das Projekt, das von London aus gesteuert wurde, war ein Desaster. Trotz Einsatz eines kostspieligen Projektteams und der zwangsläufigen Einstellung weiterer Mitarbeiter im eigenen Rechnungswesen war es für mehr als zwei Monate nicht möglich, Ausgangsrechnungen an Kunden zu senden. Allein hierdurch fehlten uns am Jahresende die Monatsumsätze für November und Dezember. Da empfanden wir es schon als Zynismus, als man uns fragte, warum wir unser Jahres-Budget verfehlten. Unsere italienischen Kollegen konnten sogar für drei Monate keine Rechnungen schreiben. Das war allerdings nur ein schwacher Trost. Ich teilte Andrew Grant mit, dass ich meine Ämter als Geschäftsführer baldmöglichst niederlegen wolle.

Goodbye TMP

Mein letztes Jahr bei TMP war geprägt durch die Wahrnehmung einiger Projektaufgaben und das Abtragen meiner angesammelten Urlaubstage, die mittlerweile auf fast ein halbes Jahr angewachsen waren. Meinen Nachfolger Hans Jorda informierte ich über die anstehenden Aufgaben und Probleme.

Ich verabschiedete mich im Spätherbst von meinen deutschen und ausländischen Kollegen. Hierbei stellte ich fest, dass viele von ihnen das Unternehmen mittlerweile verlassen hatten, da meine Abschieds-Mail als „unzustellbar" zurückkam. Die Modalitäten meines Ausscheidens verhandelte ich mit Peter Dolphin in London, der sich auch beim Ausstieg als fairer Geschäftspartner erwies. Seine Assistentin Susie war traurig über meinen Abschied. Sie teilte mir vertraulich mit, dass auch sie bald den Konzern verlassen werde.

So schloss sich der Kreis meiner Tätigkeit bei TMP. Ich hatte wertvolle Erfahrungen gewonnen, überwiegend positive, die ich nicht missen möchte, aber auch solche, auf die ich gern verzichtet hätte. Vor allem hatte ich viele interessante Menschen kennengelernt, mit denen ich noch heute, teilweise freundschaftlich, in Verbindung stehe.

Rechtsnachfolger von TMP Worldwide Inc. sind seit 2003 Monster Worldwide, Inc. (registriert an der New York Stock Exchange, also an jener Börse, an der man eher traditionelle Unternehmen findet) und die Hudson Highland Group, Inc., gelistet an der Technologiebörse NASDAQ. Die deutsche Personalberatung der ehemaligen TMP firmierte 2003 in Hudson Highland Deutschland um. Die Firma ging im Frühjahr 2004 in Insolvenz. Konzerngründer McKelvey verstarb im November 2009.

Die meisten der ehemaligen Berater von TMP in Deutschland sind inzwischen bei anderen Personalberatungsfirmen tätig, vor allem bei Korn/Ferry, der PMC International AG und der NeumannPartners Deutschland GmbH. Christoph Rummel gründete mit mir Anfang 2003 die PMC International AG. Mein langjähriger Weggefährte Günter Rasten ist seit 2004 Vorstandskollege in der gleichen Gesellschaft.

Fazit

Die Strategie von TMP Worldwide, ein umfassendes und breites Beratungsangebot rund um den Personalbereich und unterstützt durch das Medium Internet in den Markt zu bringen und aus einer Hand anzubieten, war seinerzeit zukunftsweisend. Die Umsetzung der Strategie ist jedoch gescheitert. Das liegt vor an den vielen, teilweise unpassenden Akquisitionen und an der mangelhaften Integration der zusammengekauften Unternehmen. Hinzu kommen mangelndes Verständnis für die unterschiedlichen Marktbedürfnisse in den einzelnen Ländern, vor allem ein missionarischer Eifer bei der Umziehung klassischer Berater zu Händlern von Lebensläufen, und ein völlig unnötiger organisatorischer Veränderungsdruck.

Ich bin gespannt zu sehen, wie sich die ehemaligen TMP-Töchter Monster und Hudson Highland gegen Internet-Unternehmen wie Google, Yahoo, Facebook, XING, Linkedin und ähnliche behaupten werden. Letztere etablieren sich zunehmend im Bereich der online-gestützten Personaldienstleistungen einschließlich der Personalsuche. Mit dieser Herausforderung wird sich die nächste Generation der Personalberater beschäftigen müssen.

Executive Search für die IT-Branche

Günter Bork

In den 90er Jahren zählte die Compaq Computer GmbH zu unseren besten Auftraggebern, und wir durften uns den „Compaq Grand Slam Cup" in der Münchener Olympiahalle aus der VIP-Loge ansehen. Spiel – Satz – Sieg: Ähnlich schnell, wie bei Boris Becker, Ivan Lendl und Pete Sampras die Bälle flogen, war auch unser Arbeitstakt. Wir IT-Headhunter ritten auf einer gewaltigen Auftragswelle, und für viele Personalberater wurde der Traum vom schicken Sportwagen und dem edlen Designerbüro in Toplage Realität.

Wir sind jedoch auf dem Teppich geblieben – was sich Jahre später als sehr nützlich erwiesen hat. Doch zunächst einmal boomte das Geschäft.

Einen Auftrag erhalten, das war das eine – den richtigen Kandidaten zu identifizieren, ihn zu finden, mit ihm zu reden und ihn dann auch noch zu einem Jobwechsel zu überzeugen – das war die andere Seite.

Für uns bedeutete das oft die Suche nach der „Nadel im Heuhaufen". Speziell bei den Software-Entwicklern: Die heiß begehrten Programmierer arbeiteten oft nahezu völlig abgeschirmt in ihren Büros mit Pizzaschachteln, Coca-Cola und Zigarettendunst. Durchwahlnummer? Fehlanzeige. Wie sollte man an sie herankommen, um die berühmte Frage zu stellen: „Entschuldigen Sie – können Sie gerade ungestört reden?"

Das war eine Zeit, in der Personalberatung noch den Nimbus von etwas Undurchsichtigem, ja sogar etwas Illegalem hatte. Gelegentlich mussten sich unsere Mitarbeiter, die den knochenharten Research durchführten, sogar beschimpfen lassen.

Aber wie im Leben der Tennisstars der sportliche Höhenflug nachlässt, erlebten auch wir Flautezeiten. Der „Schweinezyklus" erfasste die gesamte Branche mit Hiring Freeze, Stellenstreichung und knappen Budgets für die Personalabteilungen.

G. Bork (✉)
pro search GmbH, Bad Homburg, Deutschland
E-Mail: Bad-Homburg@prosearch.de

Kann man sich in einer Hochphase vor Aufträgen nicht retten, muss man, um den Kunden entsprechend zu bedienen, seine Kapazitäten ausweiten. Doch genauso schnell können diese Aufträge in den kritischen Zeiten auch wieder versiegen. Nur wer schnell und mit einem sicheren Instinkt die Anzeichen des schon nahenden Wandels erkennt, richtig einschätzt und seine Geschäftsaktivitäten anpasst, überlebt diesen Einbruch.

Blitzartig wird man dann wieder zum „Einzelkämpfer", der beharrlich und mit viel Einsatz rund um die Uhr um jeden noch so „kleinen" Auftrag kämpft. Nun erweist es sich als sehr sinnvoll, dass die eigene Organisation kein Fett angesetzt hat und dass man nicht der Versuchung von übermäßigem Luxus und teuren Statussymbolen erlegen ist.

Diese Flexibilität ist eine der wichtigsten Eigenschaften in der Personalberatung, um auch in stürmischen Zeiten voranzukommen.

Aber begonnen hatte alles viel ruhiger …

Die Anfänge (1988 Gründung der pro search als Einzelgesellschaft)

Vertriebsgeprägt und technikbegeistert, begann ich meine Karriere in einer Zeit, als man unter EDV noch Lochkarten, Lochstreifen und Magnetbänder als Datenträger verstand. Rechenzentren glichen staubfreien Labors, in denen der EDV-Leiter im weißen Arzt-Kittel und mit stolz geschwellter Brust über 4 KB Hauptspeicher und 5 MB Plattenlaufwerken herrschte. So sah meine, Günter Borks, Welt in den 70er aus. Eine Zeit, in der unter dem Begriff „Mittlere Datentechnik" die ersten elektronischen Abrechnungssysteme auf den Markt kamen, sich bald zu kleinen Dialog-Computern weiterentwickelten und die vorwiegend in mittelständischen Unternehmen zum Einsatz kamen.

Und dann der Knall, als Ende der 80er Jahre der PC die Computerwelt veränderte. Anfangs belächelt, haben die Apples & Co. den traditionellen Computerunternehmen das Geschäft mit den hohen Margen verdorben. Auch bei meinem Arbeitgeber Philips, bei dem ich die Vertriebsdirektion Mitte geleitet habe, ist das Geschäft zusehends „weggebrochen".

Was tun?

Die Auswahl und Führung von Mitarbeitern war für mich immer eine besondere Herausforderung. Mit Menschen zu reden, sie zu begeistern und zu überzeugen, das habe ich mit viel Freude und Enthusiasmus gemacht.

Da stellte ich mir die Frage: „Warum machst du daraus keinen Beruf?" Ich wusste, in der IT-Industrie wurden Fach- und Führungskräfte händeringend gesucht. Als Personalberater sah ich meine große Chance. Der Schritt in die Selbstständigkeit bot für mich damals eine Chance, aus der starren Routine und den in einem Großunternehmen unausweichlichen bürokratischen Strukturen und Abläufen auszubrechen.

Der Sprung in die Selbstständigkeit

Meine neue Aufgabe brachte jede Menge neue Erkenntnisse und Herausforderungen mit sich: Ich musste erfahren, dass das persönliche Ansehen stark an das Unternehmen gekoppelt ist, für das man arbeitet. Bemerkungen, wie: „Ach, Sie sind nicht mehr bei Philips?", waren zu der Zeit keine Seltenheit. Für mich als ehemaligen Vertriebsmanager eines Großunternehmens war es hart, als Nobody zu starten. Ich musste meine Kompetenz komplett anders definieren: neue Firma, neue Aufgabe, neue Kunden, andere Erfolge. Entsprechend wichtig waren daher stabile und stets aktive Netzwerke und gute, zuverlässige Kontakte.

Und mit der Zeit bestätigte sich, dass der Firmenname „pro search" gut gewählt war: einprägsam, unkompliziert und aussagekräftig.

Eine weitere Konsequenz der Selbstständigkeit ist auch, völlig auf sich gestellt zu sein. Da gibt es keinen „Administrator", der bei Druckerproblemen oder anderen technischen Fragen sofort einspringt. So mutierte ich zur Allroundkraft, die vom Einschalten des Anrufbeantworters bis hin zur Kontrolle des Zahleinganges alles im Griff hatte. Ich konnte nun 24 Stunden am Tag die Ziele meines Unternehmens verfolgen. Und was für ein schönes Gefühl war es, als das erste Honorar auf dem Konto meiner eigenen Firma einging!

Erste Erfahrungen und Ausbau der Gruppe

1989 Gründung der GmbH/Anmietung Geschäftsräume in Bad Homburg

Das Geschäft lief gut an. Bereits im Jahr 1990 konnten wir die ersten großen Fische an Land ziehen: Unternehmen wie Digital Equipment, Compaq Computer und weitere namhafte Kunden aus der IT-Branche entschieden sich für uns. Dennoch musste ich erkennen, dass es zwischen dem Vertrieb von Computern und IT-Dienstleistungen einerseits und dem Geschäft mit der Suche nach qualifizierten Kandidaten einen großen Unterschied gibt.

Die Ware Computer nehme ich aus dem Regal, schalte sie ein und der Rechner läuft. Als Personalberater aber hatte ich es mit Menschen zu tun – die ihre eigenen Entscheidungen treffen, und diese auch schon mal ändern, ohne dass sie das kommunizieren. So geschehen mit meinem ersten Kandidaten: Er hatte für die neue

Position zugesagt, den Anstellungsvertrag unterschrieben. Kunde und Kandidat waren glücklich – ich natürlich auch. Doch am vereinbarten ersten Arbeitstag trat der Kandidat seine neue Arbeitsstelle nicht an. Was immer über Nacht passiert war – ich habe es nie erfahren.

Trotz dieser Startschwierigkeiten konnte ich bereits nach drei Jahren pro search zu einer Partnerorganisation mit einer regionalen Struktur und Büros in München, Stuttgart und Düsseldorf erweitern.

Unser Ziel war einerseits die Kundennähe, also Präsenz vor Ort, andererseits auch die Nähe zu den Markt- und Technologiezentren. Alle „pro search" Partner brachten und bringen aus ihrer individuellen beruflichen Entwicklung Führungserfahrung, gefestigte Kontakte im Markt und persönliche Verbindungen ein. So können wir auf vielfältige Weise Synergien, Multiplikatoren und externe Ressourcen für die erfolgreiche Arbeit in den Projekten nutzen.

Ein *aktiver Informationsaustausch* innerhalb der Gruppe erlaubt uns die projektbezogene Bündelung der Research- und Berater-Kapazitäten. So setzen wir Know-how, Erfahrung und Kompetenz mit dem Ziel ein, Beratungsaufträge qualifiziert, zügig und erfolgreich abzuwickeln und eine *hohe Zufriedenheit* unserer Kunden zu erreichen.

Die pro search Charta – die Basis unserer Professionalität

Gemeinsam mit meinen Partnern habe ich Grundsätze entwickelt, die uns zu einer professionellen Vorgehensweise und einem verantwortungsvollen Umgang mit Menschen und Informationen verpflichten.

Die Eckpunkte dieser „Charta" sind:

- *Qualität,* von einer fairen Direktansprache bis zur Kandidaten-Präsentation beim Kunden
- *Kompetenz,* Markt- und Branchenkenntnisse, saubere Methodik im Auswahlprozess,
- *Vertrauen,* sorgfältiger Umgang mit Informationen, Verlässlichkeit, soziale Kompetenz

Bei der Besetzung von Positionen zeigen wir aber vor allem auch soziale Kompetenz. In einer beruflichen Veränderung spielen auch Faktoren mit, die nicht offenliegen, wie zum Beispiel das persönliche Umfeld – der Fußballverein, die Familie, das neu gebaute Haus, pflegebedürftige Eltern etc. Wir beziehen das Umfeld der Kandidaten stark mit in die Entscheidung ein. Im Zweifel raten wir auch einem viel versprechenden Kandidaten vom Wechsel ab, so schwer das auch fallen mag.

Das Wichtigste bleibt für uns stets der Mensch – zufriedener Kunde und Kandidat sind die Kronjuwelen eines Personalberaters.

Personalsuche: Instrumente der erfolgreichen Identifikation

Ident/Research

Von Anbeginn an lag die *Kernkompetenz* in der Direktansprache von Fach- und Führungskräften, fokussiert auf den Personalmarkt der Informations- und Telekommunikations-Industrie (ITK).

Das war zu einer Zeit, da wir uns alle noch in einer Grauzone befanden, da rechtlich nicht geklärt war, ob wir einen Mitarbeiter an seinem Arbeitsplatz ansprechen durften. Deshalb mussten wir äußerst diskret und kreativ vorgehen. In dieser Phase war unser Netzwerk ein wertvolles Instrument, um Empfehlungen für Spezialisten zu gewinnen. So konnten wir guten Gewissens Kontakt aufnehmen.

Natürlich passten wir unsere Vorgehensweise der erforderlichen Diskretion an, manchmal auch schon mal zu sehr ... So rief ich bei einer potenziellen Kandidatin an, von der ich nur eine Telefonnummer hatte, ohne zu wissen, ob dienstlich oder privat. Auf meinen Anruf meldete sich eine Männerstimme. Ich fragte nach Frau A. und erhielt die Antwort: „Ist gerade nicht da. Worum geht es denn?" Ganz diskret antwortete ich: „Ist ein privater Anruf", worauf ich (in forschem Ton) zu hören bekam: „... können Sie mir schon sagen, bin ihr Lebensgefährte!" Erst meine Vorstellung als Personalberater und Erklärung des Auftrags lösten seine deutlich hörbare Verkrampfung wieder.

Inzwischen haben sich die Zeiten geändert. Nun dürfen wir jeden Mitarbeiter eines Unternehmens ganz legal kurz ansprechen und stoßen durchweg auf positive Resonanz. Mittlerweile nutzen wir auch, dank des Internets, weitere Quellen. So eröffnen sich ganz ungeahnte Ressourcen und Quellen in den unzähligen Usergroups, Online-Foren, Social Networks und Jobbörsen.

Bereits 1995 begann für die pro search Gruppe das Internet-Zeitalter mit der Schaffung einer eigenen Online-Jobbörse. Seitdem können sich Interessenten hier über aktuelle Stellenangebote informieren, ihre Bewerbungsunterlagen einreichen oder per Eintrag im „Stellenfinder" automatisch neue, passende Job-Offerten erhalten.

Die Kunst, den „richtigen Mann" an den „richtigen Platz" zu bringen

Evaluation/Qualifikation

Neben all den oben genannten Möglichkeiten sowie dem richtigen Gespür benutzen meine Kollegen von pro search und ich fein entwickelte Tools und genau abgestimmte Vorgehensweisen, um den richtigen Mann oder natürlich die richtige Frau zu finden und ihn/sie auf den genau passenden Arbeitsplatz zu bringen. Nachfolgend nur die wichtigsten Methoden:

- Durchführung von Interviews: Neben der fachlichen Übereinstimmung mit dem Anforderungsprofil werden auch die Persönlichkeitsmerkmale sowie die spezifischen Kenntnisse und Fähigkeiten festgestellt. Bewerbungsunterlagen werden nicht „durchgereicht".
- Wir klopfen unsere Kandidaten auf die geforderten Qualifikationen hin ab, klären Gründe für Stellenwechsel, checken eventuelle Lücken im Lebenslauf, klären fachliche und persönliche Vorlieben und Abneigungen (dahinter verbergen sich oft die „Stärken und Schwächen", die wir nicht einfach plump abfragen). In unseren Interviews legen wir viel Wert auf die Beschreibung und Erklärung konkreter Situationen, weil wir daraus relativ gut auf typische Verhaltensweisen schließen können.
- Natürlich geben wir auch Bewerbern Hinweise, wie sie ihre Unterlagen und auch ihre Gesprächsführung optimieren können. Allerdings gibt es auch hier schon mal Grenz-Erfahrungen.
- Erstellung eines Kandidaten-Kurzprofils als Vorab-Information und zur Abstimmung der Vorauswahl. Unsere Auftraggeber erhalten ein kurzes Management Summary mit den wesentlichen Daten, Fakten und Bewertungen zu einem Kandidaten.
- Wir sind keine Meister des belletristischen Ausdrucks. Wir belästigen unsere Kunden nicht mit Beschreibungen wie „Der leicht untersetzte, mittelgroße Kandidat trägt dunkelblondes, nach hinten geföntes Haar und eine modische Brille". Ein Foto sagt hier mehr als tausend Worte.
- Präsentation geeigneter Kandidaten mit den vollständigen Bewerbungsunterlagen zur Überprüfung der Qualifikation und der Eignung durch den Auftraggeber.
- Dabei begleiten wir die Kandidaten zum Gespräch, falls der Kunde das wünscht. Ins Gespräch greifen wir aber normalerweise nicht ein, denn der Kunde soll ja einen Kandidaten kennenlernen, mich kennt er schon. Dass wir bei der Bewertung des Gesprächs eine neutrale Position einnehmen, ist selbstverständlich und dient auch einer langfristigen Kundenbindung.
- Ein Kunde erzählte mir einmal von einem Personalberater, der ihn nach einem gemeinsamen Interview mit einem offensichtlich unqualifizierten Kandidaten überreden wollte: „Der war doch klasse, oder?" Weder den Kandidaten noch den Berater wollte dieser Kunde jemals wieder in seinem Hause sehen.
- Für Auftraggeber, die ein Kandidatenprofil mit einem zusätzlichen Beurteilungstool ergänzen wollen, bieten wir ein spezielles Gutachten an.

In dieser individuell ausgerichteten Auswahl, Präsentation und Bewertung sehen wir auch den klaren Mehrwert, den ein Personalberater einem Unternehmen bieten kann.

Auch wenn heute von vielen Unternehmen Online-Bewerbungen und standardisierte, aber anonyme Bewerbungsverfahren eingesetzt werden, ist der persönliche Kontakt zu den Menschen, die wir zusammenbringen, entscheidend. Nur ein erfahrener Personalberater erkennt, ob nicht nur fachliche Qualifikationen gegeben sind, sondern auch die Chemie zwischen den Personen stimmt.

So war einer meiner kniffligsten Aufträge, einen exzellenten Mitarbeiter für einen sehr anspruchsvollen Kunden zu finden. Wir hatten den Markt durchkämmt und einige gut qualifizierte Top-Manager identifiziert, evaluiert und vorgestellt. Doch der Auftraggeber mochte sich nicht entscheiden.

Erst der siebte Kandidat, den wir präsentierten, erwies sich als Volltreffer. Warum? Er hatte mit seinem feinen Gespür für Menschen und Situationen schnell die Oldtimer-Vorliebe seines potenziellen neuen Chefs erkannt, ein gemeinsames Hobby-Thema angesprochen und so – neben seiner klaren fachlichen Eignung – auch die menschliche Komponente erfüllt. Das Erstgespräch dauerte mehr als drei Stunden. Und die Karriere des Kandidaten im Unternehmen verlief auch später ausgesprochen erfolgreich.

Das Wichtigste bleibt im gesamten Prozess das persönliche Gespräch mit unseren Kunden und Kandidaten. Auch nach einer erfolgreichen Platzierung halten wir stets den Kontakt und stehen gerne als persönlicher Coach mit Rat und Tat zur Verfügung. Wir nennen das auch *Talent Relationship Management*. Das geht von dem persönlichen Brief zum Geburtstag bis hin zur Beratung bei aktuellen Fragen zur Position unseres (ehemaligen) Kandidaten.

Der Blick in die Zukunft

Während der vergangenen 20 Jahre hat sich das Unternehmen pro search als stabiler Partner im Markt etabliert. Wir haben allen Stürmen getrotzt, sind in Boomzeiten solide und realistisch geblieben, residieren nicht in aufwändigen Büros mit Renommieradresse, bieten seriöse Arbeit. Diesem Umstand und unseren engagierten und qualifizierten Partnern verdankt die pro search Gruppe ihr Wachstum und ihre Kontinuität. Und so konnten wir auch in den Jahren der Rezession stets ein gutes Ergebnis erzielen. Wir blicken mit sehr viel Optimismus in die Zukunft.

Wir können, nicht ohne Stolz, auf eine lange Kundenliste bedeutender Unternehmen aus der Industrie, von Anbietern der Informations- und Kommunikations-Industrie, Software-Systemhäusern sowie internationalen Beratungs- und Dienstleistungsunternehmen verweisen.

Freude und Bestätigung bedeutet es, wenn eine erfolgreiche Platzierung zu einer beruflichen Karriere führt. Wenn unsere Vorauswahl den „richtigen" Kandidaten mit dem passenden Unternehmen zusammenbringt, leisten wir damit den gewünschten Beitrag zum Erfolg unserer Kunden.

Eine internationale Luftverkehrsgesellschaft hatte mich beauftragt, einen „Security Officer" zu suchen. Ich sehe den jungen Mann heute noch vor mir: 28 Jahre, Diplom-Betriebswirt, drei Jahre Berufserfahrung, exzellentes Auftreten, gewinnende Persönlichkeit, ein High Potential, wie man ihn sich nicht besser vorstellen kann. Der Auftraggeber tat sich dagegen schwer: „So jung." „... eine so hohe Verantwortung...". Wir mussten vier (!!) Gespräche mit dem Auftraggeber führen, bis er (endlich) den Arbeitsvertrag unterschrieb.

Nach drei Jahren erhielt ich die folgende Nachricht von dem Ex-Kandidaten: „Habe die letzten zehn Monate das Projekt zum Aufbau der IT für das Unternehmen geleitet und bin nun als *Director IT* auf das Joint Venture (einer Luftfrachtgesellschaft) nach China entsandt worden. Es gibt dort einige spannende Dinge anzugehen, Viele Grüße, Ihr ..."

In guter Erinnerung ist mir auch eine junge Produktmanagerin (27, Diplom-Betriebswirtin), mit der ich im Intercity-Restaurant im Frankfurter Hauptbahnhof verabredet war. Vor mir stand ein junges, unkompliziertes Mädchen mit Rucksack, sah aus wie eine Tramperin. Nach meinem ersten Schock und den ersten Sätzen war mir klar: Das Mädchen ist Spitze. Die Meinung teilte auch mein damaliger Auftraggeber Compaq – und bot der jungen Dame bereits nach dem ersten Gespräch einen Vertrag an.

Trends und Entwicklungen im Markt

Mit Blick auf die rasante Entwicklung in den Märkten, und das nicht nur in der IT und Telekommunikation, haben wir auch für die pro search Gruppe wichtige Entscheidungen getroffen. So wird unser Leistungsspektrum sukzessive erweitert und an die aktuellen Anforderungen des Marktes angepasst.

Wir haben unseren Fokus in Richtung alternative Energien, Medizintechnik und rund um das Thema Green Technology erweitert. Ebenso bekommen Dienstleistungen wie Outplacement-Beratung, Business- und Personal Coaching, Interim Management eine immer größere Bedeutung, der wir uns in unserem Angebot gerne und kompetent stellen.

Auch der Typus des „idealen Kandidaten" ist einem ständigen Wandel unterlegen. War früher beispielsweise der reine „Softi" – der Programmierer im stillen Kämmerlein – gefragt, suchen wir heute den eloquenten Software-Architekten, der konzeptionell und technologisch fit ist, aber auch mit Einfühlungsvermögen und Überzeugungskraft jeden noch so kapriziösen Kunden beraten kann.

Appendix

Firmenverzeichnis

I. Weitere Informationen zu Hofmann Consultants sowie zu den Unternehmen unserer Autoren und Interviewpartner

Hofmann Consultants GmbH
THE SQUAIRE WEST 15/Am Flughafen
60549 Frankfurt am Main
Telefon: +49 (0) 69 36 50 50-0
Telefax: +49 (0) 69 36 50 50-499
E-Mail: info@hofmann-consultants.com
Internet: www.hofmann-consultants.com

Ansprechpartner: Dr. Gisela Blumenauer, Wolfgang Gebauer, Frank W. Heun, Dieter Hofmann, Peter A. Rapp, Jörn Rebholz, Martin Rusterholz, Anna von dem Bongart

Weiteres Büro: in Zürich

Tätigkeitsschwerpunkte: Executive Search, Suche und Auswahl von Aufsichts- und Beiräten, Potenzialanalyse (Management Audits etc.)

Branchenschwerpunkte:

- Consumer Products: FMCG (Food, Beverages, Non-Food), SMCG (Fashion & Sports, Home & Decoration, Durable Goods) und Luxury Goods.

- Retail: Stationärer Handel (alle Vertriebsformen/-formate, Food und Non-Food), Distanz-/Versandhandel, Multi-Channel-Anbieter, Großhandel/Kooperationen und Spezialformen
- Media & Entertainment
- Konsumnahe Dienstleistungen und Professional Services (Strategie-/Managementberatungen)

Darüber hinaus verfügt Hofmann Consultants über besondere Funktions-/Themenexpertise bezüglich strategie- und marktnahen C-Level-Positionen (CEO, CMO, CSO), im Board Consulting (Besetzung von Aufsichts-/Beiratsgremien) und in der Suche nach Managern für E-Commerce/Multi-Channel-Herausforderungen.

aebi + kuehni ag

Gartenstrasse 36
CH-8002 Zürich
Telefon: +41 43 243 99 00
Telefax: +41 43 243 99 11
E-Mail: doris.aebi@aebi-kuehni.ch
Internet: www.aebi-kuehni.ch

Geschäftsführung: Dr. Doris Aebi, René Kuehni

Tätigkeitsschwerpunkte: Executive Search, Suche und Auswahl von Aufsichts- und Beiräten

Branchenschwerpunkte: Keine (aebi + kuehni verstehen sich als Generalisten).

Amrop Delta/Delta Management Consultants GmbH

Oststraße 54-56
40211 Düsseldorf
Telefon: +49 (0) 211 17 92 49-0
Telefax: +49 (0) 211 17 92 49-10
E-Mail: duesseldorf@amrop.de
Internet: www.amrop.de

Ansprechpartnerin: Sabine Hansen

Weitere Büros: Berlin, Frankfurt am Main, Hamburg, München

Tätigkeitsschwerpunkte: Executive Search, Personalsuche per Stellenanzeige, Management Audits/Assessments, Suche und Auswahl von Aufsichts- und Beiräten

Branchenschwerpunkte: Keine (Spezialisten für nahezu alle Branchen sowie für bestimmte Funktionen, etwa Finanzchefs)

Besonderheiten: Delta Management Consultants ist ein inhabergeführtes, unabhängiges Beratungsunternehmen. Mitglied von Amrop International, einer Berater-Organisation mit mehr als 80 Büros in 56 Ländern (Stand 2013).

Amrop Jenewein & Partner Ges.m.b.H.
Dr.-Karl-Lueger-Platz 5
A-1010 Wien
Telefon: +43 (1) 403 08 28
Telefax: +43 (1) 403 08 28-93
E-Mail: office@amropjenewein.at
Internet: www.amropjenewein.at

Geschäftsführer: Mag. Günther Tengel

Tätigkeitsschwerpunkte: Executive Search, Personalsuche per Stellenanzeige, Suche und Auswahl von Aufsichts- und Beiräten, Management Audits

Branchenschwerpunkte: Bildungswesen, Finanzdienstleistungen, Markenartikel und Handel, Pharma/Life Sciences/Health Care, Industrie, insbesondere Autoindustrie, Energie & Utility, Öffentlicher Sektor, Non-Profit-Organisationen, Telekommunikation, Medien, Dienstleister/Professional Services, Immobilien/Bau

Besonderheiten: Mitglied von Amrop International, einer Organisation mit mehr als 80 Büros in 56 Ländern (Stand: 2013)

Bergert Ziegler GmbH & Co. KG
Neuer Wall 10
20354 Hamburg
Telefon +49 (0) 40 226 114 00
E-Mail: info@bergertziegler.com
Internet: www.bergertziegler.com

Ansprechpartner: Gabriele Bergert

Tätigkeitsschwerpunkte: Executive Search, Coaching

Branchenschwerpunkte: Internetwirtschaft, eCommerce-Unternehmen

Dr. Björn Johansson Associates AG
Utoquai 29
CH-8008 Zürich
Telefon: +41 44 262 02 20
Telefax: +41 44 262 02 21
E-Mail: welcome@johansson.ch
Internet: www.johansson.ch

Geschäftsführung: Dr. Björn Johansson

Tätigkeitsschwerpunkte: Executive Search, Suche und Auswahl von Aufsichts- und Beiräten
Branchenschwerpunkte: Keine (Dr. Björn Johansson versteht sich als Generalist)

Boyden Interim Management Eisenberg & Schuhbauer GmbH
Brienner Straße 11
80333 München
Telefon: +49 (0) 89 858 3699 50
Telefax: +49 (0) 89 858 3699 99
E-Mail: info@boydeninterim.de
Internet: www.boydeninterim.de

Geschäftsführer: Norbert Eisenberg, Josef Schuhbauer

Tätigkeitsschwerpunkt: Vermittlung von Interim Managern

Branchenschwerpunkte: Keine (alle Branchen)

Besonderheiten: Boyden Interim gehört zur Organisation von Boyden Worldwide mit Sitz in New York/USA. Die Boyden Büros werden von Inhaber-Partnern geführt, denen das jeweilige lokale Boyden-Unternehmen gehört. Dadurch soll eine enge Zusammenarbeit mit den Klienten vor Ort gewährleistet werden.

Egon Zehnder International GmbH
Berliner Freiheit 2
10785 Berlin
Telefon: +49 (0) 30 32 79 55 0
Telefax: +49 (0) 30 32 79 55 60
E-Mail: berlin@egonzehnder.com

Weitere Büros: Düsseldorf, Frankfurt am Main, Hamburg, München und Stuttgart

Geschäftsführer: Dr. Michael Ensser

Tätigkeitsschwerpunkte: Executive Search, Suche und Auswahl von Aufsichts- und Beiräten, Leadership Strategy Services, CEO Succession, Family Business Advisory, Accelerated Integration

Branchenschwerpunkte: Keine (Spezialisten für nahezu alle Branchen sowie für bestimmte Funktionen, etwa Finanzchefs)

Besonderheiten: Egon Zehnder Deutschland ist eine Tochtergesellschaft des schweizerischen Personalberatungsunternehmens Egon Zehnder International. Sitz des Unternehmens ist Zürich. Eigentümer von Egon Zehnder International sind die Partner des Unternehmens. Büros in den meisten Industrieländern rund um den Globus.

Harvey Nash
Herriotstraße 1
60528 Frankfurt am Main
Telefon: +49 (0) 69 677 33 269
Telefax: +49 (0) 69 677 333 19
E-Mail: werner.schmidt@harveynash.de
Internet: www.harveynash.com

Ansprechpartner: Werner Schmidt

Weitere Büros: Düsseldorf, Hamburg, München, Nürnberg und Stuttgart

Tätigkeitsschwerpunkt: Executive Search

Branchenschwerpunkt: IT-Branche

Besonderheiten: Die Abteilung Executive Search ist Teil der deutschen Harvey Nash GmbH – einer Tochtergesellschaft der Harvey Nash plc. mit Hauptsitz in London/England. Harvey Nash ist mit über 4000 Mitarbeitern an 39 Standorten in Nordamerika, Asien, Großbritannien und Kontinentaleuropa vertreten (Stand 2013).

Heidrick & Struggles Unternehmensberatung GmbH & Co. KG
Kennedydamm 24
40476 Düsseldorf
Telefon: +49 (0) 211 82820
Telefax: +49 (0) 211 591627

E-Mail: duesseldorf@heidrick.com
Internet: www.heidrick.com

Weitere Büros: Frankfurt am Main, Hamburg und München

Komplementärin: Heidrick & Struggles Unternehmensberatung Verwaltungs-GmbH, Düsseldorf, Kennedydamm 24, 40476 Düsseldorf
Geschäftsführerin: Dr. Christine Stimpel

Tätigkeitsschwerpunkte: Executive Search, Management Audits, Leadership Consulting (Führungskräfteentwicklung, Mitarbeiterbindung, Assessments, Transition Consulting, M&A Human Capital Integration Consulting, Coaching), Interim Management (über die Tochterfirma Heidrick & Struggles Interim Executives GmbH, München)

Branchenschwerpunkte: Keine (Spezialisten für nahezu alle Branchen sowie für bestimmte Funktionen, etwa Finanzchefs)

Besonderheiten: Das deutsche Unternehmen ist Teil des börsennotierten US-Konzerns Heidrick & Struggles International Inc., Wilmington Delaware/USA. Das operative Geschäft wird von der Heidrick-Zentrale in Chicago gesteuert. Heidrick & Struggles verfügt über Büros in den meisten Industriemetropolen rund um den Globus.

HOPP PSC

Bockenheimer Landstraße 17/19
60325 Frankfurt am Main
Telefon: +49 (0) 69 710 455 395
Telefax: +49 (0) 69 710 455 450
E-Mail: info@hopp-psc.com
Internet: www.hopp-psc.com

Ansprechpartner: Olaf Hopp

Tätigkeitsschwerpunkte: Executive Search, Personalsuche per Stellenanzeige

Branchenschwerpunkte: Rechtsanwaltskanzleien, Rechtsabteilungen in Unternehmen aller Branchen

Hinterhuber & Partners
Falkstrasse 16
A-6020 Innsbruck
Telefon: +43 (0) 664 402 7 402
Telefax: +43 (0) 512 58 34 38
E-Mail: innsbruck@hinterhuber.com
Internet: www.hinterhuber.com

Weiteres Büro: Peking

Ansprechpartnerin: Claudia Müller

Tätigkeitsschwerpunkte: Strategieberatung, Pricing, Leadership Consulting

Branchenschwerpunkte: Industrie, insbesondere Autoindustrie, Chemie, Pharma, Fast Moving Consumer Goods, Handel, Dienstleister

Kienbaum Executive Consultants GmbH
Ahlefelder Straße 47
51645 Gummersbach
Telefon: +49 (0) 22 61 7 03-0
Telefax: +49 (0) 22 61 7 03-6 39
E-Mail: contact@kienbaum.de
Internet: www.kienbaum.de

Weitere Büros: Berlin, Düsseldorf, Frankfurt am Main und in neun weiteren Städten in Deutschland sowie in zahlreichen anderen Ländern

Geschäftsführer: Jochen Kienbaum, Dr. Stefan Fischhuber, Dr. Tiemo Kracht

Tätigkeitsschwerpunkte: Executive Search, Personalsuche per Stellenanzeige, Management Audits, Vergütungsberatung

Branchenschwerpunkte: Automotive & Industrie, Chemie/Pharma, Energie & Versorgung, Financial Services & Real Estate, Gesundheitswesen, Maschinen- und Anlagenbau, Konsumgüter & Handel, Öffentlicher Sektor, Telekommunikation & IT

Leaders in Science
Rheinallee 18
53173 Bonn

Telefon: +49 (0) 228/902 66-34 oder -61
Telefax: +49 (0) 228/902 66-97
E-Mail: k.landfried@web.de
Internet: www.karriere-und-berufung.de/cms1/leaders-in-science.html

Geschäftsführung: Dr. Ulrich Josten

Tätigkeitsschwerpunkte: Bewerbersuche und –auswahl, Beratung bei der Auswahlentscheidung

Branchenschwerpunkt: Hochschulen und andere wissenschaftliche Einrichtungen

Besonderheiten: Leaders In Science ist ein Spezialist für die Suche nach Spitzenpersonal im Sektor „Wissenschaft". Es handelt sich um das Netzwerk des größten europäischen Personenverbandes von Wissenschaftlern, des Deutschen Hochschulverbandes. Zu Ihnen gehört auch der mit einem Beitrag in diesem Buch vertretene Autor Prof. Dr. Klaus Landfried.

PMC International AG

Carl-Ulrich-Straße 4
63263 Neu-Isenburg
Telefon: +49 (0) 6102/55 99 0
Telefax: +49 (0) 6102/55 99 111
E-Mail: frankfurt@pmci.de
Internet: www.pmci.de

Weitere Büros: Düsseldorf, München, Hamburg und Berlin

Vorstandsmitglieder: Dr. Joachim Staude (Vors.), Christian Göritz, Tanja Mich, Günter Rasten, Alexander Wilhelm

Tätigkeitsschwerpunkte: Executive Search, Personalsuche per Stellenanzeige

Branchenschwerpunkte: Autoindustrie, Banken, Versicherungen, Chemieunternehmen, Elektronikindustrie, IT-Unternehmen, Maschinen- und Anlagenbauer, Versorger, Entsorger, Pharmaunternehmen, Gesundheitssektor

pro search GmbH

Heuchelheimer Straße 160
61350 Bad Homburg
Telefon: +49 (0) 6172-59 62 31
Telefax: Keine Nummer

E-Mail: bad-homburg@prosearch.de
Internet: www.prosearch.de

Weitere Büros: Bellheim (bei Mannheim), Gelsenkirchen und München

Geschäftsführerin: Petra Feldmann

Tätigkeitsschwerpunkte: Executive Search, Personalsuche per Stellenanzeige

Branchenschwerpunkte: Technologie (Informations- und Telekommunikationsanbieter und -Anwender, Managementberatungs- und Dienstleistungsunternehmen, Systemintegratoren, System- und Softwarehäuser), Industrie (Anlagen- und Maschinenbau, Chemische Industrie, Energiewirtschaft), Life Sciences (Mikro- und Nanotechnik, Biotechnologie, Medizintechnik, Pharmazeutische Industrie, Gesundheitswesen)

Van Emmerich Consulting

Friesenstraße 17
45476 Mülheim an der Ruhr
Telefon: +49 (0) 208/2 99 99-0
Telefax.: +49 (0) 208/2 99 99-29
E-Mail: info@vanemmerichconsulting.de
Internet: www.vanemmerichconsulting.de

Ansprechpartner: Rolf van Emmerich

Tätigkeitsschwerpunkte: Executive Search, Suche und Auswahl von Aufsichts- und Beiräten

Branchenschwerpunkte: Keine (alle Branchen)

II. Weitere Firmen in alphabetischer Reihenfolge – eine Auswahl

Adrian & Roth Personalberatung GmbH

Tengstraße 45
80796 München
Telefon: +49 (0) 89-45 220-10
Telefax: +49 (0) 89-45 220-120
E-Mail: info@adrian-roth.com
Internet: www.adrian-roth.com

Vertretungsberechtigte Geschäftsführer: Jürgen Adrian, Florian Roth

Tätigkeitsschwerpunkte: Executive Search, Personalsuche per Stellenanzeige, Online Recruiting, Coaching und Outplacement sowie weitere Dienstleistungen. Schwerpunkt im Bereich Recruiting.

Branchenschwerpunkte: IT und Elektronik, Maschinenbau, Auto-Industrie und Chemie.

AFC Personalberatung GmbH
Dottendorfer Straße 82
53129 Bonn
Telefon: +49 (0)228 98579-0
Telefax: +49 (0)228 98579-79
E-Mail: info@afc.net
Internet: www.afc.net

Geschäftsführung: Anselm Elles, Dr. Otto A. Strecker

Tätigkeitsschwerpunkte: Executive Search, Personalsuche per Stellenanzeige, Potenzialanalyse, Interim Management

Branchenschwerpunkt: Agrar- und Ernährungswirtschaft

Besonderheiten: Das Unternehmen ist Teil der AFC Consulting Group. Das Bonner Beratungshaus gilt als führender Anbieter von Strategie- und Organisationsberatung entlang der gesamten Wertschöpfungskette der Agrar- und Ernährungswirtschaft.

BC Management Consultants GmbH
An den drei Steinen 17
41352 Korschenbroich
Telefon: +49 (0)2161/56 48 97 0
mail@bcmc.de
Internet: www.bcmc.de

Geschäftsführer: Klaus Bergs

Tätigkeitsschwerpunkte: Executive Search, Management Audits & Assessments, Training & Coaching, Personalsuche per Stellenanzeige

Branchenschwerpunkte: Automotive, Medien, Verlage, Markenartikel, Banken, Logistik, IT, Verkehrs- und Sicherheitstechnik, Touristik, Textil, Bauwirtschaft, Verpackungsindustrie

Board Consultants International
Dr. Hermann Sendele GmbH
Nördliche Münchner Strasse 16
82031 Grünwald
Telefon: +49 (0)89 6 38 91-0
Telefax: +49 (0)89 6 38 91-15
E-Mail: hermann.sendele@board-consultants.com
Internet: http://www.board-consultants.eu/

Geschäftsführer: Dr. Hermann Sendele

Tätigkeitsschwerpunkte: Executive Search, Suche und Auswahl von Aufsichts- und Beiräten, Management Audits/Assessments

Branchenschwerpunkte: Keine (Sendele versteht sich als Generalist)

Besonderheiten: Unter der Bezeichnung Board Consultants International firmieren mehrere selbstständig agierende Headhunting Boutiquen. Gründer dieses Netzwerks ist Hermann Sendele – einer der bekanntesten Headhunter Deutschlands. Bis 1997 war Sendele Mitgesellschafter beim damaligen deutschen Marktführer Mülder & Partner. Nach dem Verkauf von Mülder & Partner an Heidrick & Struggles im Jahre 1997 wechselte er zu Spencer Stuart, wo er als Vice Chairman-Europe für die europäische Board Practice und die Landesführung Deutschland verantwortlich zeichnete. Nach einem kurzen Intermezzo als Deutschland-Geschäftsführer der britischen Headhuntingfirma Whitehead Mann machte sich Sendele selbstständig.

Boyden International GmbH
Ferdinandstraße 6
61348 Bad Homburg
Telefon: +49 (0) 6172 180200
Telefax: +49 (0) 6172 180250
E-Mail: info@boyden.de
Internet: www.boyden.de/germany/de/

Ansprechpartner: Jörg Kasten

Tätigkeitsschwerpunkte: Executive Search, Suche und Auswahl von Aufsichts- und Beiräten, Nachfolgeplanung

Branchenschwerpunkte: Finanzdienstleistungen, Technologie, Gesundheitswesen & Pharma, Konsumgüter, Industrie, Beratungsdienste, Umweltdienste

Besonderheiten: Die Boyden International GmbH gehört zur Organisation von Boyden Worldwide mit Sitz in New York/USA. Die Boyden Büros werden von Inhaber-Partnern geführt, denen das jeweilige lokale Boyden-Unternehmen gehört. Boyden ist mit über 70 Büros weltweit präsent.

Büro Rickert GmbH

Südliche Münchner Straße 60
82031 Grünwald
Telefon: +49 (0) 89 64 90 200
Telefax: +49 (0) 89 64 90 20 11
E-Mail: mail@rickert-online.de
Internet: www.rickert-online.de

Geschäftsführer: Dieter Rickert

Tätigkeitsschwerpunkte: Executive Search, Suche und Auswahl von Aufsichts- und Beiräten

Branchenschwerpunkte: Keine (alle Branchen)

Civitas International Management Consultants GmbH

Possartstraße 12
81679 München
Telefon: +49 (0) 89 383859-0
Telefax: +49 (0) 89 383859-30
E-Mail: office-muenchen@civitas.com
Internet: http://www.civitas.com/

Weitere Büros: Frankfurt am Main, Hamburg, London, Madrid, Mailand, New York, Wien

Geschäftsführer: Klaus Ewerth, Christian G. Hirsch, Rupert Nesselhauf, Dr. Ulrich Thess

Tätigkeitsschwerpunkte: Executive Search, Management Audits, Suche und Auswahl von Aufsichts- und Beiräten

Branchenschwerpunkte: Industrie, Finanzdienstleister, Konsumgüter, Medien, IT-Unternehmen, Pharma/Healthcare

Deininger Unternehmensberatung GmbH
Hamburger Allee 4
60486 Frankfurt am Main
Telefon: +49 (0) 69 7 92 04-0
Telefax: +49 (0) 69 70 04 86
E-Mail: service@deininger.de
Internet: www.deininger.de

Weitere Büros: Berlin und Düsseldorf

Geschäftsführer: Thomas Deininger, Lodowing Insiun, Dr. Gerhard Jeuschede, Werner Mummert, Marco Schmidt

Tätigkeitsschwerpunkte: Executive Search, Suche und Auswahl von Aufsichts- und Beiräten, Internet Recruting

Branchenschwerpunkte: Keine (Spezialisten für nahezu alle Branchen)

Besonderheiten: Das Unternehmen verfügt über diverse Beteiligungen: CommerceBay GmbH und Eurosearch Consultants GmbH, beide Frankfurt am Main, sowie Eurosearch Consultants International, Paris, Deininger Consulting Sp. z o.o. Warschau, Deininger Management Consulting (Shanghai) Co., Ltd., Deininger Management Consultants Private Limited Delhi

Eric Salmon & Partners GmbH
Hochstraße 49
60313 Frankfurt am Main
Telefon: +49 (0) 69 24 29 910
Telefax: +49 (0) 69 24 29 9111
E-Mail: info.d@ericsalmon.com

Internet: www.ericsalmon.com

Geschäftsführer: Raoul Nacke

Weitere Büros: London, Mailand, Rom, Shanghai

Tätigkeitsschwerpunkt: Executive Search

Branchenschwerpunkte der Berater:
Raoul Nacke: Industrie, Konsumgüter, Einzelhandel, Private Equity
Karen-Elise Rehlen: Industrie, Life Sciences, Professional Services
Martin Schubert: Konsumgüter, Industrie, Professional Services, Technologie
Hans Thoenes: Konsumgüter, Finanzdienstleister, Industrie

Besonderheiten: Deutsche Tochter der Eric Salmon Holding SAS, Paris, Frankreich

Gemini Executive Search GmbH
Kaiser-Friedrich-Promenade 111
61348 Bad Homburg
Telefon: +49 (0) 6172 980-0
Telefax: +49 (0) 6172 980-100
E-Mail: gemini@gemini-exs.com
Internet: www.gemini-exs.com/

Weitere Büros: Hamburg, Köln, München, Stuttgart, Prag und Zürich

Geschäftsführer: Stephan Füchtner, Roman Müller-Albrecht, Dr. Udo Maier

Tätigkeitsschwerpunkte: Executive Search, Management Audits

Branchenschwerpunkte: Automotive, Manufacturing, Life Sciences, Pharmaceuticals, Health Care, Chemicals, Consumer Goods, Retail, Energy, Utilities, Construction, Real Estate, Financial Services, Professional Services, Public Sector, Logistics, Tourism, Advanced Technology

Besonderheiten: Das Unternehmen zählt zu den größten unabhängigen Headhuntingfirmen in Deutschland – entstanden im Jahre 2000 durch einen Management Buy-out. Zuvor Teil der Beratungsgruppe Cap Gemini Ernst & Young. Gründungsmitglied von NGS Global, einer Partnerschaft mit Nosal Partners (USA) und Strategic Executive Search (Asien Pazifik)

Heads! GmbH & Co. KG
Barer Straße 7
80333 München
Telefon: +49 (0) 89 51 55 59-0
Telefax: +49 (0) 89 51 55 59-22
E-Mail: barbara.hartmann@heads.eu
Internet: www.heads.eu

Komplementärin: Heads! Verwaltungs GmbH

Ansprechpartner: Barbara Hartmann

Weitere Büros: Frankfurt am Main, Königstein (bei Frankfurt), Zürich, Genf, London, Palo Alto (Kalifornien), New York, Tokio und Hong Kong

Tätigkeitsschwerpunkte: Executive Search, Management Audits/Assessments

Branchenschwerpunkte: Industry/Automotive, Consumer/Retail, Financial Services, Technology, Internet, Media & Entertainment

Hanover Matrix GmbH
Radlkoferstraße 2
81373 München
Telefon: +49 (0) 89 210 226-0
Telefax: +49 (0) 89 210 226-90
E-Mail: info@hanovermatrix.de
Internet: www.hanovermatrix.de

Geschäftsführender Gesellschafter: Dr. Marcus Schmidt

Tätigkeitsschwerpunkte: Executive Search, Potenzialanalyse (Management Audits)

Branchenschwerpunkte: Financial Services, Health Care, Industrial, Professional Services, Technology & Telecoms

Besonderheiten: Das Unternehmen ist Teil eines europäischen Headhunter-Netzwerks mit dem Namen Hanover Matrix.

IFP – Institut für Personal- und Unternehmensberatung Will & Partner GmbH & Co. KG

Brückenstraße 21
D-50667 Köln
Telefon: +49 (0) 221/205 06-71
Telefax: +49 (0) 221/205 06-33
E-Mail: info@ifp-online.de
Internet: www.ifp-online.de

Persönlich haftende Gesellschafterin: IFP Executive Search GmbH

Geschäftsführer: Jörg Will

Tätigkeitsschwerpunkte: Executive Search, anzeigengestützte Suche, Management Audits, Assessment Center

Branchenschwerpunkte: Medienunternehmen, Autos und Zulieferer, Pharma, Verbände, Non-Profit-Organisationen, Energieversorger, Chemie, Öffentlicher Sektor, Verwaltung, Handel, Dienstleister, Telekommunikation, Banken, Versicherungen, Gesundheitswesen

Besonderheiten: Das Unternehmen beschäftigt fast ausschließlich Psychologen als Berater. Tochtergesellschaft: IFP – Institut für Managementdiagnostik Will & Partner GmbH & Co. KG

Indigo Headhunters GmbH & Co.KG

Feldbergstraße 35
60323 Frankfurt am Main
Telefon: +49 (0)69 9494 300
Telefax: +49 (0)69 9494 3033
E-Mail: tim.zuehlke@indigo-headhunters.com
Internet: www.indigo-headhunters.com

Komplementärin: Indigo Verwaltungs GmbH, Frankfurt am Main

Ansprechpartner: Tim Zühlke

Tätigkeitsschwerpunkt: Executive Search

Branchenschwerpunkte: Financial Services, Professional Services, Legal und Real Estate

Ising International Consulting München GmbH

Denninger Straße 130
81927 München
Telefon: +49 (0)89 92 8 96-3 00
Telefax: +49 (0)89 92 8 96-3 96
E-Mail: muenchen@ising-partners.de
Internet: www.ising-partners.de

Geschäftsführer: Klaus Christians, Edgar van Mark, Christoph Freiherr von Nostitz

Tätigkeitsschwerpunkte: Executive Search, Management Audits

Branchenschwerpunkte: Handel & Konsumgüter, Finanzdienstleister, Industrie, Infrastruktur, Public Services, IT, Technology, Pharma, Life Sciences, Professional Services

Korn/Ferry International GmbH

Feuerbachstraße 26-32
60325 Frankfurt am Main
Telefon: +49 (0)69 716 70-0
Telefax: +49 (0)69 716 70-129
E-Mail: hubertus.douglas@kornferry.com
Internet: www.kornferry.com

Geschäftsführer: Hubertus Graf Douglas, Peter Dunn, Julian Slater

Tätigkeitsschwerpunkte: Executive Search, Suche und Auswahl von Aufsichts- und Beiräten, Management Audits/Assessments

Branchenschwerpunkte: Keine (Spezialisten für nahezu alle Branchen sowie für bestimmte Funktionen, etwa Finanzchefs)

Besonderheiten: Die Korn/Ferry GmbH ist eine Tochtergesellschaft des börsennotierten US-Unternehmens Korn/Ferry International. Das in Los Angeles ansässige

Unternehmen gehört mit weltweit über 70 Niederlassungen rund um den Globus zu den größten Headhuntingfirmen der Welt. Über seine Tochtergesellschaft Futurestep bietet Korn/Ferry auch Recruiting Process Outsourcing und andere Dienstleistungen an.

LAB Lachner Aden Beyer & Company GmbH
Steinstraße 4
40212 Düsseldorf
Telefon: +49 (0)211 159799-0
Telefax: +49 (0)211 159799-79
E-Mail: dus@labcompany.net
Internet: www.labcompany.net

Weitere Büros: München und Wien

Geschäftsführender Gesellschafter: Dr. Klaus Aden

Tätigkeitsschwerpunkte: Executive Search, Management Audits, Coaching

Branchenschwerpunkte: Energy & Utilities, Financial Services, Healthcare, Industry & Technology, Professional Services, Public Sector, Real Estate

Besonderheiten: LAB & Company ist Mitglied des Headhunter-Netzwerks Penrhyn International mit zahlreichen Stützpunkten in Nord- und Südamerka, Europa, Asien und Australien.

Neumann Partners (Neumann Leadership Deutschland GmbH)
Herzog-Heinrich-Straße 13
80336 München
Telefon: +49 (0) 89 9 22 99 40
Telefax: +49 (0) 89 92 29 94 78
E-Mail: munich@neumannpartners.de
Internet: www.neumannpartners.com

Weitere Büros: Frankfurt am Main, Hamburg, Heidelberg, Köln, Potsdam und Stuttgart

Geschäftsführer: Dr. Norbert Frömmer, Rudolf Müller

Tätigkeitsschwerpunkte: Executive Search, Management Audits, Suche und Auswahl von Aufsichts- und Beiräten

Branchenschwerpunkte: Autoindustrie, Handel/Logistik, Finanzdienstleister, Öffentlicher Sektor, Non-Profit-Organisationen, Industrie, Pharma, Gesundheitswesen, Professional Services, Telekommunikation, IT, Medien, Unterhaltungsindustrie, Sport, Recht (Neumann Legal GmbH, Frankfurt am Main)

Besonderheiten: Die Neumann Leadership Deutschland GmbH ist eine Tochtergesellschaft der österreichischen Neumann Leadership Holding GmbH. Das in Wien ansässige Unternehmen zählt zu den Schwergewichten im europäischen Search Business. Insgesamt über 20 Büros, unter anderem auch in den USA und China.

Odgers Berndtson Unternehmensberatung GmbH
Olof-Palme-Straße 15
60439 Frankfurt am Main
Telefon: +49 (0)69 95 77 70-1
Telefax: +49 (0)69 95 77 790-1
Internet: www.odgersberndtson.de
E-Mail: info@odgersberndtson.de

Weitere Büros: Hamburg und München

Geschäftsführer: Klaus Hansen, Peter Herrendorf

Tätigkeitsschwerpunkte: Executive Search, Suche und Auswahl von Aufsichts- und Beiräten, Management Audits/Assessments

Branchenschwerpunkte: Keine (Spezialisten für nahezu alle Branchen sowie für bestimmte Funktionen, etwa Finanzchefs)

Besonderheiten: Die Odgers Berndtson GmbH ist Teil eines Netzwerks von Gesellschaften, die sämtlich inhabergeführt sind. Weltweit sind rund 700 Mitarbeiter an 50 Standorten in 29 Ländern für Odgers Berndtson tätig (Stand: 2013).

Rochus Mummert Executive Consultants GmbH
Theatinerstraße 36
80333 München
Telefon: +49 (0)89 64 27 05-0

Telefax: +49 (0)89 64 27 05-75
Internet: http://rochusmummert.com
E-Mail: Muenchen@RochusMummert.com

Weitere Büros: Düsseldorf, Frankfurt am Main, Hamburg und Hannover

Ansprechpartner: Hardy Scherer

Tätigkeitsschwerpunkte: Executive Search, Interim Management (Vermittlung von Zeitmanagern), Personalsuche per Stellenanzeige, Management Audits/Assessments

Branchenschwerpunkte: Keine (Spezialisten für nahezu alle Branchen sowie für bestimmte Funktionen, etwa Finanzchefs)

Besonderheiten: Rochus Mummert gehört zu den größten, unabhängigen Personalberatungsfirmen in Deutschland. Unter der Dachmarke Rochus Mummert vereinen sich vier Bereiche: Rochus Mummert Executive Consultants GmbH (Suche nach Experten für Top- und Schlüsselpositionen), Rochus Mummert Management Search GmbH (Suche nach Leistungsträger der mittleren Führungsebene), Rochus Mummert Healthcare Consulting GmbH (Suche nach Experten und Führungskräften im Gesundheitswesen), Clean Energy (Suche nach Experten und Führungskräften im Bereich Clean Energy).

Russell Reynolds Associates, Inc.
Opernturm
Bockenheimer Landstraße 2-8
60323 Frankfurt am Main
Telefon: +49 (0)69 756090-0
Telefax: +49 (0)69 756090-11
Internet: www.russellreynolds.com
E-Mail: thomas.becker@russellreynolds.com

Weitere Büros: Hamburg und München

Ansprechpartner: Thomas Becker, Ulrike Wieduwilt

Tätigkeitsschwerpunkte: Executive Search, Suche und Auswahl von Aufsichts- und Beiräten, Management Audits/Assessments

Branchenschwerpunkte: Keine (Spezialisten für nahezu alle Branchen sowie für bestimmte Funktionen, etwa Finanzchefs)

Besonderheiten: Russell Reynolds Deutschland ist Teil von Russell Reynolds, Inc. mit Hauptsitz in New York. Das US-Unternehmen gehört mit über 300 Consultants in 41 Büros (Stand 2013) rund um den Globus zu den größten Headhuntingfirmen der Welt.

Siebenlist, Grey & Partner GmbH
Uerdinger Straße 5
40474 Düsseldorf
Telefon: +49 (0) 211-47056-0
Telefax: +49 (0) 211-47056-22
E-Mail: info@siebenlist.de
Internet: www.siebenlist.de

Geschäftsführer: Christina Schmitz, Dr. Christian Speidel, Manfred Siebenlist

Tätigkeitsschwerpunkte: Executive Search, Management Audits/Assessments, Coaching

Branchenschwerpunkte: Handel und Dienstleistung, Konsumgüter, Markenartikel, Gesundheitswesen, Banken, Sparkassen, Versicherungen, Public Relations/Werbung, Life Science/Pharmazeutik/Medizintechnik, Umwelttechnik/Recycling, Bau- und Bauzulieferindustrie/Immobilienwirtschaft, Rüstungs- und Autoindustrie

Besonderheiten: Siebenlist, Grey & Partner ist eine hundertprozentige Tochtergesellschaft der Stuttgarter 7 (S) Personal GmbH, einem der größten deutschen Zeitarbeitsunternehmen.

Spencer Stuart & Associates GmbH
Schaumainkai 69
60596 Frankfurt am Main
Telefon: +49 (0) 69 61 09 27-0
Telefax: +49 (0) 69 61 09 27-50
E-Mail: dunterharnscheidt@spencerstuart.com
Internet: www.spencerstuart.com

Weiteres Büro: München

Ansprechpartner: Dr. Dieter Unterharnscheidt

Tätigkeitsschwerpunkte: Executive Search, Board Services, Nachfolgeplanung, Management Audits/Assessments

Branchenschwerpunkte: Keine (Spezialisten für nahezu alle Branchen sowie für bestimmte Funktionen, etwa Finanzchefs)

Besonderheiten: Das deutsche Unternehmen ist Teil des US-Konzerns Spencer Stuart & Associates. Hauptsitz: Chicago. Spencer Stuart verfügt über Büros in den meisten Industriemetropolen rund um den Globus.

Printing: Ten Brink, Meppel, The Netherlands
Binding: Stürtz, Würzburg, Germany